I0767362

Susanna Rabow-Edling

·

Married to the Empire

Three Governor's Wives in Russian America 1829–1864

UNIVERSITY OF ALASKA PRESS

Fairbanks

2015

Сюзанна Рабоу-Эдлинг

·

Замужем за империей

Три жены губернаторов Русской Америки, 1829–1864

Academic Studies Press

Библиороссика

Бостон / Санкт-Петербург

2025

УДК 94(47)
ББК 63.3(2)5
Р13

Перевод с английского Кирилла Фролова

Серийное оформление и оформление обложки Ивана Граве

Рабоу-Эдлинг, Сюзанна.

Р13   Замужем за империей. Три жены губернаторов Русской Америки, 1829–1864 / Сюзанна Рабоу-Эдлинг ; [пер. с англ. К. Фролова]. — СПб.: Academic Studies Press / Библиороссика, 2025. — 358 с.

ISBN 979-8-901270-43-1 (Academic Studies Press)
ISBN 978-5-907918-76-4 (Библиороссика)

Во владениях Российской империи в Новом свете жизнь была далека от европейских представлений о цивилизованности. Поселенцы не брезговали пьянством и коррупцией, что делало их плохим примером для коренных жителей — людей, которых империя считала отчаянно нуждающимися в нравственном просвещении. Что же предложила центральная власть? Прислать женщин. С 1829 года каждый новый губернатор должен быть быть женат — предполагалось, что женщины послужат образцом благочестия и очарования в этой суровой стрне. Сюзанна Рабоу-Эдлинг рассказывает истории трех жен губернаторов, отправившихся на фронтир — Елизаветы Врангель, Маргареты Этолин и Анны Фуругельм.

УДК 94(47)
ББК 63.3(2)5

ISBN 979-8-901270-43-1
ISBN 978-5-907918-76-4

КАРТЫ

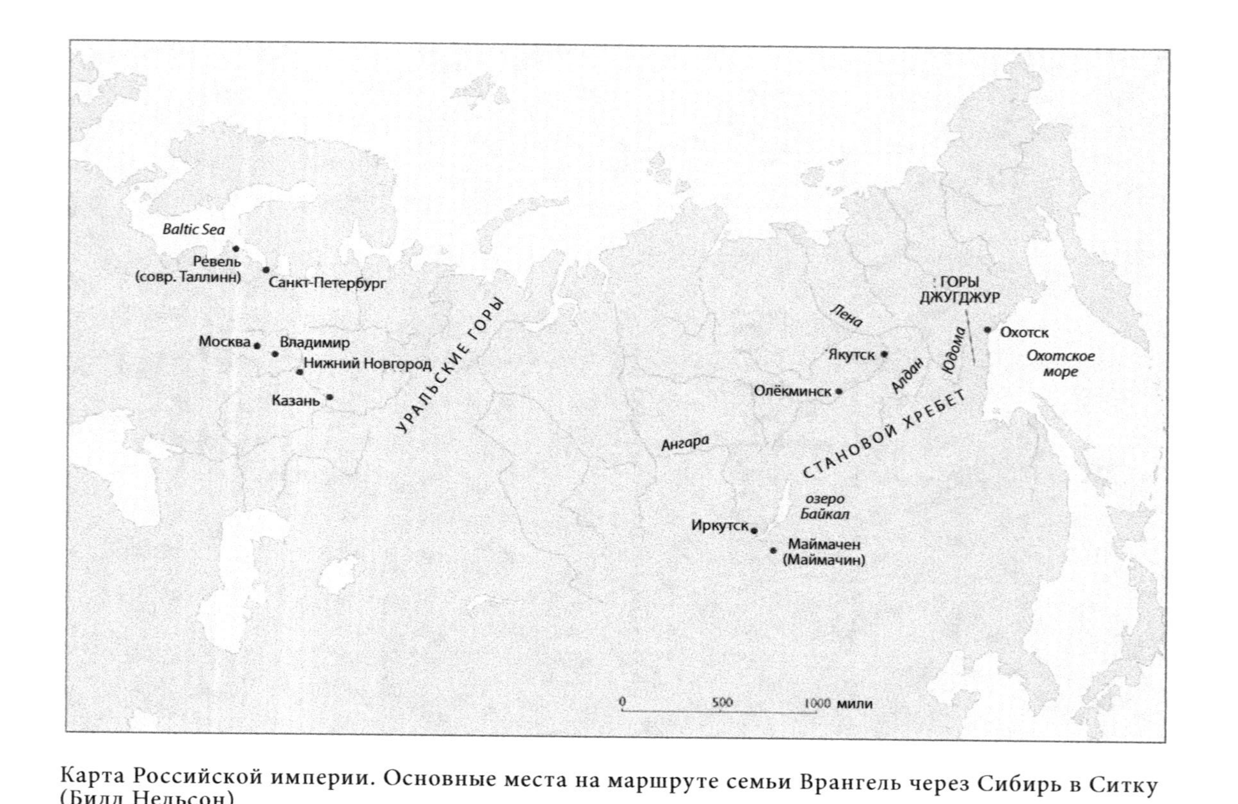

Карта Российской империи. Основные места на маршруте семьи Врангель через Сибирь в Ситку (Билл Нельсон)

Карта тихоокеанских колоний Российской империи. Места, связанные с жизнью Врангель, Этолин и Фуругельм (Анни Кристенсен)

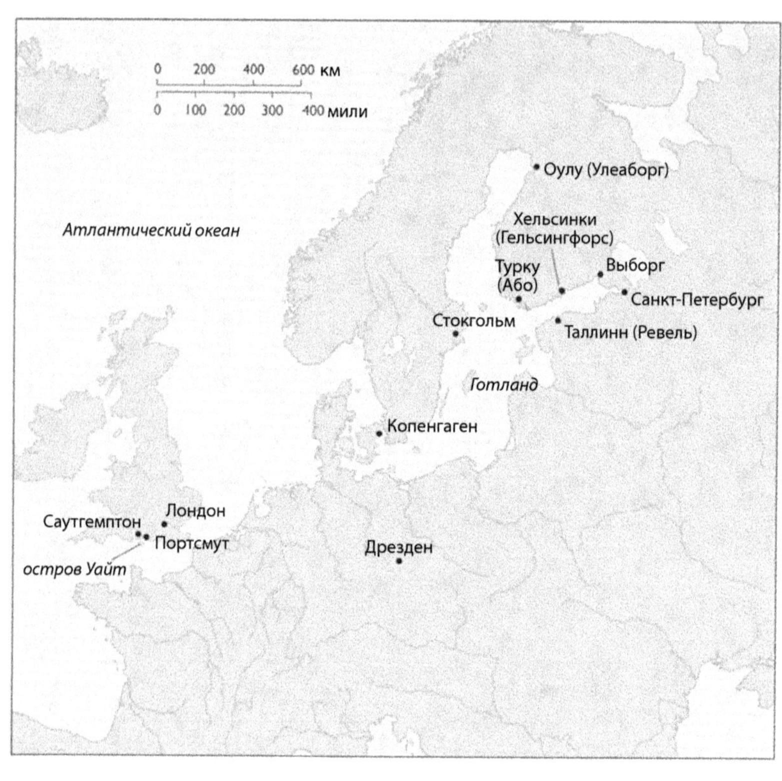

Карта Европы. Важные города в жизни трех женщин (Билл Нельсон)

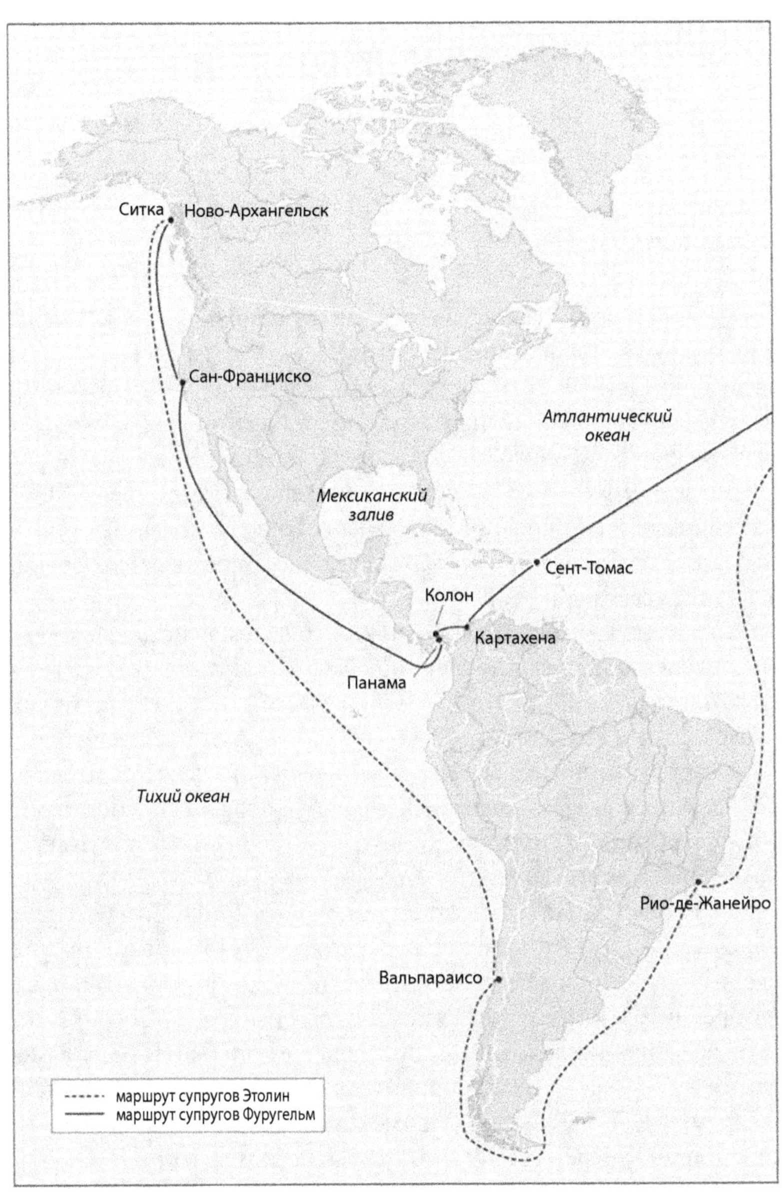

Карта Северной и Южной Америк. Маршруты супругов Этолин и Фуругельм (Билл Нельсон)

Благодарности

Будучи студенткой, изучающей русскую политическую мысль, я не ожидала, что напишу эту книгу. Но я безмерно благодарна за путешествие, в которое она меня вовлекла, — от западной окраины Российской империи на берегу Балтийского моря до ее потрясающе красивого восточного форпоста в Русской Америке — и за то, что она позволила мне познакомиться с тремя замечательными женщинами и их самыми сокровенными мыслями и чувствами. Я случайно наткнулась на письма Анны Фуругельм, а дальше все пошло своим чередом.

Работа над книгой стала возможной благодаря исследовательской стипендии, предоставленной сначала Факультетом евразийских исследований, а затем Центром российских и евразийских исследований (UCRS) Уппсальского университета. Я хотела бы поблагодарить директора, Клаеса Левинссона, и всех сотрудников, стипендиатов и приглашенных ученых, которые способствуют тому, чтобы UCRS стал такой стимулирующей и позитивной исследовательской средой.

Год, проведенный в качестве стипендиата Анны Линд в Европейском центре Стэнфордского университета, позволил мне уделить рукописи все свое внимание. Я хочу поблагодарить Амира Эшеля, директора Европейского центра Института международных исследований Фримена Спогли, заместителя директора Роланда Хсу и руководителя программы Лауру Симан. Во время учебы в Стэнфорде я имела удовольствие познакомиться с Карен Оффен, ее проницательные комментарии к моей вступительной главе были исключительно полезны. Я также высоко оценила семинары в Центре изучения России, Восточной Европы и Евразии.

Я представляла свою работу на различных конференциях, семинарах и мастер-классах и очень благодарна за содержательные комментарии и положительные отзывы, которые я получила в ходе этих мероприятий. Особую благодарность я хотела бы выразить членам Общества изучения истории женщин Северной и Южной Америк (SHAW), которые помогли мне почувствовать себя желанной гостьей среди американских историков, несмотря на то что я скорее русистка, чем «настоящая» американистка. Краткое жизнеописание трех губернаторских жен на Аляске вышло под названием «От Балтийского моря до Тихого океана: три жены губернаторов Русской Америки» в журнале *History of Women in the Americas* (2013. Апрель Т. 1. № 1). Я благодарна редактору за разрешение использовать этот материал здесь.

Сотрудники Библиотеки Академии Або, Эстонского исторического архива и Музея культур в Хельсинки, как и отдел межбиблиотечного абонемента Уппсальского университета оказали мне большую помощь в поиске материалов.

Я также хотела бы поблагодарить следующих людей, которые оказывали мне различную помощь и поддержку: Анни Кристенсен, Ярмила Дурманова, Мария Ярлсдоттер Энкелл, Каролина и Кэтрин Гамильтон, Ева Мейер, Ингегерд Рабоу и Катарина Рен. Мой редактор в издательстве *Alaska University Press* Джеймс Энгельхардт был очень отзывчивым и понимающим, а два моих читателя, Илья Виньковецкий и Сине Анахите, проделали фантастическую работу с рукописью, исправляя многочисленные ошибки, предлагая мне новые интересные идеи и, что особенно важно, всячески меня подбадривая. Я благодарна Биллу Нельсону за подготовку карт Российской империи, Европы, Северной и Южной Америк, а также Анни Кристенсен за разрешение использовать карту тихоокеанских колоний Российской империи и фотографию Анны Фуругельм. Изображения Елизаветы Врангель и Маргареты Этолин использованы с разрешения Музея Анкориджа и Национального совета по древностям Финляндии соответственно.

Наконец, я хочу выразить особую благодарность моим сыновьям-подросткам, Августу и Леопольду, которые удивительным образом поддерживали этот проект и, что более важно, дали ему объективную оценку. И наконец, тысяча благодарностей Максу за неизменную поддержку как в бытовых, так и в интеллектуальных вопросах, а также за неподдельный интерес, который он проявил к этому проекту, несмотря на свою нелюбовь к чтению черновиков во время летних каникул.

Я посвящаю эту книгу моему покойному отцу, который был убежден, что я стану поваром, а не академическим работником.

Введение

Нашим долгом — или, вернее, *мы* считали его таковым — было познакомить этот отдаленный уголок земного шара с понятиями о приличиях и нравах.

Фердинанд Врангель[1]

Русская Америка была самым восточным форпостом Российской империи и ее единственной заморской колонией[2]. Завоевание и заселение Аляски в конце XVIII века были частью длительного и далеко идущего процесса экспансии на восток, который был инициирован Великим княжеством Московским, государством — предшественником Российской империи, в середине XVI века и который в итоге привел к установлению российского контроля над Сибирью. Однако североамериканское предприятие представляло собой нечто новое и уникальное в колониальном опыте России. Аляска отличалась от других частей Российской империи как географически, так и административно, а также тем, как ее территория и ресурсы оспаривались иностранцами и их правительствами [Виньковецкий 2015: 22–35, 57–77].

Быстрому продвижению через Сибирь способствовали сеть рек, слабое сопротивление коренного населения и отсутствие иностранной конкуренции. Торговля пушниной была движущей

---

[1] Фердинанд Врангель об обязанностях губернатора и жены губернатора в российских колониях. Курсив автора.

[2] О Русской Америке см. [Болховитинов 1997–1999; Dmytryshyn et al. 1985–1989; Gibson 1976; Тихменев 1861–1863; Петров 2000; Black L. 2004; Kan S. 1999; Гринев 1991; Pierce 1986; Федорова С. Г. 1971; Luehrmann 2008; Виньковецкий 2015]. См. также [Grinev 2010].

силой экспансии, и постоянно велись поиски новых охотничьих угодий. В 1639 году, почти через 60 лет после преодоления Уральского хребта[3], русские охотники за пушниной и казаки достигли Тихого океана и двинулись дальше, к Камчатке. Здесь продвижение замедлилось, пока в 1741–1742 годах на полуостров не вернулись выжившие участники экспедиции Витуса Беринга, искавшие Северо-Западный проход, которые принесли вести о больших землях по ту сторону океана и, что еще важнее, образцы ценных шкурок морской выдры[4]. Эти сообщения привели к тому, что Дж. Гибсон назвал «меховой лихорадкой», поведшей людей через Берингово море и открывшей новую главу в истории русской пушной торговли, которая привела к эксплуатации коренного населения и истощению популяции морской выдры в Северо-Западной Америке[5].

Сначала охотники за пушниной и купцы совершали охотничьи рейсы в основном на Алеутские острова. Первое постоянное поселение было основано в 1784 году на острове Кадьяк купцом Григорием Шелиховым[6] и его командой из 300 человек после массовой резни, в результате которой погибло большое число алютиик и проживавших у скалы Аваук, недалеко от современной деревни Олд-Харбор. В то время на Аляске действовало несколь-

---

[3] Имеется в виду 1 сентября 1581 года, когда отряд атамана Ермака в составе 540 волжских казаков, поднявшись по реке Чусовой, перевалил Уральский хребет — так начался Сибирский поход (1581–1585), положивший начало освоению Сибири. — *Примеч. ред.*

[4] О продвижении России на восток см. [Ливен 2007; Lincoln 1994; Андреев 1948; Dmytryshyn et al. 1985–1989].

[5] В отличие от меховой торговли в Сибири, американская торговля пушниной опиралась почти исключительно на труд охотников из числа коренных жителей [Gibson 1976: viii; Виньковецкий 2015: 77, 115–128].

[6] Григорий Иванович Шелихов (1747?–1795) — русский исследователь, мореплаватель, промышленник и купец. В 1783–1786 годах возглавлял экспедицию в Русскую Америку, в ходе которой были созданы первые русские поселения в Северной Америке. Вместе со своим компаньоном И. И. Голиковым (1735–1805) основал Северо-Восточную торгово-промысловую, позднее Российско-Американскую компанию. — *Примеч. ред.*

ко мелких торговых компаний, но Шелихов вместе со своим компаньоном Иваном Голиковым пытался добиться монополии на всю торговлю. В итоге его вдова Наталья Шелихова вместе со своим зятем Николаем Резановым[7] убедила царя Павла I в том, что в интересах России иметь на Аляске единую сильную компанию. Так в 1799 году была основана Российско-Американская компания (РАК) — акционерное общество, получившее право на управление всеми территориями, на которые претендовала Россия в Северной Америке. В 1804 году было основано поселение Ново-Архангельск, или Ситка. Ситка стала колониальной столицей на все время владения Россией Аляской. Тлинкиты, населявшие этот район, потерпели поражение в Битве при Ситке (1804)[8], но так и не были полностью покорены и продолжали жить вместе с русским населением. Они так и не простили русским захватчикам оккупацию их земель, и белые жители Ново-Архангельска жили в постоянном страхе перед нападениями тлинкитов. В 1830-х годах между русским поселением и деревней тлинкитов была построена высокая деревянная стена, но европейцы никогда не чувствовали себя в полной безопасности. Во время Крымской войны (1853–1856) в Ситку было направлено 100 солдат для укрепления обороны от англичан. Однако присутствие солдат в колонии не помешало дальнейшему ухудшению отношений между русскими и тлинкитами. В 1855 году напряженность вылилась в жестокую конфронтацию, в которой погибли двое русских, не менее 19 были ранены, а более 70 тлинкитов убиты[9].

---

[7] Николай Петрович Резанов (1764–1807) — обер-прокурор Сената, уполномоченный корреспондент РАК при правительстве. Один из руководителей первого русского кругосветного плавания. Первый официальный посол России в Японии. — *Примеч. ред.*

[8] Сражение (битва) при Ситке (1–4 октября 1804 г.) — крупнейшее военное столкновение между отрядом РАК под предводительством правителя русских поселений в Северной Америке А. А. Баранова и индейцами тлинкитами. Поводом стало разрушение тлинкитами в июне 1802 года первого русского поселения на острове Ситка, Михайловской крепости. — *Примеч. ред.*

[9] Об отношениях между индейцами тлинкитами и европейцами в Русской Америке см. [Гринев 1991].

ЦИВИЛИЗАТОРСКАЯ МИССИЯ

К концу XVIII века Россия переняла европейские представления о колонизации, в том числе идею культурного и морального превосходства над нехристианскими народами, которые считались «примитивными» [Слёзкин 2008; Brower, Lazzerini 1997; Каппелер 1997; Ходарковский 2019; Ливен 2007; Sunderland 2004]. С этими представлениями была связана идея миссии по привнесению цивилизации и христианства в якобы дикие и нецивилизованные народы. Возделывание новых земель империи, умиротворение, просвещение и обращение в христианство новых подданных в Америке стало для России *mission civilisatrice*, цивилизаторской миссией. Хотя эта идея выражалась несколько иначе, чем в Западной Европе, русские идеологи использовали язык «просвещения», «цивилизации» и продвижения «всеобщего блага» для описания своей роли по отношению к завоеванным народам империи [Ходарковский 2019: 7]. Эта имперская идеология была применена и к колонии в Новом Свете, особенно с началом кругосветных плаваний, которые соединили Балтийское море с Тихим океаном и привели все большее число русских из европеизированной столицы, Санкт-Петербурга, на Аляску [Vinkovetsky 2001; Виньковецкий 2015]. Первая русская кругосветная экспедиция вышла из Кронштадта, военно-морской базы вблизи Санкт-Петербурга, и направилась в Северную Америку в 1803 году, во время короткого затишья в череде европейских конфликтов, вызванных Французской революцией и восхождением Наполеона. Ирония истории заключается в том, что именно в этот год была совершена Луизианская покупка[10], которая положила начало превращению Соединенных Штатов в тихоокеанскую державу и в конечном итоге в конкурента России за контроль над западным побережьем Северной Америки.

Экспедиция, которая рассматривалась как передовой отряд просвещения, «отправляясь, вселяла в мыслях всех лестные надежды». Она породила чувства патриотизма и гордости, а также

---

[10] Луизианская покупка (1803) — территориальная сделка по приобретению США французских колоний в Северной Америке. — *Примеч. ред.*

веру в то, что теперь Россия будет способствовать распространению «цивилизации» и «полету просвещения» на другом конце света и принесет славу империи. Всеобщее благо и прогресс будут поощряться, а «имя Росса» будет «у диких народов... известно»[11]. Некоторые из «знаменитых вельмож» предоставили «несколько томов книг на разных языках» и другие «дары», которые, по их мнению, могли бы просветить коренные народы Америки. Они хотели внести свой вклад в «человеколюбивое намерение... посеять семена наук в недрах народов, отдаленных от Европы, и следственно от просвещения», и надеялись, что присланные ими книги «может быть, послужат к образованию людей, не имеющих в земле своей средств выйти из состояния невежества» [Хлебников 1861: 117–120][12]. Николай Резанов, обер-секретарь Сената, путешествовавший в качестве посланника царя, писал в донесении Александру I, что его долг в Америке — «истребить все варварские обыкновения, ежели где существуют они, и вперить каждому, что единым человеколюбием достигать могут Высочайших Вашего Императорского Величества милостей» [Тихменев 1861–1863, 2: 194][13]. Хотя Россия быстро росла в могуществе и международном статусе, став одной из европейских великих держав, ее положение как одной из цивилизованных наций было менее надежным и зависело от ее предполагаемой способности продвигать просвещение и всеобщее благо внутри и вне границ империи. Эта способность зависела не от военной мощи, а от развития науки, торговли, промышленности и искусства, а также от того, как они использовались. С этой точки зрения уровень просвещенности нации определял не только

---

[11] См. выдержки из писем Н. П. Резанову в [Хлебников 1861].

[12] См. также [Langsdorff 1813; Лисянский 1812; Krusenstern 1810–1812; Андреев 1948; Vinkovetsky 2001].

[13] См. приложение копий с некоторых писем Шелихова, Баранова и Резанова и с других документов, относящихся ко времени первоначального основания и последовательного распространения русских колоний на Алеутских островах и на северо-западном берегу Америки (далее — Приложение). Резанов — Императору [Александру I]. Донесение. 18 июля 1805 г. о. Уналашки, см. в [Тихменев 1861–1863, 2: 192–195].

политический и экономический успех, но и, что не менее важно, успех моральный [Слёзкин 2008: 29; Ходарковский 2019: 162].

По мере того как Российское государство расширяло свой контроль над Российско-Американской компанией, чиновники в Санкт-Петербурге все больше беспокоились об отсутствии цивилизации и просвещения в американских колониях. Критика поведения русских колонистов в Америке впервые прозвучала в конце XVIII века от группы русских православных миссионеров, отправленных на Аляску — в «страну, омраченную язычеством», — по прошению Голикова и Шелихова [Тихменев 1861–1863, 1: 307][14]. Эти миссионеры, возглавляемые архимандритом Иоасафом, получили от императрицы Екатерины II и Священного синода указание «основать и умножить христианский закон» в этом регионе, но их миссия не была исключительно религиозной. Помимо введения православного христианства, они должны были распространять знания о гражданских добродетелях и средствах к существованию. Это включало в себя обучение коренного населения грамоте и арифметике. Миссионеры также обучали коренных жителей земледелию, хозяйству, промышленности, а также социальным нормам и общим моральным ценностям России[15]. Поскольку задачей миссионеров было просвещение и обращение в христианство коренных жителей, здоровые отношения между русскими и коренными американцами были крайне важны. Но также было необходимо, чтобы русские учили своим примером. Это заставляло миссионеров не только жаловаться на жестокое обращение колонистов с коренным населением, но и критиковать безнравственность, которую демонстрировали русские колонисты. Прежде всего, их расстраивали сек-

---

[14] Российское правительство критиковало обращение с коренным населением на Аляске еще в 1787 году. Полковник Г. К. Угренин, комендант Охотской области — служащим Компании. Инструкция. 15 июня 1787 г., см. в [Там же: 19].

[15] Именной императорский указ Александра I Сенату о возобновлении привилегий РАК и утверждении правил ее деятельности. 13 сентября 1821 г. О возобновленных привилегиях и правилах РАК см. главы 7 и 8 Приложения соответственно в [Там же, 1: 40–61], а также [Dmytryshyn et al. 1985–1989, 3].

суальные связи между русскими мужчинами и коренными женщинами. Больше всего их возмущал тот факт, что русские использовали в качестве любовниц совсем юных туземных девушек. В письме к Шелихову архимандрит Иоасаф выражал свое возмущение развратной жизнью русских:

> ...в казармах... живут рабочие со своими проститутками... проституток полно не только в казармах. <...> Каждый держит открыто одну или несколько девушек... и часто меняет их, несмотря на то что некоторым из девушек меньше десяти лет [Tikhmenev 1978–1979, 2: 77, 80][16].

Хотя трудно утверждать с уверенностью, есть основания полагать, что не все сексуальные отношения между русскими колонизаторами и коренными народами были основаны на принуждении. Местные женщины иногда вступали в интимные связи с русскими мужчинами ради выгоды, которую, как они надеялись, это принесет их общине, семье или им самим. Отношения с русским мужчиной давали женщинам доступ к европейским товарам и другие преимущества. С точки зрения колонизаторов, очевидно, что они получали от этих отношений гораздо больше, чем сексуальное и, возможно, эмоциональное удовлетворение. Знания женщин о местных условиях были незаменимы для русских торговцев пушниной [Miller G. 2010; Luehrmann 2008][17]. Многие русские действительно завязывали длительные отношения с местными женщинами и создавали семьи. Некоторые женились, но большинство браки не заключали. Главный правитель Александр Баранов[18],

---

[16] Архимандрит Иоасаф — Шелихову. 18 мая 1795 года. Кадьяк, см. в [Тихменев 1861–1863, 2: 101; Tikhmenev 1978–1979, 2: 77–79, 80–81, 83].

[17] Критический обзор книги Г. Миллер см. в [Vinkovetsky 2011; Smith-Peter 2013b]; об отношениях между европейскими мужчинами и местными женщинами в Компании Гудзонова залива (*Hudson's Bay Company*) см. [Brown 1980; Kirk 1980].

[18] Александр Андреевич Баранов (1747–1819) — первый главный правитель русских поселений Северо-Восточной американской компании на Алеутских островах и северо-западной части Северной Америки. Оставался главным правителем бессменно в течение 28 лет. — *Примеч. ред.*

который был обвинен миссионерами в распутстве, состоял в длительных отношениях с дочерью вождя алютиик, Анной Григорьевной. Они прожили вместе 30 лет и имели двоих детей. Его преемник пробыл в колониях всего десять месяцев, но следующий главный правитель, Семен Иванович Яновский, женился на дочери Баранова, креолке Ирине, и, когда срок его службы закончился, привез ее в Россию. Слово «креол» было термином, используемым населением российских колоний для обозначения потомков от смешанных браков русских и коренных жителей Аляски. Этот социальный слой был наиболее ощутимым результатом широко распространенных отношений между русскими торговцами пушниной и женщинами из племен унанган и алютиик в конце XVIII века[19].

У преемника Яновского, Матвея Ивановича Муравьева, также была любовница-креолка Наталья Усова, которую при возвращении в Россию он оставил в Ситке. Однако по дороге домой он передумал и не успел приехать в Сан-Франциско, как написал новому губернатору[20] Петру Егоровичу Чистякову, прося разрешения на поездку Усовой в Россию. Поскольку они не были женаты, это противоречило колониальным правилам, но Чистяков взял на себя полную ответственность и предоставил Усовой разрешение на поездку в Охотск с русской семьей, возвращавшейся в Россию через Сибирь. Как и у Яновского, у Чистякова тоже была любовница-креолка Матрена Федорова, которая жила с ним в доме губернатора. Возвращаясь в Россию, он оставил Федорову в Ситке вместе с их двумя сыновьями, Петром и Павлом. Похоже, эта история поставила Компанию в неловкое положение. Совет директоров, управлявший делами РАК в Санкт-Петербурге, устроил брак Федоровой с креолом Василием Недомолвиным и постановил, что жалованье, которое РАК должна была выплатить Чистякову, должно было быть выплачено его возлюбленной

---

[19] Унанганы, или унанганские алеуты, жили на Алеутских островах, а алютиик — на южном побережье Аляски и на острове Кадьяк.

[20] Термин «губернатор» был неофициальным, разговорным обозначением термина «главный правитель».

и их детям[21]. Тем не менее РАК запретила своим служащим привозить своих креольских жен и детей в Россию. Поскольку дети от этих союзов редко могли вернуться в семью матери, они часто начинали работать в Компании. Их знания местных обычаев и владение языком делали их весьма ценными кадрами для РАК.

Во время первого кругосветного плавания и российское правительство, и Русская православная церковь отправили своих представителей для инспекции колоний Русской Америки. Они пришли к схожим выводам относительно актуального состояния поселения. Иеромонах Гедеон был уполномоченным Священного синода. Он прибыл в Америку, «страну еще дикую», летом 1804 года [Ляпунова 1994: 55]. В своих письмах домой он утверждал, что Баранов и Компания не смогли принести просвещение и цивилизацию коренному населению. Туземцев принуждали охотиться для Компании и подвергали жестокому обращению. Существовало общее неуважение к религиозным обрядам, что Гидеон находил и варварским, и непатриотичным. По его мнению, быть христианином означало быть цивилизованным, а осуществлять христианское просвещение было патриотическим долгом. По словам отца Гедеона, не только Баранову не хватало моральных норм. Большинство русских, служивших в Компании, были «испорченных нравов». Агенты империи отличались совершением «всяких безобразных и бесчеловечных... частию между собою, но много более с американцами чинимых поступков»[22].

Несмотря на такую критику его пренебрежения цивилизаторской миссией, Баранов на самом деле хорошо осознавал связь между понятиями просвещения, цивилизации и патриотизма в русской имперской идеологии. После посещения Российско-Американского училища, основанного отцом Гедеоном на Кадьяке, Баранов выразил ему

---

[21] Компания управлялась Советом директоров в Санкт-Петербурге, а контроль над местными делами осуществлялся назначенными главными правителями или губернаторами в Ситке [Pierce 1986: 5, 9–11].

[22] Иеромонах Гедеон — митрополиту Амвросию. 2 июня 1805 года. Кадьяк, см. в [Ляпунова 1994: 91–92; Pierce 1989: 34, 69, 78, 80]. См. также [Pierce 1978: 55–56, 140–144].

...признательность за положенные начала образования... собранного в училище Кадьякском юношества... приемля то с чувствами сердечными тем наипаче, что в продолжение начальства [его, Баранова] устрояется желаемое издавна к общему благу во славу Отечества просвещение и благоустройство в здешних диких, отдаленных... пределах [Pierce 1989: 97][23].

Граф Николай Резанов, зять Шелиховой и обер-секретарь Сената, прибыл в колонии через год после отца Гедеона. Он также критиковал колониальные нравы. В его отчетах большинство мужчин, пришедших работать в Компанию, описывались как развращенные, продажные пьяницы, а офицеры были жестокими и безнравственными. Многие колонисты, включая главного правителя, вступали в сексуальные отношения с туземными и креольскими женщинами, не заключая с ними браков. По мнению Резанова, русские колонисты не могли подать пример счастливой «семейственной жизни» и надлежащего ведения хозяйства, в которых нуждались туземцы. Во многом это было связано с тем, что в колониях было очень мало европейских женщин[24]. Таким образом, привлечение женщин, проникнутых европейскими представлениями о «семейственной жизни» и «доброй нравственности», было представлено высшим российским чиновником, когда-либо посещавшим Аляску, как необходимая предпосылка для привнесения цивилизации в Северную Америку. После своего визита в Америку Резанов предложил ряд реформ, направленных на превращение коренного населения в оседлых земледельцев и создание предпосылок для европейского идеала «упорядоченной хозяйственной жизни» в колониях. Резанов считал, что колонии необходимо иметь «хотя несколько семейств, которые бы добрым примером благонравия и хозяй-

---

23 Баранов — иеромонаху Гедеону. 23 апреля 1807 года. Кадьяк. Павловская Гавань [Ляпунова 1994: 101].

24 Резанов — директорам РАК. 6 ноября 1805 года. Ново-Архангельск; Резанов — министру коммерции. 17 июня 1806 года. Ново-Архангельск, см. в [Тихменев 1861–1863, 2: 204–216, 219–222, 280–281].

ственной жизни смягчили дикость жителей и дали бы тем первый шаг к просвещению». В попытке воспроизвести европейские практики мальчики-туземцы должны были стать кормильцами семьи в качестве земледельцев, в то время как девочки должны были стать домохозяйками. По словам отца Гедеона, отец Герман, еще один миссионер, уже приучил некоторых туземцев к трудолюбию, дружественной связи и хозяйственной жизни, что было его обязанностью «по долгу проповедника в диконравном народе». Например, были разведены огороды и «на различных землях делаемы были разных семян опыты» [Ляпунова 1994: 104–106; Тихменев 1861–1863, 2: 215; Pierce 1989: 108–112]. Резанов «поручил отцу Герману обучение 20 мальчиков практическому сельскому хозяйству», в дополнение к традиционным преподаваемым в школе предметам. Эта группа мальчиков затем смогла бы «первые двадцать семей... земледельцев приготовить... и доставить Компании прочных и грамотных хлебопашцев». Таким образом, когда в 1805 году в Кадьяке открылось Российско-Американское училище, там учили, как подготовить почву для огородов, сажать и сеять растения [Тихменев 1861–1863, 1: 140; Тихменев 1861–1863, 2: 215][25].

Резанов также считал женское образование жизненно важным. Поэтому он также дал указание основать школу для девушек под наблюдением Натальи Петровны Баннер, жены И. И. Баннера, правителя Кадьякской конторы РАК. В эту школу были приняты на воспитание 16 девушек-креолок [Тихменев 1861–1863, 1: 140][26]. Их обучали ведению домашнего хозяйства, рукоделию, садовод-

---

[25] О русских православных миссионерах на Аляске см.: Резанов — директорам РАК. 6 ноября 1805 года. Ново-Архангельск в [Тихменев 1861–1863, 2: 214–215; Dmytryshyn et al. 1985–1989, 3]. Также см.: Резанов — Гедеону. Отправлено 25 декабря 1803 года, Бразилия, о. Св. Екатерины. Получено 6 января 1804 года; Гедеон — Баранову. 26 мая 1807 года, см. в [Ляпунова 1994: 44–47, 104–106; Pierce 1978: 153; Pierce 1989: 74, 100].

[26] Резановым «было предположено... учреждение школы для девушек, на первый случай до 100 воспитанниц, под названием *Дом благотворения Марии*. Это заведение было открыто осенью 1805 года» [Тихменев 1861–1863, 1: 140]. — *Примеч. ред.*

ству и другим навыкам, которые считались необходимыми для домохозяек. Подавая пример, эти девушки затем должны были осуществить переход к привычному укладу «хозяйственной жизни», который считался необходимым для цивилизации Америки[27].

В 1817 году Главное правление РАК направило Баранову новые инструкции, в которых подчеркивалось, что семья является ключом к цивилизации. Баранову было поручено улучшить положение семей креолов и алеутов. Чтобы «возвести их на ту степень гражданственности, в которой они могли бы быть полезны; не только себе, но и государству», он должен был помочь им «в обзаведении домами, огородами, садами… дабы, со временем, они могли видеть успехи от своих трудов и пользоваться своею собственностию». Ему также было приказано «при вступлении креолов в законный возраст стараться об обзаведении их семействами… снабжая притом хозяйством для первоначального устройства»[28]. Людвиг Гагемейстер, преемник Баранова, продолжал в том же духе. Он поселил нескольких тлинкитов за пределами форта и «старался способнейших из них, равно и креолов приучить к домашнему хозяйству» [Тихменев 1978–1979, 1: 245].

В попытке решить некоторые проблемы, связанные с социально-нравственной ситуацией в американских колониях России, Совет директоров РАК в 1829 году постановил, что будущие губернаторы русской Аляски должны были жениться, прежде чем покинуть Европу и отправиться в колонии. Елизавета Врангель стала первой европейской женщиной, которая отправилась в Русскую Америку в качестве жены губернатора. Она проживала в Ситке в течение пятилетнего срока полномочий своего мужа Фердинанда. За ней последовало еще восемь жен губернаторов, прежде чем Аляска была продана США в 1867 году.

---

[27] См.: Резанов — директорам РАК. Секретное письмо. 15 февраля 1806 года. К своему письму Резанов приложил прошение императрице [Екатерине II] о «воспитании женского пола» [Там же, 2: 243]; см. также [Harjunpää 1968: 92].

[28] Главное правление РАК — Баранову. 22 марта 1817 года [Dmytryshyn et al. 1985–1989, 3; Тихменев 1978–1979, 1: 224].

ЖЕНЩИНЫ И ИМПЕРИЯ

Эта книга рассказывает историю трех из этих женщин — Елизаветы Врангель, Маргареты Этолин и Анны Фуругельм — и отражает попытку понять их опыт в качестве жен губернаторов в свете предписывающих представлений об истинной женственности и роли женщин в предполагаемой цивилизаторской миссии России[29]. В книге исследуются трудности реализации этих ролей в экстремальных обстоятельствах. Каково было быть молодой женщиной среднего или высшего класса в самой отдаленной части Российской империи и как этот опыт может быть связан с культом домашнего очага и новым идеалом женственности, который сформировался в XIX веке? Чего ожидали от этих женщин как представительниц Российской империи и как они сами воспринимали свою роль? Чувствовали ли эти женщины себя обязанными принимать участие в общей цивилизаторской миссии империи и противоречила ли эта обязанность их другим ролям и обязанностям как матерей и жен?[30] И наконец, на более общем уровне: в каком смысле цивилизаторская миссия была гендерной? В каком смысле она предписывала разные роли для мужчин и женщин в империи?

Роль женщин долгое время игнорировалась в имперской истории, и строительство империи рассматривалось как в первую очередь мужской проект. Однако за последние десятилетия было опубликовано несколько исследований о роли женщин в империи[31]. Эти новые исследования, в основном посвященные Британской империи, показали, что женщины играли центральную роль в процессе колонизации и что сама идея империи не может быть понята без учета гендерного аспекта. На строительство, практику и опыт империи оказало влияние понимание людьми

---

[29] О понятии «истинное материнство» см. [Welter 1966].

[30] О культе домашнего очага в России см. [Evans Clements 2012: 87–90].

[31] См. [Knapman 1986; Callaway 1987; Strobel 1991; Mills 1991; Chaudhuri, Strobel 1992; Lewis 1996; Midgley 1998; Clancy-Smith, Gouda 1998; Wildenthal 2001; Perry 2001; Procida 2002; Stoler 2002; Levine 2004; Woollacott 2006; Herrin 2013].

половых различий и ролей мужчин и женщин в мире. Идея цивилизаторской миссии предусматривала особые роли для мужчин и женщин в империи. В то время как мужчины должны были открывать, завоевывать, подчинять и преобразовывать, женщины должны были рожать и воспитывать детей, заботиться о своих мужьях и привносить в колонии европейские семейные добродетели и гендерные роли. Женщины также должны были поддерживать христианскую мораль и западные культурные ценности в Новом Свете [Wilson 2004: 19–20; Hall 2004: 70–71]. Роль, которую женщины должны были играть в цивилизаторской миссии европейских империй XIX века, была связана с представлениями того времени о женственности, распространенными среди белого среднего и высшего классов[32]. «Истинные женщины» должны были обладать четырьмя основными добродетелями: благочестием, духовной чистотой, хозяйственностью и покорностью. Этот идеал, который пропагандировался по всей Европе в религиозных трактатах, женских журналах, художественной литературе и книгах, дающих рекомендации по различным вопросам, изображал женщин как хранительниц общественной морали, оказывающих свое влияние через дом и семью в качестве жен и матерей[33]. «Культ домашнего очага» вырос из новых взглядов на работу и семью в то время, когда мужчины все больше работали вне дома. Это развитие подпитывало рост того, что известно как идеология отдельных сфер, которая определяла и предписывала разные роли мужчинам и женщинам. «Естественной» сферой мужчин был публичный мир бизнеса и работы, политики, коммерции и права, в то время как «надлежащей сферой» женщин была частная домашняя сфера, дом, ведение

---

[32] Об аналогичных взглядах среди католиков см. [van der Krogt 1998; Valiulis 1995; Offen 2000: 196–197].

[33] Эти тексты были переведены с английского и распространились по Европе, но представления об «истинном материнстве» были воспроизведены и на языках коренных народов, см. [Kelly 2001; Whelan 1999; Ulvros 1996]. Жены губернаторов, о которых рассказывается в данном исследовании, говорили на английском (Фуругельм), французском (все), немецком (Врангель), шведском (Фуругельм и Этолин) и русском (Врангель и Этолин) языках.

домашнего хозяйства, воспитание детей и забота о муже [Welter 1966; Keister 2011]. Мужественность и женственность стали символизировать ряд оппозиций, характеризующих эти сферы. Женщины стали воплощать добродетели, которые новый современный порядок грозил уничтожить. В то время как мужчины были настроены на конкуренцию, женщины служили примером сотрудничества; в то время как мужчины строили все более светский и аморальный политический и экономический порядок, женщины поддерживали благочестие и мораль; в то время как мужчины стремились к господству, женщины подчинялись [Эванс 1993: 75–76; Evans 1989: 68–69].

Женщинам говорилось, что у них есть особая миссия как жен и матерей в доме. Согласно этому представлению, обязанностью благочестивой женщины было влиять на своего мужа и превращать его в хорошего христианина. В начале XIX века протестанты-евангелисты призывали женщин становиться источником моральной реформы, подразумевая, что женщины по своей природе более добродетельны, скромны и целомудренны, чем мужчины. В отличие от традиционного западноевропейского взгляда, согласно которому женщины воплощают плотские желания, теперь предполагалось, что у женщин меньше сексуальных желаний, чем у мужчин. Новый идеал женского морального превосходства постепенно стал доминировать в предписывающей литературе. Женщины среднего класса перестали ассоциироваться с похотью и вместо этого обрели качество врожденной чистоты. Женщины-писательницы отстаивали идею меньшего желания у женщин и ее роли в сдерживании сексуальных влечений мужчин. Этот новый идеал породил антитезу: падшую женщину, которая бросила вызов женской природе. Поскольку женщины якобы занимали более высокое моральное положение, чем мужчины, ее падение было столь велико, что запятнало ее на всю жизнь. Женская сила в этом смысле основывалась на ее моральном превосходстве и зависела от того, была ли она «хорошей» женщиной, которая всегда была скромной и чистой. После замужества первостепенной обязанностью женщины было создать благоприятную обстановку в доме, чтобы ее муж не искал удовольствий во внешнем мире. Быть «хорошей» женщиной также означало быть всегда кроткой, никогда не показывать волнения или раздражения, никогда не жаловаться и всегда относиться к своему мужу с добротой и почтением [Welter 1976; D'Emilio, Freedman 1997: 45, 56, 70; Davidoff, Hall 1987][34]. Конечно, не каждая женщина стремилась к этому идеалу, и многие подвергали его сомнению. Тем не менее идеал был силен и так или иначе повлиял на большинство женщин среднего и высшего класса. Это часто приводило к чувству вины за то, что они не соответствовали идеалам хорошей жены, матери или дочери[35].

Эти идеи о долге и роли женщины могли быть довольно легко приняты имперским проектом. Благодаря предполагаемой склонности к религии, высоким моральным стандартам, домашним ценностям и общей утонченности считалось, что европейские женщины обладают определенными способностями, которые могли быть использованы империей в ее цивилизаторской миссии. Образ «викторианской женщины»[36] вдохновлял колонизаторов и миссионеров, которые намеревались сформировать поведение неевропейцев в соответствии с этой моделью домашнего хозяйства белого среднего класса [Эванс 1993: 103; Evans 1989: 95]. Считалось, что европейские женщины способны влиять на девушек и женщин из числа туземцев, подавая им пример и участвуя в их образовании. Как следствие, ожидалось, что европейские женщины в колониях превратят туземок в европейских домохозяек и матерей, обучая их христианским ценностям, скромности и домашним добродетелям. Женщины-лютеранки,

---

[34] Об источниках см. [Hellerstein et al. 1981].

[35] «Культ истинной женственности», о котором первоначально говорила Б. Велтер, подвергся критике со стороны историков женского движения за то, что они ставят женщин как исторических субъектов в жесткие рамки отдельных сфер и игнорируют разделение, созданное классом и расой, что делает противоречивым понятие единой женской сферы, см. [Rupp 2002; Patton 2000; Yee 1992].

[36] В англоязычной среде XIX века королева Великобритании Виктория считалась «идеалом женственности», что привело к появлению термина «викторианская женщина». — *Примеч. ред.*

о которых рассказывается в этой книге, также находились под влиянием современных им течений религиозного возрождения, в рамках которых проповедовалось всеобщее спасение, а не предопределение [Там же: 73]. Идея о том, что все, кто обратился в христианство, а не только избранные, будут спасены, укрепила в этих женщинах чувство морального долга.

Ожидалось, что европейские женщины также будут влиять на европейских мужчин. Их задачей было удерживать мужчин от сексуальных отношений с туземками и от различных порочных поступков, таких как пьянство и азартные игры[37]. В контексте Аляски это была трудная задача, поскольку Русская Америка, как и другие сообщества, связанные с меховой торговлей, была в значительной степени маскулинной территорией и характеризовалась пьянством, беззаконием, проституцией и азартными играми. Тем не менее российские чиновники считали, что присутствие женщин в колониях могло бы смягчить некоторые из худших крайностей мужского общества на границе империи. Маскуллинность следовало контролировать и приручать, и для достижения этого женщинам было поручено обустраивать европейские дома в колониях[38]. Требуя от губернатора привезти в колонии супругу-европейку, РАК надеялась, что другие чиновники последуют его примеру и привезут своих европейских жен в Ситку. Если бы все шло по планам Совета директоров РАК, в Ситке стало бы больше европейских женщин, что улучшило бы приграничное общество за счет снижения уровня коррупции, безнравственности и беззакония.

Но женщины также играли дополнительные роли в процессе колонизации. Им было поручено поддерживать социальные практики, которые контролировали расовые и классовые границы в империи. Поскольку русская Аляска не была колонией поселенцев, расовая принадлежность была менее важной категори-

---

[37] О женщинах-миссионерах см. [Grimshaw 1989; Bowie et al. 1993; Taylor Huber, Lutkehaus 1999; Curtis 2010; Seton 2013].

[38] См. [Хлебников 1861: 64; Wrangell F. 1980: 15–16; Загоскин 1956: 69, 371–372; Wilson 2004: 27; Davidoff, Hall 1987: 398].

ей, чем в некоторых других европейских колониях и неоевропейских обществах, таких как Соединенные Штаты. Тем не менее европейские женщины в Ситке, безусловно, демонстрировали свое отличие от местных женщин, показывая свое цивилизационное превосходство. Подобно женщинам в других европейских колониях и на американском Западе, они пытались наладить в поселении общественную жизнь, которая по возможности воспроизводила бы жизнь дома. Они устраивали балы, концерты, театральные представления, маскарады, чаепития и пикники, а также наносили визиты другим женщинам своего класса и расы. Европейские обычаи и ритуалы, такие как меблировка, рукоделие, сервировка стола и написание писем, указывали на то, что их дома в Новом Свете были цивилизованными[39]. Эта роль была особенно важна для жены губернатора, которая в качестве первой леди была одновременно образцом для подражания и отвечала за общественную жизнь в колониях.

Хотя три женщины, о которых рассказывается в этой книге, дают уникальное представление о жизни европейских женщин среднего и высшего класса в Русской Америке, их опыт, конечно, почти ничего не говорит нам о жизни местных женщин и немногих европейских женщин низшего класса в колониях. Социальные нормы запрещали любые близкие отношения с женщинами другого класса или этнической принадлежности, и Врангель, Этолин и Фуругельм писали о таких встречах весьма скупо. Слуги и другие иждивенцы постоянно присутствуют в их трудах, но никогда не являются их предметом. Тем не менее привилегированное положение жены губернатора как главного женского представителя Российской империи означало, что все женщины чувствовали особую обязанность поддерживать предписанное гендерное понятие цивилизаторской миссии, и они, безусловно, осознавали и размышляли о своем долге формировать жизнь в колониях в целом.

---

[39] Об аналогичном опыте других европейских имперских колоний см. [Levine 2004: 1–12; Wilson 2004: 38; Hall 2004: 70–71; Brownfoot 1984: 189]; о женщинах на американском Западе см. [Jeffrey 1979; Jeffrey 1998].

До сегодняшнего дня ученые, интересующиеся историей и внешней политикой Российской империи, не уделяли особого внимания роли женщин. Это особенно верно в отношении Русской Аляски [Федорова Т. С. 2001: 91–103; Miller G. 2006: 300][40]. Хотя в последнее время была проделана важная работа по изучению жизни женщин из числа коренного населения в Русской Америке, очень мало было написано о европейских женщинах [Miller G. 2010; O’Grady 2001; Christensen 2006; Black D., Petrov 2010][41]. Значительные исследования, посвященные Российско-Американской компании, Русской православной церкви и коренному населению, были сосредоточены на деятельности мужчин[42]. Жены губернаторов не назначались Российско-Американской компанией; их не нанимали, и они не получали жалованье. Жена губернатора не вносила никакого формального вклада в Компанию или в управление колониями. Тем не менее она занимала положение верховного представителя империи женского пола в Русской Америке. Она была, как выразилась Анна Фуругельм, «королевой колоний»[43]. В этом качестве жены губернаторов, безусловно, играли важную роль. Формируя образ Русской Америки как цивилизованной колонии в просвещенной европейской империи, они легитимизировали колониальный проект. Врангель, Этолин и Фуругельм — все они осознавали эту роль и пытались выполнить ее в меру своих возможностей. Они стремились внедрить и поддерживать европейские обычаи и ценности в своих различных качествах — как хозяйки и лидеры колониального общества, а также как образцы для подражания, воспитательницы и приемные матери[44].

---

[40] О возрождении интереса к истории Российской империи см. [Gibson 2002].

[41] См. также [Enckell 2002a; Enckell 2003].

[42] Литературу о Русской Америке см. в примечании 2.

[43] Анна Фуругельм — матери. Ситка. 20/4 октября 1859 года. Библиотека Академии Або. Коллекция рукописей.

[44] Об опыте женщин, «инкорпорированных» в профессиональные институты своих мужей, см. [Callan, Ardener 1984].

ЛЮТЕРАНЕ В РОССИЙСКОЙ ИМПЕРИИ

Интересно, что эти жены губернаторов символически олицетворяли русскую царицу, не будучи этническими русскими. Они принадлежали к лютеранскому меньшинству прибалтийских немцев и финнов из западных частей обширной Российской империи. Мужчины с этим этническим и культурным происхождением занимали непропорционально большое количество высоких должностей в Российской империи из-за их высокого уровня образования и хорошо развитых навыков[45]. Многие из этих мужчин работали в РАК в качестве администраторов, штурманов, капитанов дальнего плавания и врачей, а также ремесленников и моряков. Между 1710 и 1917 годами одна восьмая всех высокопоставленных чиновников на российской службе происходила из прибалтийского немецкого дворянства или образованных средних классов [Amburger 1966: 515]. Когда Финляндия в 1809 году стала частью Российской империи, были предприняты попытки вербовать финнов на русскую службу в Америке. В 1820-х годах финны составляли самую большую белую нерусскую этническую группу в Русской Америке, а в 1830–1840-х годах около одной пятой жителей имели финское происхождение[46]. Муж Елизаветы Врангель был по происхождению прибалтийским немцем, а мужья Маргареты Этолин и Анны Фуругельм были финнами. Их нерусская этническая принадлежность не помешала им усердно работать над улучшением русских колоний в Америке. Фактически Фердинанд Петрович Врангель, Адольф Карлович Этолин и Иван Васильевич Фуругельм, возможно, были тремя самыми эффективными губернаторами Русской Америки. Они, безусловно, были одними из самых опытных и преданных своему делу. Все

---

[45] Большинство финнов на Аляске происходило из шведскоязычного меньшинства Финляндии, которое включало в себя как высшие, так и низшие классы.

[46] О лютеранах в Российской империи см. [O'Grady-Raeder 1994; Harjunpää 1968; Armstrong 1978; Whelan 1999; Гринев 2002; Иванова, Баженова 2004; Enckell 2002b; Enckell 2012; Копелев 2010; Лемпияйнен 2003; Thaden 1984; Haxthausen 1856: 198].

они пытались улучшить отношения между европейцами и коренными жителями, а Этолин и Фуругельм осуществили самые успешные инициативы по улучшению отношений между европейцами и тлинкитами. Фердинанд Врангель заменил нетребовательный режим Петра Чистякова более эффективным и строгим управлением. Он пытался бороться с коррупцией, приказывая проводить аудит счетов всех районных управляющих, и объезжал колонии, чтобы улучшить управление финансами. Врангель также организовал и расширил образование и здравоохранение, улучшил условия труда для сотрудников Компании и положил конец чрезмерной охоте на пушных зверей. Адольф Этолин сделал свою карьеру на службе в РАК. Он отправился в свое первое кругосветное плавание в 1818 году и впоследствии отличился как исследователь. Его правление было эпохой консолидации и улучшения. Были отремонтированы форты, созданы посты, а знания о внутренних районах Аляски расширились. Он также принял меры по улучшению условий жизни алютиик. Однако эти меры были основаны на европейских идеях цивилизации, которые включали культурную ассимиляцию и, таким образом, способствовали разрушению культуры коренных народов. В Ситке Этолин основал школу для коренных жителей, организовал ежегодный рынок с развлечениями для тлинкитов, а в 1845 году издал приказ, запрещавший сотрудникам Компании физически нападать на коренных жителей, если только это не было самообороной. Фуругельм наиболее известен своими усилиями по нормализации отношений между тлинкитами и русскими, которые резко ухудшились во время губернаторства Степана Воеводского. Ему также удалось пересмотреть условия соглашения о продаже льда в Сан-Франциско, которые были крайне невыгодны для Компании. Три губернатора посвятили бо́льшую часть своей профессиональной жизни Российско-Американской компании, а Врангель и Этолин впоследствии стали членами ее Совета директоров [Виньковецкий 2015: 166; Pierce 1990: 136–139, 152–155, 543–548; Olin 1995: 51–81].

Финны и прибалтийские немцы принадлежали к самым привилегированным меньшинствам в Российской империи, и они были известны своей преданностью царю. Это было особенно верно в отношении прибалтийских немцев. Немецкое присутствие в странах Балтии восходит к Средним векам, когда орден меченосцев завоевал большую часть современных Эстонии и Латвии. В Северной войне (1700–1721) Петр Великий взял под контроль большую часть Прибалтики, но позволил немецкому дворянству сохранить свои привилегии и власть. Немецкая община и ее институты защищались преемниками Петра вплоть до политики русификации 1880-х годов [Harjunpää 1968: 123–146, 125; Whelan 1999: 13–63, 65–102; Armstrong 1978]. Отвоеванная у Швеции во время Наполеоновских войн Финляндия в 1809 году стала автономным княжеством в составе Российской империи и конституционной монархией. В обмен на лояльность финских сословий после войны между Россией и Швецией царь Александр I гарантировал сохранение религии, коренных законов, прав и преимуществ сословий Финляндии неизменными. Только в 1890-х годах Россия попыталась ограничить особый статус Великого княжества Финляндского посредством политики русификации, что вызвало сильное сопротивление финнов [Kan A. 2008; Thaden 1981; Polvinen 1995]. Лояльность к царю не помешала как финнам, так и прибалтийским немцам демонстрировать сильную привязанность к своей родине и к Лютеранской церкви, что является постоянной темой в трудах как Елизаветы Врангель, так и Маргареты Этолин[47]. Более неожиданной является резкая и откровенная критика Анной Фуругельм Российской империи, русского народа и Русской православной церкви. Возможно, ее мать-британка и немецкое воспитание привили ей негативные взгляды на русских. Более того, идентичность этих женщин как североевропейских лютеран делала для них еще более важным казаться цивилизованными и культурными не только по отношению к коренному населению, но и к «неотесанным русским», моральные стандарты которых, по их мнению, были значительно

---

[47] Первая лютеранская церковь в Русской Америке была основана в 1840 году. Маргарета Этолин, ее муж и Фердинанд Врангель сыграли важную роль в ее создании. Все священники были родом из Финляндии.

ниже, чем у протестантов. Православные и лютеранские колонизаторы в Ситке стремились к достижению европейской цивилизации и просвещения, и губернаторы-лютеране, за исключением, возможно, Хампуса Фуругельма, по-видимому, имели хорошие отношения с Русской православной церковью. Тем не менее, как пришлось узнать и Уно Сигнеусу, одному из пасторов Лютеранской церкви, и Анне Фуругельм, Православная церковь не оценила желание лютеран помочь им в цивилизаторской миссии. Лютеранскому пастору не разрешалось учить или проповедовать среди коренных жителей или православных христиан. Ему также не разрешалось учить креольских детей. Он был ограничен заботой только о нескольких детях, оба родителя которых были лютеранами. В результате некоторые лютеране считали, что их присутствие на Аляске едва ли было принято Русской православной церковью. В статье, опубликованной в финской ежедневной газете *Åbo Underrättelser* от ноября 1858 года пастор Винтер заявил, что финнов больше не будут посылать в Ситку, потому что православный епископ выступал против верующих лютеран [Harjunpää 1968; Winter 1858; Engman 2007: 31].

ЕВРОПЕЙСКИЕ ЖЕНЩИНЫ В РУССКОЙ АМЕРИКЕ

Врангель, Этолин и Фуругельм особенно интересны для изучения с точки зрения женской и гендерной истории, потому что они жили в эпоху, когда «культ истинной женственности», а также идеология империализма были распространены по всей Европе и в европейских империях[48]. Все они были очень молоды и вышли замуж незадолго до поездки в Русскую Америку. Путешествие, в которое они отправились через половину земного шара, было, таким образом, и путешествием в новый мир, и путешествием в супружескую жизнь — путешествием в неизведанное.

Этим женщинам супружеская жизнь в колониях принесла новые роли и отношения. Самой важной ролью было материнство, которое повлияло на них по-разному. Елизавета, Маргаре-

---

[48] См. [Hall 1979; Hellerstein et al. 1981; Whelan 1999].

та и Анна родили своего первого ребенка либо по пути в Русскую Америку, либо в Ситке. Елизавета, которая путешествовала по суше через Сибирь, родила девочку по имени Мария Луиза в Иркутске 23 апреля 1830 года[49]. Маргарета родила мальчика, Адольфа Эдварда, 6 апреля 1840 года в Тихом океане, недалеко от экватора, а Анна родила маленькую девочку, Энни Фредерику, в Ситке, 11 декабря 1859 года, всего через пять месяцев после прибытия в столицу Русской Америки. Пребывание в отдаленном российском форпосте согласно устоявшимся представлениям о том, как быть хорошей женой и матерью, значительно усложнило им жизнь, в частности потому, что у них не было ни семьи, ни друзей, которые могли бы их поддержать.

С другой стороны, и, скорее всего, из-за своей изоляции, все они, по-видимому, сформировали близкие отношения со своими мужьями. Совершенно очевидно, что никто из троих не был готов к годам изоляции и одиночества, которые им предстояло пережить в доме губернатора в Ситке.

Донесения того времени в подавляющем большинстве описывают Ситку, столицу Русской Америки, как потрясающее по красоте место. Современные посетители Ситки и острова Баранова могут только согласиться. Тем не менее многие европейцы описывали Ситку как трудное для длительного проживания место. Несмотря на мягкий климат, там было беспрестанно мрачно, очень сыро и ужасно ветрено. Согласно отчетам того времени, годовое количество осадков составляло более 2400 мм. Небо Ситки было преимущественно серым и пасмурным. В «лучший год… одна треть ясной, или умеренной [погоды]; но бывает время, когда в год не обойдется одной пятой доли ясных дней» [Хлебников 1861: 30]. Понятно, что многим жителям было трудно адаптироваться к такому климату[50]. Но еще труднее было справиться с изоляцией. Европейский контингент не только

---

[49] Семья Врангель продолжила свое путешествие, когда дочери было всего четыре недели от роду.

[50] См. также: И. В. Фуругельм — отцу, О. В. Фуругельму. Ситка. 25 мая 1852 года. Архив Музея культур, Хельсинки.

находился буквально в тысячах миль от дома, но, что более важно, было почти невозможно поддерживать связь с друзьями и семьей, оставшимися на родине. Единственным средством сообщения была пароходная почта, и даже в 1845 году (когда уже был изобретен телеграф. — *Примеч. ред.*) американские колонии получали письма из Европы только один раз в год. В одном из писем родителям Елизавета Врангель попыталась дать выход своим чувствам по поводу прибытия почтового судна:

> Я воздержусь от описания напряженного ожидания, охватившего всех тех, чьи семьи живут в Европе! Внезапно на горизонте появляется корабль, и весь город приходит в движение. Невозможно описать волнение, которое создает прибытие почты. Двенадцать месяцев царила абсолютная тишина, и вдруг сюда ворвалась суета Европы.

Позже, вернувшись в резиденцию и разложив перед собой на столе письма, она едва решалась открыть их, боясь, что ее охватит тоска по дому. Она также беспокоилась, что письма могут содержать печальные вести. «Наконец-то все письма вскрыты, и в них нет ничего, кроме хороших новостей, — вздохнула она с облегчением, но тут же вспомнила, что письма были старыми: — Но, ах, мое сердце сжимается против моей воли. Они были датированы годом ранее. Могут ли печальные новости прийти в другом письме?»[51]

В то время как плохая связь затрудняла поддержание контактов с семьей и друзьями, оставшимися на родине, в колонии также было трудно найти друзей-единомышленников и по-настоящему дружеское общение. Европейское население было малочисленно, и среди него было очень мало женщин. Подружиться с коренными или креольскими женщинами было непозволительно сложно. Положение жены губернатора только усиливало чувства изоляции и одиночества. Анна Фуругельм жаловалась, что из всех людей в Ситке жена губернатора была самой

---

51 Елизавета Врангель — родителям. Ситка. Осень 1831 года, см. в [Wrangell Wilhelm 1940: 78].

одинокой, потому что ее никто не навещал. У нее не было компании, а губернатор всегда был занят[52].

Кроме того, многие европейские жители Ситки подспудно чувствовали, что поселение находится в опасном положении, будучи окруженным враждебным коренным населением. Расположение города между высокими, заснеженными горами и непроходимыми лесами с одной стороны и опасными морями с другой также способствовало ощущению изоляции и замкнутости. Многим европейским поселенцам жизнь в столице колонии казалась «однообразием страшным» [Golovin 1983: 89, 94][53]. Тем не менее Ситка считалась самым благоустроенным и самым цивилизованным поселением на тихоокеанском побережье Северной Америки до основания Сан-Франциско в 1849 году. Город стал известен своими многочисленными балами, ужинами, маскарадами, театральными и музыкальными представлениями. Иногда его с иронией и большим преувеличением называли «Парижем Тихого океана».

Хотя жены трех губернаторов были привилегированными во многих отношениях, тот факт, что их отправили через полмира на Русскую Аляску в качестве компаньонок мужей, которых они едва знали, показывает, что они были кем угодно, но только не хозяйками своей судьбы. В этом контексте важно отметить, что у Анны, а особенно у Маргареты, было гораздо более слабое чувство классовой принадлежности, чем у Елизаветы. В то время как Елизавета происходила из старинных родов прибалтийских немцев и французских дворян, отец Маргареты не был дворянином, а ее муж Адольф был сыном торговца и первым членом своей семьи, получившим рыцарское звание. Анна, с другой стороны, происходила из дворянской семьи, но ее семья переживала трудные времена. Ее отец бросил свою семью всего через пару месяцев после рождения Анны, и мать с дочерьми были

---

[52] Анна Фуругельм — матери. Ситка. 28 апреля 1862 года. Библиотека Академии Або. Коллекция рукописей.

[53] Письмо от 5 (17) декабря 1860 года. Ситка. Ново-Архангельск [Головин 1863б: 277].

предоставлены сами себе. Во всех трех случаях финансовая нужда была основным стимулом для их мужей принять должность губернатора. Если мужчина не пил и не играл в азартные игры, в колониях можно было заработать значительную сумму денег, хотя, как хорошо знали их жены, стоимость жизни там была чрезвычайно высокой.

СОЦИАЛЬНЫЙ СТАТУС И КУЛЬТУРНАЯ ИДЕНТИЧНОСТЬ В РУССКОЙ АМЕРИКЕ

Российское правительство ожидало, что все различные коренные народы в Ситке будут «цивилизованы» посредством колонизации. Однако на практике к различным группам населения относились по-разному. Тлинкиты считали себя независимыми и так и не были полностью покорены русскими. Их численность сократилась с 30 000 на начало контакта с европейцами до 10 000 в 1840 году. Некоторые тлинкиты обратились в христианство, но русские, как правило, считали их не только язычниками, но и автономной социальной группой [Kan S. 1999; Гринев 1991]. Рынок тлинкитов от русского поселения отделяла стена, а на тлинкитское селение, протягивающееся от самой стены форта вдоль по берегу Ситхинского залива, постоянно были направлены пушки. Русские нередко стреляли из пушек во время «экзерциций для обучения людей», как писал лейтенант Лаврентий Алексеевич Загоскин [Загоскин 1956: 369; Michael 1967: 71]. Однако во времена Этолина отношения между русскими и тлинкитами улучшились[54]. Хорошие отношения с туземцами были жизненно важны для европейского населения в Ситке, не в последнюю очередь потому, что они зависели от них в плане пропитания. Немногочисленные и не имевшие военной силы европейцы пытались укрепить свое положение с помощью союзов и экономических соглашений. Отношение европейцев к тлинкитам сочетало в себе очарование их свирепостью и восхищение

---

[54] А. Гринев утверждает, что ученые преувеличивают негативные аспекты российско-тлинкитских отношений [Гринев 1991: 154, 170].

их физической храбростью и выносливостью. Хенрик Юхан Холмберг, финский натуралист, писал, что «едва ли заметны следы цивилизации» среди тлинкитов, за возможным исключением тех, кто жил недалеко от Ситки [Гринев 1991: 154, 170; Sahlberg 2007: 167; Holmberg 1985: 12, 16]. Другой натуралист, Рейнгольд Зальберг, описывал их как «наполовину людей», «больше похожих на животных, чем на людей». В то же время он указывал, что «быстрое нападение этих отнюдь не глупых и не слабых людей не бывает безуспешным»[55]. На самом деле среди европейцев было довольно распространенным явлением, когда их впечатляли тлинкиты, особенно их сила, выносливость и гордость. Александр Франкенхойзер, например, был поражен их способностью переносить сильный холод и снег, а также тем, что они могли ходить по несколько часов по снегу без обуви и плавать посреди зимы. Он относился к этим «гордым природным жителям» с гораздо большим уважением, чем к креолам[56]. Эта идеализация тлинкитов по сравнению с креолами, очевидно, была обусловлена свойственными тому времени идеологией «чистой расы» и концепцией «благородного дикаря», которая будет далее обсуждаться в связи с путешествиями Елизаветы Врангель. Другой крупной группой коренных жителей в этом районе был народ алютиик[57]. Русские охотники за пушниной и торговцы, прибывшие на Аляску в XVIII веке и захватившие их земли, обращались с алютиик с большой жестокостью, заставляя мужчин охотиться на пушных зверей, одновременно сексуально эксплуатируя их женщин. Численность алютиик сильно сократилась из-за оспы и других болезней с примерно 9000 человек на начало контактов с европейцами до нескольких тысяч в середине 1800-х

---

[55] Цит. по: [Engman 2007: 23].

[56] Франкенхойзер — Натхен. Ситка, 8 мая 1842 года. Appendix to Jarl Enckell. Finländare i Sitka under 1840–talet. Неопубликованная рукопись. Библиотека Академии Або; Франкенхойзер — брату Паулю. Ситка. 17/29 сентября 1841 года. Там же. См. также [Kan S. 1999; Гринев 1991].

[57] Сегодня термин «алютиик» обычно «употребляется по отношению и к кадьякцам, и к чугачам, населяющим побережье пролива Принца Вильгельма» [Виньковецкий 2015: 46].

годов. После основания РАК многие мужчины алютиик работали на Компанию, в основном как охотники на пушных зверей. Компания считала их спокойными и христианизированными, хотя лишь немногие умели читать. Как и в случае с тлинкитами, европейские колонизаторы относились к алютиик неоднозначно, но по разным причинам. Они восхищались их навыками охотников, но их «порабощенное положение» вызывало чувства жалости и презрения[58].

Креолы также были рабочей силой Компании. Как «особое сословие» креолы не были обязаны служить РАК, но те, кто посещал школы Компании, должны были работать на РАК не менее 10 лет. В то время как мальчиков из коренного населения в школу практически не допускали, посещение школы мальчиками-креолами поощрялось. Более того, многие из креолов были сиротами и учились в школе за счет Компании. Хотя креолы имели более высокий статус, чем алютиик в глазах русских американцев, они, тем не менее, считались ниже европейцев. Креолы получали более низкую заработную плату по сравнению с русскими, а их продвижение по карьерной лестнице происходило более медленно, однако, в отличие от русских, они были освобождены от уплаты налогов. Отдельные креолы, которые воспользовались предоставленными им образовательными возможностями, достигли высоких должностей в колонии, но как группа креолы находились в невыгодном положении. Тем не менее в социальном, экономическом и культурном отношениях положение креолов в колониальной системе было гораздо ближе к положению русских, чем к месту, отведенному коренным жителям. Креолов крестили, они посещали православные церкви и русские школы, работали вместе с русскими и свободно передвигались по русским поселениям [Виньковецкий 2015: 225–236][59]. Тем не менее они

---

[58] См. [Luehrmann 2008; Black L. 2004: 210–216; Crowell et al. 2001; Black L., Liapunova 1988; Engman 2007: 25–26; Varjola 1990].

[59] С. Смит-Питер утверждает, что одной из главных причин создания креольского селения в Русской Америке было распространение «русского образа жизни» [Smith-Peter 2010]; см. также [Smith-Peter 2013a]. О более поздней роли креолов как культурных посредников на Аляске см. [Kan S. 2013].

принадлежали к отдельному социальному сословию людей в Русской Америке и не считались ни русскими, ни коренными жителями. Зальберг описывал их как похожих на европейцев, но не равных им [Sahlberg 2007: 167–168]. Их статус «полурусских» ставил их в положение между «дикими народами» и «цивилизованными» европейцами, что в глазах колонизаторов делало их более восприимчивыми к цивилизаторским усилиям. Препятствование возвращению креолов к традиционным обычаям коренных народов, по-видимому, трактовалось как моральное обязательство, и Совет директоров РАК постановил, что нельзя «допускать их [креолов] обращаться в дикое состояние». Колониальные власти должны были «стараться, дабы креолы, единожды уже познакомившиеся с образом жизни европейской, не оставляли оной»[60].

Как это было у него заведено, Уно Сигнеус сосредоточил свое внимание на женщинах и прокомментировал внешность креольских женщин в терминах, которые были как сексистскими, так и расистскими. Описывая один из балов Ситки своей сестре, он написал, что креольские женщины выглядят старыми, даже когда они еще молоды: «...они очень смуглые, что делает их старыми» [Cygnaeus 1841–1842]. На балу «все они выглядели увядшими, хотя лишь немногим из них было больше тридцати лет (а, возможно, никому из них не было больше тридцати)». Сигнеус был не одинок в пропаганде стереотипов социальных ролей по признаку пола, в результате чего женщины, и особенно пожилые, обесценивались. Франкенхойзер также выражал расистские и сексистские взгляды на креольских женщин в своих работах. Однако его негативные взгляды были вызваны скорее его представлением о том, что креольским женщинам не хватает интеллектуальных и социальных способностей, не их внешностью. По словам Франкенхойзера, европейские мужчины не могли вести серьезный разговор с креольскими женщинами,

---

[60] Главное правление РАК — главному правителю. Депеша № 157. 28 февраля 1822 года [Хлебников 1861: 58–59]. См. также [Хлебников 1979; Litke 1987: 63].

потому что большинство из них были малообразованными, а некоторые вообще не имели формального образования. Они не умели ни читать, ни писать. Если бы в Ситке не было недостатка в белых женщинах, утверждал он, креолки не были бы столь привлекательны на брачном рынке[61]. Сигнеус согласился, но, как и многие европейцы того времени, он возлагал большие надежды на способность финских женщин «облагородить» креолок. Он писал, что финские женщины имели огромное значение, поскольку, общаясь с креолками, они могли продолжить процесс окультуривания, начатый Елизаветой Врангель и Юлией Купреяновой. Сигнеусу было ясно, что «здесь также существует прекрасная сфера для деятельности наших дам, направленной на распространение цивилизации»[62]. Несколько лет спустя Сигнеус был вынужден признать, что его ожидания относительно финских женщин не оправдались. Теперь он считал, что креольские женщины были оскорблены европейцами «и словом, и делом», что вызвало у них чувство обиды. В язвительной манере Сигнеус написал: вместо того чтобы принести просвещение и цивилизацию в жизнь креольских женщин, влияние финских женщин на креолок не распространилось дальше моды на их одежду[63]. Его точку зрения подтвердил Франкенхойзер, который заметил, что одежда креольских женщин «значительно улучшилась по форме и покрою по примеру финских дам»[64]. Однако не все мужчины чувствовали себя так же, как Сигнеус и Франкенхойзер. Загоскин, например, был гораздо более благосклонен к креольским женщинам. Тому, кто интересовался партнерами по танцам, он предлагал: «...если он [житель паркета] пожалует в Ситху, то будет танцовать с ловки-

---

[61] Франкенхойзер — Натхен. Ситка. 8 мая 1842 года и 15 мая 1843 года.

[62] Отрывки из писем Сигнеуса, отправленных из Ситки и опубликованных в *Borgå Tidning* 20 января 1841 года, 30 октября 1841 года и 21 сентября 1842 года.

[63] Сигнеус — сестре. Ситка. 13 июля 1844 года.

[64] Франкенхойзер — Натхен. Ситка. 15 мая 1843 года.

ми креолками» [Загоскин 1956: 370]. Главный цивилизаторский проект губернатора Этолина был направлен не на коренное или креольское население в Ситке, а на алютиик с острова Кадьяк. Адольф Этолин считал, что эти люди, которых он, как и большинство современных ему европейцев, называл алеутами, сильно пострадали от своего кочевого образа жизни. Недавняя «оспенная эпидемия», занесенная в результате контакта с европейскими колонизаторами, поставила их в особенно уязвимое положение. Тем не менее он был убежден, что возможно

> ...постоянно оседлою жизнию навсегда положить конец тому несчастному состоянию, в котором... находились до ныне кадьякские алеуты... — и безпрерывно претерпенным ими бедствиям от разсеянной, безпорядочной во многих отношениях жизни, — и закоснелых праотцовских обычаев и предрассудков, вовлекших их в столь многие бедствия [Тихменев 1861–1863, 2: 79][65].

С целью «улучшения состояния кадьякских алеутов» он объединил 65 мест, где алеуты «вели кочующую жизнь», в семь селений. Вместо прежних «низких, душных и грязных» жилищ его заботами были построены «большие пространные, светлые» дома. Затем губернатор приказал принять все возможные меры «для соблюдения, около селений и внутри их, всегдашней чистоты». Он возложил на старшин ответственность следить за тем, чтобы люди чаще мылись в бане и содержали свои жилища в чистоте. «Для постепенного приохочивания алеутов к скотоводству и огородничеству... был роздан по поселениям компанейский скот для расплода и высланы из Ново-Архангельска семена разных огородных овощей для посева» [Тихменев 1861–1863, 1: 314–317]. «Алеуты» должны были научиться европейским ценностям и «как уже христиане, в точности исполнять свой

---

[65] См.: Инструкция правителю кадьякской конторы № 79 от 9 марта 1845 года и Правила для тоенов, избираемых в старшины над общими селениями алеутов в кадьякском отделе, утвержденные А. Этолином, главным правителем колоний, в приложениях 3 и 4 к [Тихменев 1861–1863, 2: 64–79], а также в [Dmytryshyn et al. 1985–1989, 3].

долг»[66]. Как это обычно и было, колонизаторы считали, что оседлая жизнь, чистота и проветривание жилищ являются предпосылками цивилизованного образа жизни. Но не только туземцы или креолы должны были быть цивилизованными в глазах директоров Компании. Поскольку сотрудники Компании обижали коренное население, губернатор был вынужден приказать им не применять насилие против коренных жителей, за исключением случаев самообороны [Тихменев 1861–1863, 2: 68, 74–75, 77; Pierce 1986]. Цивилизация была социальным состоянием, которого нужно было достичь, а после достижения поддерживать. Если стандарты цивилизации не будут поддерживаться, думали европейцы, люди скатятся к варварству. Поэтому цивилизаторская миссия была направлена также на европейское население Ситки, которое, по мнению некоторых современников, вело отнюдь не цивилизованную жизнь. Европейское и креольское население в Ситке, которое в 1842 году насчитывало около 1200 человек, было разделено в соответствии с социальным классом и их положением в расовой и этнической иерархии того времени. В то время в Ситке проживало менее 500 европейцев, большинство из которых были русскими, финнами и прибалтийскими немцами. Разговорными языками были русский, шведский, финский и немецкий. Однако в переписях населения того времени российские подданные европейского происхождения считались русскими [Varjola 1990: 19]. Население Ситки было разделено на восемь социальных классов, от докеров и моряков на низшем уровне до губернатора на самом высоком. Средний и высший уровни составляли «общество» Ситки. Те, кто имел самый высокий ранг, могли обедать с губернатором ежедневно. Они имели право жить в частных апартаментах и имели большее количество алкоголя и свечей. Каждый день в час дня джентльмены первого ранга собирались в бильярдной в доме губернатора для игры и приема

---

[66] В возобновленном Уставе Российско-Американской компании, утвержденном императором Николаем I 10 октября 1844 года, подчеркивалась важность труда, опрятности, добропорядочного поведения, а также «христианского супружеского состояния», см. Приложение 2 к [Тихменев 1861–1863, 2: 11–63], в частности параграфы 261–262 на с. 58–59.

аперитива, после чего переходили в столовую. По воскресеньям на ланч приглашалась большая компания. Предполагалось, что эти гости также проведут весь вечер вместе начиная с *five o'clock tea*. Джентльмены играли в карты и бильярд, в то время как женщины беседовали в приемной [Sahlberg 2007: 169–170][67]. Было не принято, чтобы мужчины и женщины общались вместе на таких мероприятиях.

Сигнеус и Франкенхойзер, которые оба предпочитали проводить вечера в компании дам, произвели своего рода сенсацию своим поведением[68]. Британский морской офицер Фрэнсис Симпкинсон, посетивший Ситку в 1837 году на корабле Ее Величества Sulphur, заметил, что на балу, на котором он присутствовал, женщин игнорировали и заставляли сидеть в отдельной комнате между танцами. Кроме того, ему сказали, что женщинам разрешили присутствовать только потому, что приехали британцы. По мнению Симпкинсона, такое исключение женщин из общества было нецивилизованным и свидетельствовало об отсталости России. Обращение с женщинами, писал он в своем дневнике, демонстрировало «жалкое рабское состояние, в котором русские держат своих жен». Как, задавался он вопросом, можно «ожидать утонченности манер в стране... где женский пол настолько унижен, что не может быть допущен в общество» [Pierce, Winslow 1979: 103]. В свете замечаний Симпкинсона о русской отсталости интересно отметить, что похожую практику можно наблюдать и в Компании Гудзонова залива. На банкете в форте Ванкувер в 1842 году капитан Чарльз Уилкс критически заметил, что не присутствовали даже жены старших офицеров. Уилкс был расстроен, узнав, что с женщинами обращались «таким унизительным образом». Как и Симпкинсон, он считал, что исключение женщин из общества будет «иметь тенденцию препятствовать улучшению и замедлять развитие цивилизации»[69]. Когда в Ситке устраивались балы, как это часто бывало, строгие классовые

---

[67] См. также: Франкенхойзер — Натхен. Ситка. 8 мая 1842 года.

[68] См. [Sahlberg 2007: 169–170].

[69] Цит. по: [Kirk 1980: 125–126].

границы отменялись и приглашались служанки. Однако это было не сознательной попыткой социального выравнивания, а следствием нехватки белых женщин в колониальной столице. В других отношениях классовые границы, форма и этикет были чрезвычайно важны в Русской Америке. Общественная жизнь всегда была подчинена правилам и ограничениям.

ТРИ ИСТОРИИ ЖИЗНИ

Истории Елизаветы Врангель, Маргареты Этолин и Анны Фуругельм в некоторых отношениях похожи, но они также демонстрируют интересные различия — как в опыте их встречи с Новым Светом, так и в их новой роли замужних женщин. Анна была гораздо более неуверенной, незрелой и зависимой, чем Елизавета и Маргарета. Она чувствовала себя беспомощной без мужа, но она также продолжала зависеть от своей матери и постоянно искала ее одобрения. Это чувство зависимости сделало ее неуверенной в своей новой роли жены губернатора. В ее сочинениях меньше всего проявляется интерес к колониям и связанным с ними имперским обязанностям. И Елизавета, и Маргарета стали участвовать в «цивилизаторской миссии» — обучая местных девочек, занимаясь благотворительной деятельностью и поддерживая европейские обычаи, — но Анне было трудно взять на себя эту роль. Она была глубоко обеспокоена тем, как предписанный идеал женской чистоты противоречил колониальным обычаям, и чувствовала себя обязанной утверждать свое женское моральное превосходство[70]. Но в городе, где разврат и безнравственность, казалось, подстерегали на каждом углу, ее нравственная миссия оказалась бесполезной. Вместо этого она обратила свою энергию внутрь, на свои дом и семью. В этом смысле она была той личностью из трех жен губернаторов, которая наиболее четко усвоила современный «культ домашнего очага» и добродетели «истинной женственности». Но эти добро-

---

[70] О дискуссии по поводу нравственной миссии женщин см. в [Эванс 1993: 79–81; Evans 1989: 72–74].

детели должны были проявляться на периферии империи, что ставило Анну в тяжелое положение. Предписанные идеалы «истинной женственности» просто не очень подходили для грубого приграничного городка, где доминировали мужчины.

Добродетели «истинной женственности» также занимали центральное место в жизни Маргареты, хотя и в меньшей степени. Она обладала четким представлением о своей идентичности и независимым складом ума, который часто пыталась сдерживать. Маргарета была высокообразованной и значительно более культурной, чем ее муж. Осознание этого заставило ее быть осторожной и не показывать над ним свое превосходство. Внезапная смерть первенца затмила все остальное в жизни Маргареты в Ситке. Эта потеря повергла ее в глубокую депрессию. Не имея профессиональной помощи и зная, что ее глубокое чувство отчаяния не одобряется обществом, Маргарета использовала свой дневник в качестве инструмента терапии. Конечно, это не та концепция, которую использовала бы сама Маргарета, но она помогает нам понять, как она и многие другие женщины в XIX веке использовали дневниковые записи, чтобы примириться с реалиями, с которыми они сталкивались. В некоторой степени дневник Маргареты представлял собой противоположность традиционному религиозному дневнику, который должен был отражать духовный прогресс человека в познании Бога. Имел место процесс секуляризации практики ведения дневниковых записей, которые расширились до самоанализа, саморефлексии и самоформирования. К 1830-м годам дневники использовались для записи личных чувств [Stowe n. d.]. В случае Маргареты, как бы странно это ни казалось современным читателям, эти чувства были в основном чувством вины из-за ее неспособности принять смерть своего первенца. Сочетание предписанных идеалов «истинной женственности» и лютеранской веры Маргареты породило бесконечные размышления о вине, которые полностью доминируют в ее дневнике. Финское лютеранство, на которое повлияли возрожденческие движения евангелизма и пиетизма, подчеркивало важность индивидуального обязательства вести истинную христианскую жизнь. От истинной лютеранки ожидалось, что она будет переживать свое горе с терпением и смирением. Маргарета прекрасно понимала, что ее долг — признать, что Бог забрал ее сына, и что ее долг — подчиниться Божьей воле. Но она просто не могла этого принять. Как следствие, ее дневник показывает ее часто душераздирающую борьбу не только с ужасной потерей сына, но и с не менее ужасной потерей утешения и поддержки, которые она должна была найти в Боге. Движимая чувством вины, она отдалилась от своей любимой матери. Не в силах жить в соответствии с идеалами, которые она унаследовала от своей матери, Маргарета чувствовала, что больше не заслуживает материнской любви. Душевный поиск Маргареты, столкнувшейся с потерей как любимого ребенка, так и своей сильной веры, также заставил ее осознать свое пренебрежение к мужу. Хорошо разбираясь в предписанных идеалах того времени, она жила с постоянными угрызениями совести по отношению к Адольфу за то, что она не создала для него счастливого дома[71]. Резко контрастируя с дневником Маргареты, записи Елизаветы Врангель, как правило, оптимистичны и жизнерадостны, *joie de vivre*. Елизавета, по-видимому, не высоко ценила добродетели «истинной женственности». Трудно сказать, было ли это связано с ее личностью или с тем фактом, что культ «истинной женственности» еще не прочно укоренился среди прибалтийско-немецкой знати, когда она росла. Также верно, что, хотя Елизавета писала много писем своей семье в Европу, а также вела записи о своем путешествии в Ситку, она не вела дневник, а если и вела, то он не сохранился. Тем не менее из ее писем становится ясно, что она ценила добродетели, которые традиционно приписывались мужчинам, такие как ирония, рациональность, аналитические способности, смелость, решительность, любознательность и энергия. Она проявляла гораздо большее любопытство к чужим странам и культурам, чем жены

---

[71] Некоторые ученые утверждают, что (по крайней мере, в Британии) женщины лучше мужчин могли смириться со смертью ребенка, поскольку их учили покоряться не только Божьей воле, но и воле отца и мужа [Jalland 2000].

других губернаторов, и ее взгляды на коренных жителей заметно отличались от взглядов Анны. В отличие от Маргареты, которая была не рада покинуть Европу, Елизавета наслаждалась свободой похода по «самой глуши Сибири» [Врангель 1884: 166]. Семья и дом были для нее не так важны, и в своих письмах она не представляла себя прежде всего женой и матерью. Несмотря на то что она любила своих детей, материнство порой было для нее препятствием. Это особенно заметно, когда ей приходилось оставаться дома, пока ее муж путешествовал. Она также была менее набожной христианкой, чем две другие героини. Примечательно, что в ее дневнике нет ни одного упоминания о религии. Эта книга, основанная как на опубликованных, так и на неопубликованных письмах и дневниках, написанных на английском, немецком и шведском языках Анной Фуругельм, Маргаретой Этолин и Елизаветой Врангель, рассказывает историю о переживаниях этих женщин в Российской империи и на Аляске. Эти тексты сильно отличаются друг от друга как по тону, так и по тематике. Письма Врангель отличаются остроумием и жизнерадостностью, но они несколько безличны. Фуругельм, напротив, пишет в очень интимной и эмоциональной манере. Ее письма к матери выражают открытость, граничащую с наивностью, которую нельзя найти в других текстах. Дневник Маргареты Этолин является самым личным и интимным из всех текстов. То, как она пишет о своем горе, кажется необычным для женщины ее времени, и поэтому документ является совершенно уникальным. Дневник Этолин иногда отвергали как не имеющий отношения к изучению Русской Аляски, поскольку он наполнен религиозными размышлениями, а не наблюдениями об империи. Но это кажется сомнительным выводом. Следует помнить, что в XIX веке религия занимала центральное место в жизни и опыте большинства европейских женщин среднего и высшего классов. Как мы уже видели, религия также играла ключевую роль в представлении о цивилизаторской миссии и роли женщин в империи. Я изучила письма и дневники, написанные этими тремя замечательными женщинами, в связи с их конкретным историческим контекстом, и проанализировала их в свете научных исследований концепций женственности и гендерных ролей XIX века, включая роль женщин в цивилизаторской миссии[72]. Однако поскольку и опыт, и то, как они писали о своем опыте, у этих женщин различаются, соответствующие контексты их текстов также различаются. Например, в то время как протестантские взгляды на смерть и траур имеют отношение к пониманию трудов Маргареты Этолин, предписывающие идеи брака, материнства и женской сферы являются обязательными для понимания опыта Анны Фуругельм. Протестантский евангелизм и его взгляды на «истинную женственность» имеют важное значение для интерпретации опыта обеих этих женщин, но в гораздо меньшей степени важны для интерпретации опыта баронессы Врангель. То же самое верно и для взаимоотношений матери и дочери, которые имеют важное значение для понимания опыта Маргареты и Анны, но не Елизаветы. В ее случае рассуждения о гендере и путешествиях, включая представления об экзотике и «благородном дикаре», представляют собой наиболее плодотворный контекст для интерпретации.

Помещая конкретные труды и опыт каждой женщины в их соответствующий исторический контекст, мы анализируем их с точки зрения общих представлений об идеале «истинной женственности» XIX века и связанной с ним концепции роли женщин в империи. Я также ознакомилась с материалами, написанными жителями и гостями Ситки того времени, которые комментировали роль женщин в колониях или, в более общем плане, аспекты жизни на Русской Аляске, которые в некотором роде относятся к опыту жен губернаторов. Существует несколько мемуаров, дневников, писем, отчетов и путевых заметок, написанных священниками, учеными, правительственными чиновниками, капитанами дальнего плавания и путешественниками со всей Европы и Северной Америки. Наконец, я ознакомилась с рядом дневников, писем и мемуаров, написанных европейскими женами высокопоставленных чиновников в Компании Гудзонова залива, поскольку эти женщины имели схожий опыт в качестве жен-

---

[72] См. ранее обсуждение культа «истинной женственности» и роли женщин в империи.

щин — представительниц империи в отдаленной североамериканской колонии, управляемой коммерческой компанией.

Книга состоит из трех частей, по одной для каждой из жен трех губернаторов. Эти части можно читать отдельно, но они связаны общей темой. На общем уровне все три части посвящены вопросам гендера и империи, но они также сосредоточены на вопросах, которые имеют отношение к каждой конкретной женщине и ее конкретной истории. В заключительной главе я попыталась связать эти истории воедино, чтобы представить некоторые общие выводы исследования.

Часть I рассказывает историю Елизаветы Врангель, которая была женой первого губернатора Русской Аляски и первой белой женщиной в доме губернатора в Ситке между 1830 и 1835 годами. Ей было всего 19 лет, когда она вышла замуж за недавно назначенного главным правителем Русской Америки Фердинанда Врангеля, который был на 14 лет старше ее. Всего через месяц молодожены отправились в авантюрное путешествие через Сибирь в Охотск, где им предстояло сесть на корабль в Северную Америку. В этой части рассматривается, как баронесса Врангель описывает свое путешествие, встречу с незнакомыми людьми, местами и обстоятельствами; как гендер влияет на ее опыт пребывания в Российской империи; и как она описывает этот опыт. Далее рассматривается прибытие Врангель в Русскую Америку, ее встреча с Новым Светом и ее роль жены губернатора в русской колонии на Тихом океане.

Часть I показывает, что Врангель бросила вызов традиционным представлениям как о гендере, так и об этнической принадлежности. Ее очаровывали вещи, которые она находила экзотическими, и она проявляла неподдельный интерес к чужим культурам и обычаям, хотя это сочувственное отношение не мешало ей демонстрировать чувство культурного превосходства. Проявляя интерес к общественной жизни и показывая свою признательность за свободу путешествий и славу героических начинаний, Врангель бросила вызов представлению о женщинах как о хранительницах домашнего очага. Когда она наконец поселилась в доме губернатора, ее свобода стала гораздо более ограниченной, и она начала чувствовать себя в ловушке предписывающих гендерных ролей. Хотя Врангель, по-видимому, была несчастлива в своей одинокой жизни матери и домохозяйки, она ценила общественную роль в колониальной столице как представительницы империи.

Часть II рассказывает историю Маргареты Этолин, интеллигентной и хорошо образованной молодой женщины из Финляндии, которая в возрасте 24 лет вышла замуж за недавно назначенного губернатором 40-летнего Адольфа Этолина. Два с половиной месяца спустя пара села на корабль Компании РАК «Николай I», который доставил их из Турку в Ситку. Эта часть основана на дневнике, который Маргарета Этолин вела во время путешествия и своего пребывания в Ситке. В ней рассматривается ее двойная роль замужней женщины и представительницы империи. Этолин установила для себя высокие стандарты жены, матери, дочери и набожной христианки, но ей было трудно соответствовать этим самонавязанным требованиям. Всего через две недели на борту судна «Николай I» она упрекала себя за тоску по дому и отвратительное настроение. Это чувство вины стало намного сильнее, когда ее маленький сын умер после непродолжительной болезни, и она винила себя как в смерти сына, так и в том, что не могла преодолеть свое горе.

Часть II описывает как внутреннюю борьбу Этолин со своей верой, так и ее чувство вины, а также ее общественную деятельность в качестве жены губернатора. В ней раскрывается контраст между ее частной и общественной жизнью, разыгрывавшейся в замкнутом пространстве небольшой колонии. Большинству людей в Ситке она казалась весьма компетентной женой губернатора, которая очень серьезно относилась к своей цивилизаторской роли, обучая креольских девочек и проявляя моральное лидерство. Некоторые жители Ситки даже находили ее слишком ревностной в своем стремлении к формальностям и этикету и описывали ее как бесчувственную моралистку. Однако ее дневник раскрывает ее как очень чувствительную, замкнутую, одинокую и прежде всего глубоко несчастную женщину, чья жизнь рухнула, когда умер ее сын, и которая боролась с чувством вины перед своим мужем, своей матерью и своим Богом.

Часть III рассказывает историю жены последнего лютеранского губернатора в Русской Америке. Ее звали Анна Фуругельм. Ей было 22 года, когда она встретила своего 37-летнего будущего мужа на рождественском балу в Хельсинки. Месяц спустя они поженились. Сразу после свадебного обеда Фуругельм простилась со своей дорогой матерью, которую ей больше не суждено было увидеть, и отправилась в долгое путешествие в Ситку через Санкт-Петербург, Дрезден, Лондон, Панама-Сити и Сан-Франциско.

Анна Фуругельм писала письма своей матери в Хельсинки. Письма в основном касались новой роли Фуругельм в качестве замужней женщины и ее желания быть идеальной женой, несмотря на сложные обстоятельства в колониях. В то же время письма отражают столкновение ее маленького, знакомого мира с огромным, незнакомым миром империи. В этой части рассматривается, как Фуругельм отреагировала на эту странную встречу как в частной, так и в общественной жизни. Она была потрясена «безнравственностью», свидетелем которой стала в Ситке как среди русских, так и среди коренных жителей, и почувствовала, что ее христианский долг — что-то с этим сделать. Но Фуругельм не знала, *что* и *как* делать. Поэтому ее попытки изменить ситуацию потерпели неудачу, и вместо этого она вложила всю свою энергию в попытки стать хорошей женой и матерью.

Часть III показывает, что, когда Анна Фуругельм приехала в Русскую Америку, она была крайне неуверенной в себе и незрелой женщиной, почти полностью зависевшей от своей матери и мужа. Однако жизнь в Ситке заставила ее осознать, что она способна самостоятельно справляться со сложными ситуациями. Со временем она обрела больше уверенности в себе и стала менее зависимой от мужа. Таким образом, опыт, полученный в колониях, сделал ее более зрелой и превратил ее в более независимую, уверенную в себе женщину.

В эпилоге предпринята попытка связать воедино истории этих трех женщин. В нем представлены некоторые общие выводы о значении гендерных ролей для понимания опыта этих женщин в Российской империи и ее единственной заморской колонии, а также обсуждается влияние представлений того времени о гендере и империи на их жизненный опыт. Предписывающие гендерные роли, которые определяли опыт этих женщин при их встрече с Русской Америкой и их роль губернаторских жен, в то же время плохо подходили для приграничного общества. Из этих трех женщин на Елизавету Врангель, вероятно, менее всего повлияли гендерные роли. Однако, как мы увидим в следующей главе, даже в случае Елизаветы сам факт того, что она была женщиной, оказал глубокое влияние на ее опыт жизни в колониях.

Часть I

ЕЛИЗАВЕТА
ВРАНГЕЛЬ

Неизвестный художник. Портрет баронессы Елизаветы Врангель.
Из коллекции Музея Анкориджа, 2009.13.2

Летом 1830 года большая группа путешествовала по Охотской дороге в Восточной Сибири по пути в Ново-Архангельск (Ситку) через Охотское море. Во главе группы был недавно назначенный губернатор Русской Аляски Фердинанд Врангель. Вместе с ним ехали его жена Елизавета и их дочь, малютка Мюсхен. В их свите были няня Мюсхен Мария Ивановна, служанка Елизаветы Аннушка, еще одна дворянка мадам Розенберг со своей служанкой, направлявшаяся в Охотск, доктор Мейер и прачка, также направлявшиеся на Аляску, и несколько местных проводников и носильщиков. Группа только что переправилась через реку Алдан и оставила позади себя ужасные болота и унылый, удручающий пейзаж. Пейзаж изменился к лучшему. Холмы, обросшие лиственницами и березами, теперь чередовались с болотами. Вдалеке смутно виднелся горный хребет, который им предстояло пересечь, чтобы добраться до Охотска. 11 июля, проделав путь при ясной погоде, но «утомившись от трудной езды через грязи, по горам [и] каменьям», группа достигла реки Белой, где их переправили на лодке [Там же]. Пока лошади плыли по реке и до того, как их оседлали для дальнейшего путешествия, Елизавета устроила игру в метание лассо на радость своим попутчикам.

Впоследствии я зашла в воду по колено, чтобы проверить, действительно ли мои сапоги водонепроницаемы. Оказалось, что это не так, потому что вода просто хлынула в них. Фердинанд сказал мне, что я была очень непослушна, но нас было двое, потому что он последовал моему примеру! [Wrangell E. 1833–1834, 1: 365–366][1].

---

[1] Английский перевод письма под названием "Staging Post Tünülä, 40 versts east of Yakutsk, July [June] 27th, 1830" см. [O'Grady 2001: 101–102]. Ниже будет использоваться английский перевод О'Грейди, за исключением случаев, когда он сильно отличается от немецкого оригинала.

Глава 1
Путешествие через Сибирь в Русскую Америку

Елизавета де Россильон (1810–1854) происходила из образованной семьи и была дочерью француза и прибалтийской немки. Ее отец, барон Вильгельм де Россильон, принадлежал к французскому дворянству. В первые годы XIX века он получил наследство от прибалтийско-немецких родственников по материнской линии и переехал в прибалтийскую Эстляндскую губернию, входившую тогда в состав Российской империи[1]. В Ревеле (Таллинне) он познакомился с матерью Елизаветы, Натали фон Толль, которая происходила из старинной известной семьи прибалтийских немецев [O'Grady 2001; Enckell 2003]. Елизавета выросла в поместье Руиль (Роэла) в северо-восточной части Эстонии, но встретила своего будущего мужа, Фердинанда Петровича Врангеля, в предместье города Ревель. Это произошло 3 мая 1829 года. Елизавете было 19 лет. Фердинанду — тридцать три, и он только что был назначен главным правителем колоний Российско-Американской компании в Северной Америке. Его назначение потребовало от Фердинанда женитьбы, поскольку РАК незадолго до этого приняла решение о том, что главный правитель, губернатор Русской Америки, должен был привезти в колонии европейскую жену.

Собираясь вскоре покинуть Россию, новый губернатор спешил найти невесту. Он попросил о помощи свою кузину Юлию фон Ромберг. Мадам Ромберг и ее муж, капитан Фридрих фон Ромберг,

---

[1] С 1918 года — Эстония.

стали опекунами Фердинанда в его раннем возрасте, когда ему было всего 11 лет, после безвременной кончины его родителей [O’Grady 2001: 15]. Согласно мемуарам Фердинанда, кузина привезла его в Ревель, чтобы познакомить с подходящими молодыми дворянками из прибалтийских немцев. Но когда они добрались до окраины города, их карета сломалась. Удалившись в ближайший трактир, чтобы дождаться ее ремонта в конторе дилижансов Фердинанд увидел в окно Елизавету, идущую по улице с двумя подругами. «Взгляните на это ангельское лицо! — крикнул он госпоже фон Ромберг. — Воистину, я никогда ничего подобного не видел» [Wrangell Wilhelm 1940: 70].

Вдруг в комнату вошла эта незнакомая молодая женщина ангельского вида. Оказалось, что мадам фон Ромберг была знакома с баронессой, и как писал Фердинанд много лет спустя: «Она была тот самый ангел, которая милосердным провидением предназначена была быть моею подругою, моим сокровищем, моим спасением в здешней и будущей жизни»[2]. Всего через несколько дней ухаживаний Фердинанд попросил руки Елизаветы. Она согласилась без малейшего колебания, хорошо понимая, что брак вынуждал ее оставить свой дом и семью, чтобы отправиться на Аляску. Казалось, что долгое и опасное путешествие через Сибирь и Тихий океан нисколько ее не беспокоило. Напротив, она была взволнована и с нетерпением ждала поездки как большого приключения [Ibid.: 5, 8, 25].

Елизавета и Фердинанд поженились 31 мая 1829 года, всего через три недели после их первой встречи. Неделю спустя молодожены покинули Ревель и отправились в долгое путешествие на Аляску. Их путешествие было разделено на четыре этапа. Первый этап был совершен в экипажах в Санкт-Петербург, а затем через Западную Сибирь в Иркутск; второй — на речном судне, па́узке, по реке Лене в Якутск; третий — верхом на лошадях по горным тропам и болотам Восточной Сибири в порт Охотск; и четвертый — на корабле через северную часть Тихого океана в Ново-

---

[2] Врангель — Литке. 1829 год. Цит. по: [Пасецкий 1975: 128; O’Grady 2001: 24–25].

Архангельск, или Ситку, как его обычно называли[3]. Семья Врангель планировала провести зиму в Иркутске, ожидая открытия Охотской дороги в конце весны или начале лета. К счастью, беременность Елизаветы протекала в соответствии с этапами их путешествия. Она должна была родить весной, и Иркутск был самым развитым городом на маршруте [Врангель 1884: 164–168, 172].

Во время путешествия Елизавета вела дневник, в котором записывала свои приключения в форме писем родителям и сестрам в Эстонию. До нее это путешествие совершили лишь несколько женщин: Ева фон Бем, жена главного командира Камчатки, с двумя детьми; Наталья Шелихова, также с двумя детьми; пожилая мать отца Вениаминова и его жена Екатерина Шарина с их грудным ребенком[4]. Однако дневник Елизаветы из Сибири и Русской Америки — первый, написанный женщиной. Отец Елизаветы, осознавший значимость ее писем, опубликовал отрывки из некоторых из них в прибалтийско-немецком журнале *Dorpater Jahrbücher für Litteratur, Statistik und Kunst besonders Russlands*. Но прежде чем они были опубликованы, барон показал письма Елизаветы семье царя Николая I, которая провела часть своего отпуска на морском курорте Катариненталь близ Ревеля. Дочь царя, молодая великая княжна Мария, по-видимому, читала их с большим удовольствием. В своем дневнике барон процитировал слова Марии: «...они вернулись из Китая! Как это интересно и какое достойное восхищения мужество должно быть у мадам Врангель и как она так хорошо все пишет!»[5] Можно только согласиться с оценкой великой княжны: чтение писем Елизаветы доставляет истинное удовольствие. Интересно и забавно, что она всегда описывает мир вокруг себя без предубеждения, с аналитической проницательностью и тонким чувством юмора.

---

[3] Здесь я буду использовать название Ситка, поскольку именно этим именем жены трех губернаторов чаще всего называли колониальную столицу. Ситка также является нынешним названием этого города.

[4] См. сноску 7 в [O'Grady 2001: 6].

[5] "...retournées de la Chine! Comme c'est intéressant et quel courage admirable que Madame de Wrangell doit avoir et comme elle écrit tout si bien!" [Wrangell M. 1934: 12–15]. Запись в дневнике от 23 июня 1830 года. Перевод автора.

ЖЕНЩИНЫ-ПУТЕШЕСТВЕННИЦЫ

Литературоведы часто утверждали, что условности написания путевых заметок глубоко прослеживаются по признаку пола. Отчасти это объясняется тем, что условности путевых заметок определяли путешественники-мужчины, а отчасти тем, что путевые записки выросли из контекста империализма и колониализма, в котором европейский путешественник воспринимался как «властелин всего, что он исследует», включая ландшафты, женщин и туземцев. Утверждалось, что, поскольку путешествие считалось мужским занятием, женщины, которые путешествовали, по крайней мере в Британской империи, старались не нарушать бóльших гендерных условностей, чем те, которым они уже бросали вызов, путешествуя. Следовательно, женщины, пишущие о путешествиях, как правило, стремились подчеркнуть свою женственность, путешествуя в платьях, записывая свои впечатления сдержанным тоном и преуменьшая собственную смелость и физические трудности, с которыми они сталкивались. Женщинам-путешественницам даже приходилось сдерживать свое любопытство, поскольку само понятие женского любопытства считалось проблемным [Pratt 1992: 104]. Елизавета Врангель, однако, ничего подобного не делала. Она путешествовала в брюках и куртке из английской кожи и писала «мужским голосом», полностью контролируя события, а не голосом «скромной и беспомощной женщины». Она также не стеснялась описывать физические трудности или собственную храбрость. Напротив, ее письма полны приключений, и она принимает на себя роль отважной авантюристки. В своем дневнике Елизавета выглядит кем угодно, только не благочестивой, покорной женой, которая оказывается в растерянности за пределами привычных границ своего дома. Она также не соответствовала представлениям о женщинах как о слабых, чувствительных и утонченных существах, свойственным ее времени[6]. Вместо этого она представляла

---

6 «Культ домашнего очага» пришел в Прибалтику из Германии [Whelan 1999]; см. также [Blake 1992: 32].

себя уверенной, решительной и находчивой. Как уже отмечалось, даже дочь царя была впечатлена ее храбростью. Путевой дневник Елизаветы характеризуется аналитическим мышлением, рациональностью, иронией и любопытством — качествами, которые исследователи, пишущие о путешествиях, обычно ассоциируют с авторами-мужчинами[7]. Она делилась своей любознательностью и жаждой знаний со своим мужем, который был рад иметь партнера, с которым можно было обсуждать и сравнивать впечатления [Wrangell F. 1840: 72].

В первой части путешествия через Сибирь в Иркутск и Кяхту Елизавета ни разу не выражала тоски по дому или семье. Напротив, письма этого периода наполнены оптимизмом, любопытством и волнением. Фердинанд был явно впечатлен способностью своей молодой жены сохранять бодрость духа несмотря на сложные обстоятельства. Через три месяца и две недели после их отъезда из Санкт-Петербурга он сообщал своему близкому другу Фридриху фон Лютке: «...неизменная жизнерадостность [Лизоньки]... сопровождаемая острым умом, добротой сердца и душевным равновесием, побуждает меня стараться исполнить каждое тайное желание моей спутницы»[8]. Для Елизаветы путешествие из Ревеля в Ситку означало прощание с благополучным детством в поместье ее отца. Но для нее это также была возможность сделать что-то необычное, то, что вряд ли когда-либо довелось испытать молодой женщине ее происхождения. Как правило, девушки из прибалтийско-немецкого дворянства имели мало непосредственных контактов с миром за пределами своего дома. Свобода выходить в мир была привилегией, предоставляемой только мужчинам. Соотечественница Елизаветы, Салли фон Кюгельген, однажды описала свою тоску по свободе, которой

---

[7] В числе других женщин-путешественниц того времени, оказавшихся в аналогичных обстоятельствах и также открыто выражавших свое любопытство, была, например, Анна Браунелл Джеймсон [Jameson 1943]; см. также выдержки из дневника Фрэнсис Симпсон, опубликованные в трех выпусках журнала *The Beaver* [Simpson F. 1953–1954].

[8] Врангель —Литке. Иркутск. 23 сентября 1829 года [Wrangell F. 1840].

обладали мужчины ее социального класса, когда написала в своем дневнике о том, как впервые села на лошадь и «бродила по лесам так же свободно, как мужчина» [Kügelgen 1936: 76]. Елизавета, похоже, испытала нечто подобное, когда покинула Европу и оказалась на широких просторах Сибири. Она была очарована свободной кочевой жизнью и дикой природой во всей ее бесконечной красоте. Ее путевой дневник передает сильную страсть к свободе — к свободе от условностей и ограничений, к праву жить «свободно, как мужчина». Поиск приключений и побег от действительности, по-видимому, были значимыми для многих европейских путешественниц. Они рассматривали путешествие как освобождение, возможность испытать что-то новое и развить свои умственные и духовные способности [Foster 1990: 8; Stevenson 1982: ii]. Женщины такого же социального происхождения, как и Елизавета, которые путешествовали из «цивилизованной Европы» в «североамериканскую глушь», по-видимому, испытали это чувство освобождения. Элизабет Симко вышла замуж за губернатора Верхней Канады и совершила путешествие из Старого в Новый Свет примерно за 30 лет до Елизаветы Врангель. В своем дневнике она писала о чувстве свободы от социальных условностей и формальностей, которое она испытала в бескрайней канадской глуши. Лесная глушь Канады заставила ее почувствовать себя воодушевленной и независимой, смелой и спонтанной [Simcoe 2007]. Английская писательница Сюзанна Муди побывала в Верхней Канаде в то время, когда Врангель путешествовала по Русской Аляске. Муди также испытала чувство освобождения в большом лесу, который, как она чувствовала, защищал ее от внешнего мира, его формальностей и общественных условностей [Moodie 1989]. Фрэнсис Симпсон, жена сэра Джорджа Симпсона, губернатора Компании Гудзонова залива, является еще одним уместным примером. Она была того же возраста, что и Елизавета Врангель, когда путешествовала на байдарке из Лачина в Йорк-Фэктори, и она тоже была поражена великолепием дикой природы [Simpson F. 1953–1954].

В отличие от того, что можно было бы ожидать от недавно вышедшей замуж женщины в первые десятилетия XIX века,

Елизавета Врангель не заполняла свои письма размышлениями о своей новой роли жены и будущей матери. Она также не писала о своем замужестве. Фактически она почти ничего не писала о себе, своих чувствах или личной жизни. В этом отношении она радикально отличалась от Анны Фуругельм, которая сосредоточивалась на своей роли жены и матери в своих записках даже во время путешествий. Елизавета интересовалась окружающим миром. Она была особенно наблюдательна ко всему необычному и новому. Когда она узнала, что огромные стада сибирского скота круглый год содержатся на улице, несмотря на холодную зимнюю погоду, она была заинтригована и заметила, что «можно было подумать, что это Италия, а не Сибирь!»[9] Она сразу же заинтересовалась тем, как буряты убирали снег с берегов реки Селенги, чтобы выращивать кукурузу[10]. Эксперимент с перевозкой товаров через Сибирь на верблюдах также вызвал у нее интерес. Как истинный романтик, Елизавета была очарована не только экзотическими животными, народами и обычаями, но и чудесами природы. Она с волнением писала о путешествии по тополиным лесам, где они видели «стволы деревьев невероятной высоты и ширины», и о пересечении «огромного ледяного поля, где лед достигает полутора аршин [то есть около одного метра] и никогда не тает»[11].

Путешествуя через Сибирь в Новый Свет, Елизавета столкнулась с чуждыми ей народами и культурами. В отличие от Анны Фуругельм, Елизавету не тревожили эти встречи с иными культурами, и ее нелегко было расстроить новыми практиками и нормами. Напротив, она выражала искреннее желание понять другие культуры. Временами она, казалось, даже признавала превосходство

---

[9] Елизавета Врангель — сестрам. Кяхта. 24 января 1830 года [O'Grady 2001: 41–57]; немецкий оригинал см. в [Wrangell E. 1833–1834, 1: 169–180].

[10] Буряты — самый многочисленный монгольский этнос коренных жителей Сибири. В основном они проживают в Республике Бурятия, входящей в состав Российской Федерации. Во время путешествия Врангель многие из них уже обрусели и отказались от кочевого образа жизни.

[11] Елизавета Врангель — сестрам. Кяхта. 24 января 1830 года.

иностранных обычаев над европейскими. В этом она напоминала других европейских путешественниц XIX века, которые писали сочувственные портреты иностранцев как личностей, с которыми они могли себя идентифицировать, а не «как символов чуждой "инаковости"» [Foster 1990: 24]. Некоторые ученые утверждали, что женщины находились вне мужского колониального дискурса и поэтому не чувствовали необходимости закреплять ценности «имперского взгляда» [Lewis 1996][12]. Другие утверждали, что именно подчиненное положение этих женщин в викторианском обществе заставляло их симпатизировать колониальным подданным[13]. Но на самом деле большинство путешественниц XIX века принимали имперские рамки и выражали культурное высокомерие, порожденное империализмом [Strobel 1991: 39; Chaudhuri, Strobel 1992: 6]. Елизавета была не чужда таким настроениям. Ее интерес к обычаям коренных народов и желание понять разные культуры не мешали ей выражать свое чувство культурного превосходства. Одним из показательных примеров является то, как она начала письмо к своей сестре Тони, написанное по пути в Охотск, извиняясь за свою «путаную» манеру выражать свои мысли из-за того, что «окружена многочисленными якутами, лошадьми, коровами и так далее, которые, по-своему, создают определенный шум и являются причиной [ее] отвлечения»[14].

---

[12] См. также [Melman 1992; Foster 1990].

[13] Б. Стивенсона часто критикуют за то, что он связывает предполагаемый феминизм женщин-писательниц с предполагаемым антиколониализмом и не рассматривает участие этих женщин в имперских дискурсах. См. [Peukert 2010: 10; Mills 1991].

[14] Елизавета Врангель — сестре Тони. Станок [устар. в Сибири: небольшой поселок, почтовая или ямская станция] Тюнгюлю в 40 верстах [почти в 43 км] к востоку от Якутска. 27 июля [июня] 1830 года в [O'Grady 2001: 85–113]. Немецкий оригинал см. [Wrangell E. 1833–1834, 1: 353–374]. Якуты — тюркский народ, населяющий Республику Саха (Якутия) в Российской Федерации. Одна из крупнейших этнических групп Сибири. Исторически северные якуты были охотниками, рыболовами и оленеводами, а южные якуты разводили крупный рогатый скот и лошадей. Во время путешествия Врангель большинство из них перешли в русскую православную веру, хотя и сохранили ряд шаманских практик.

Отношение Елизаветы к колониальным подданным России, а также к ландшафту, флоре и фауне владений империи также во многом находилось под влиянием романтического восприятия экзотики ее времени. Воспитанная в немецкой культурной среде, она, естественно, была подвержена влиянию немецкого романтизма. Но ее также вдохновляла современная романтическая американская литература и ее переосмысление образа «благородного дикаря» — идеализированного образа нецивилизованного человека, символизирующего врожденную доброту человечества до воздействия развращающего влияния цивилизации. На английском языке этот образ впервые появился в XVII веке в героической пьесе Дж. Драйдена "Almanzor and Almahide: or, The Conquest of Granada by the Spaniards" («Альманзор и Альмахида, или Завоевание Гранады испанцами», 1672), но позже его стали отождествлять с идеализированной фигурой «джентльмена природы», которая была одним из аспектов сентиментализма XVIII века. «Благородный дикарь» стал заметным персонажем в романтических произведениях XVIII и XIX веков. Франсуа-Рене де Шатобриан романтизировал североамериканских индейцев в повестях "Atala; ou, Les amours de deux sauvages dans le desert"(«Атала, или Любовь двух дикарей в пустыне», 1801) и "René, ou les Effets des passions" («Рене, или Следствия страстей», 1802), а также в романе "Les Natchez" («Натчезы», 1826), как и Джеймс Фенимор Купер в серии романов "The Leatherstocking Tales" («Эпопея о Кожаном Чулке», 1823–1841) [Berkhofer 1978][15]. Елизавете Сибирь напоминала скорее американский фронтир, чем Восток, и она использовала романтизированный Купером образ индейца для описания жителей Сибири и Аляски[16]. Обосновавшись в Ситке, Елизавета однажды описала

---

[15] Критический анализ концепции «благородного дикаря» см. в [Ellingson 2001].

[16] О Сибири как о российском Востоке см. [Brower, Lazzerini 1997; Схиммель-пэннинк ван дер Ойе 2019; Слёзкин 2008]; об образе индейца у Купера см. [Krauthammer 2008]; о куперовском влиянии на российское восприятие Сибири см. [Bassin 1991: 783]. См. также [Diment, Slezkine 1993; Ходарковский 2019; Stolberg 2005].

в письме к своей матери старую креолку, которая приходила в дом губернатора, чтобы помочь с шитьем. Она написала о положительном влиянии этой женщины на ее маленького сына Вильгельма, который в присутствии креолки превратился в спокойного и довольного маленького мальчика. Елизавета в шутку рассказала о своих подозрениях, что эта женщина обладает особыми способностями, несмотря на то что выглядит как «кроткая леди с тихим голосом», и добавила: «...иногда она напоминает мне Кожаного Чулка Купера»[17].

ВИЗИТ В КИТАЙ

Любопытство Елизаветы Врангель к иностранному и экзотическому проявилось во время короткой поездки в Китай, которую ей удалось совершить в рамках своего путешествия. Через три месяца после отъезда из Санкт-Петербурга, в сентябре 1830 года, Елизавета и Фердинанд прибыли в Иркутск. Город служил резиденцией генерал-губернатора Сибири, который осуществлял контроль над всей Восточной Сибирью, включая Русскую Америку и Форт-Росс в Калифорнии. Здесь также располагался филиал РАК и подразделение Российского императорского флота. Помимо подготовки кадров и строительства кораблей, флоту была поручена задача перевозить каторжников через озеро Байкал на железные и серебряные рудники в Нерчинске, а затем возвращаться с металлами. Основанный в 1661 году, Иркутск превратился в крупный торговый перевалочный пункт, *entrepôt*, благодаря своему стратегическому положению вблизи российско-китайской границы на старом торговом пути между Пекином и Москвой. Меха из Восточной Сибири и североамериканских колоний прибывали в Иркутск для сортировки. Шкуры самого высокого качества отправлялись в Санкт-Петербург и Москву, в то время как остальная часть, включая меха из американских колоний, предназначалась для китайского рынка и отправлялась

---

[17] Елизавета Врангель — Натали де Россильон. Ситка. 16 января 1834 года [O'Grady 2001: 216–217]. Немецкий оригинал см. [Wrangell F. 1840: 78–79].

для обмена в пограничный город Кяхту. Поскольку русские суда не имели свободного доступа в Кантон, меха из американских колоний шли окружным путем через порт Охотск, откуда их перевозили через Якутск в Иркутск в Восточной Сибири, а затем в Кяхту на другой стороне озера Байкал. Одежда из меха морской выдры была особенно популярна среди богатых китайцев. Основными китайскими товарами, поступавшими в Россию из приграничного города Маймачен (Маймачин), были чай и шелк [Simpson G. 1847a: 137; O'Grady 2001: 37–39].

Иркутск был не только административным, военным и торговым центром Сибири. 14 (26) декабря 1825 года молодые офицеры, вдохновленные французской и американской революциями и конституционными движениями в Европе, предприняли попытку государственного переворота с целью свержения самодержавия и преобразования России в конституционную монархию[18]. Их восстание потерпело неудачу. Пятеро из лидеров были казнены, а остальные отправлены в ссылку, многие на Нерчинские рудники. Несколько ссыльных были отправлены на поселение в Иркутск или недалеко от него и помогли превратить город в центр культурной и общественной жизни. На рубеже XIX–XX веков А. П. Чехов назвал Иркутск «сибирским Парижем». И хотя расцвет города начался через много лет после визита Елизаветы, однако ко времени прибытия Врангеля население Иркутска составляло около 14 500 жителей. В городе было 56 каменных домов, самое большое количество в Сибири, и более 1670 деревянных жилищ. Он мог похвастаться широкими бульварами, большими площадями, парками, красивыми церквями и купеческими особняками. Там даже были любительский театр, краеведческий музей, гимназия и медицинское училище. Мастерские для заключенных были спрятаны от публики [O'Grady 2001: 40; Simpson G. 1847a: 168]. Несмотря на это, Иркутск не произвел впечатления на Фердинанда. «Не думаю, чтобы на земле отыскал-

____

[18] См. [Нечкина 1955; Mazour 1961; Raeff 1966; Дружинин 1985; Экштут 1994; Покровский 1925–2001; Эйдельман 2001; O'Meara 2003; Rabow-Edling 2007; Киянская и др. 2008].

ся такой жалкий уголок (кроме тюрьмы)», — писал он, когда они покидали город. Он был потрясен тем, что его семья прожила там восемь с половиной месяцев, «не получив некоторой привязанности или привычки». Только «в семействе Муравьевых [мы] обрели истинных друзей» [Врангель 1884: 163]. Со своей стороны, Елизавета не написала ни единого слова об Иркутске в своем дневнике. Напротив, она много писала о поездке в Китай, которую они с Фердинандом предприняли, когда зимовали в Иркутске. Эта поездка во многом раскрывает представления Елизаветы об экзотике и предлагает многочисленные примеры ее восприятия чужеземных культур и народов. Путешествие из Иркутска в Кяхту было небезопасным, но Елизавета не выказывала страха, несмотря на то что в то время находилась на шестом месяце беременности. В письме, которое она написала сестре из Кяхты, речь шла только о захватывающем путешествии в Китай. Она даже не упомянула о своей беременности.

В разгар сибирской зимы Елизавета и Фердинанд отправились в трехдневное путешествие в города Кяхта и Маймачен, расположенные по обе стороны от российско-китайской границы, где им предстояло провести восемь дней. Группа выехала из Иркутска 22 января 1830 года в 9 часов утра. Расстояние между Иркутском и озером Байкал составляет чуть более 70 км, но дорога, которая вилась вдоль реки Ангара, была затоплена, и потребовалось три дня, чтобы преодолеть это расстояние через лес, в который было почти невозможно проникнуть. Когда путешественники наконец достигли берегов Байкала, уже стемнело, и им пришлось заночевать. План состоял в том, чтобы пересечь замерзшее озеро на тройке — санях, запряженных тремя лошадьми. Озеро Байкал площадью 31 722 кв. км является крупнейшим пресноводным озером в Азии. Это также самое глубокое озеро в мире: его глубина достигает 1642 м. Обычно озеро сковано льдом около четырех месяцев в году, и по толстому слою льда тяжелые транспортные средства могут безопасно пересекать озеро. Тем не менее путешествие становится опасным, если идти по нему пешком или без защиты из-за холодного ветра, беспрепятственно дующего над ледяной поверхностью. Трещины, которые образуются во льду из-за перепадов дневных и ночных температур, представляют собой еще одну опасность и иногда могут достигать четырех метров в ширину. Елизавета хорошо знала об опасностях замерзшего озера. Объясняя своим сестрам, почему им пришлось ждать рассвета, прежде чем продолжить путешествие, она написала: «Никогда не следует рисковать, отправляясь в путь по льду в темноте, из-за опасных расселин»[19].

На следующее утро снег сдуло ветром, и поверхность льда стала гладкой. Тройка быстро пронеслась по озеру, и Елизавета получила огромное удовольствие от переправы, несмотря на опасность «расселин». Благополучно добравшись до другого берега, они заночевали в Верхнеудинске (ныне Улан-Удэ) в доме вдовы купца. На следующий день они продолжили путь по замерзшей реке Селенге и, когда прибыли в Троицкосавск на окраине Кяхты, были «весьма утомлены», как писала Елизавета своей сестре. Эта часть города была населена в основном чиновниками, тогда как население самой Кяхты в основном состояло из купцов. Семья Врангель разместилась в доме бухгалтера РАК. После обеда на следующий день они поехали в Кяхту, чтобы засвидетельствовать свое почтение бошхе[20], или по-русски комиссару. К тому времени, когда они покинули его дом, было уже поздно, и ворота в Маймачен должны были скоро закрыться. Елизавета наблюдала, как группы китайцев направлялись к воротам, и была поражена их красивыми нарядами. «Их одеяния очень красивы и изысканны... Их одежда, по-видимому, сшита из самых дорогих шелков и бархата, и весь этот эффект в высшей степени приятен». Однако этой встречи на расстоянии было недостаточно, чтобы утолить ее любопытство. Ей захотелось лично познакомиться с этими чужестранцами, и она была в восторге, когда вскоре пришло приглашение на ужин в дом китайского купца.

---

[19] Елизавета Врангель — сестрам. Кяхта. 24 января 1830 года.

[20] Бошха (*маньчж.* бошоку (bošokū), урядник, унтер-офицер в войсках) — низший чиновник, как правило, из маньчжуров, приданный в помощь дзаргучею (см. далее). — *Примеч. ред.*

К сожалению, ужин был отложен, и вместо этого Елизавете пришлось присутствовать на долгом и довольно скучном вечере у директора российской таможни. Все высшее общество Кяхты было приглашено на прием к новому губернатору Русской Америки и его жене, но никому не удалось произвести на Елизавету особого впечатления. В письме своей сестре Елизавета высмеяла *beau monde* [высший свет] Кяхты, где «не было ни одной дамы без большой шляпы, украшенной чем-то вроде целой клумбы». На следующий день она использовала тот же тон, когда описывала членов семьи хозяйки дома как «многочисленных дородных дам, купеческих жен в платках». Несмотря на то что Елизавета выросла в небольшой сельской общине, она, по-видимому, находила Кяхту очень провинциальной. Тот факт, что высший свет города состоял в основном из купцов, несомненно, осложнил пребывание там аристократической молодой дамы[21].

На следующий день наконец-то настало время для долгожданного визита Елизаветы в Китай. Едва рассвело, как Елизавета впервые встретилась с экзотикой. Услышав крики на улице, она подбежала к окну и увидела отряд бурятов — монгольского народа Сибири, — выстроившихся у ее окна, одетых в шубы и шапки из овчины и вооруженных луками и стрелами. Эта неожиданная встреча вдохновила Елизавету гораздо больше, чем ужин с провинциальными русскими дамами. «Какое захватывающее зрелище! — писала она. — [Они] устроили такое захватывающее зрелище на своих мохнатых лошадках. Напротив, их вожди… выглядели чрезвычайно опрятно и были нарядно одеты»[22].

Уже на границе Елизавета познакомилась с китайской культурой, когда группа «танцоров и музыкантов в масках и странных одеяниях, создающих непривычную для наших ушей какофонию, имитирующую музыку», задала тон, маршируя перед ними. Оказавшись в Китае, Елизавета была очарована всем новым и необычным. Прогуливаясь по улицам Маймачена, она заметила разноцветные флажки, висевшие между невысокими домами.

---

21   Елизавета Врангель — сестрам. Кяхта. 24 января 1830 года.

22   Там же.

«Эти флажки постоянно развеваются на ветру, что создает довольно экзотический эффект», — написала она сестре.

Затем она в своей обычной манере добавила замечание, которое немного сгладило странность ситуации: «[Этот] способ напоминает то, как мы украшаем улицы фонариками у себя дома»[23].

Когда они добрались до *фузы*, или торгового дома *дзаргучея*[24], русскую группу пригласили в дом. Елизавета была удивлена, обнаружив, что внутри дома царит полумрак, но вскоре поняла, что это из-за того, что окна были сделаны из бумаги, а не из стекла. В небольшой комнате, отделенной от комнаты мужчин низкой перегородкой, был накрыт стол для дам. Стол был заставлен всевозможными сладостями, которые, к удивлению Елизаветы, были поставлены прямо на деревянную поверхность, без скатерти. Когда русские гости угостились закусками, их пригласили посетить несколько храмов, расположенных недалеко от дома. Каждый храм был посвящен определенному божеству. Елизавета заметила, что во всех возможных местах были выставлены подношения в виде баранины, различных видов хлеба и пирогов. По-видимому, эти дары богам и богиням находились на разных стадиях разложения. «Как ты можешь понять, — писала она своей сестре, — это вряд ли способствовало приятному запаху». Гораздо более забавным был «маленький идол», который якобы обладал способностью выведывать любые семейные тайны или распри, которые он затем передавал высшим божествам. «Ты бы видела жертвоприношения перед ним, — писала она. — Они были, безусловно, самыми обильными!»[25] Это замечание, хотя и шутливое, раскрывает интерес Елизаветы к человеческому поведению. Ей казалось, что идол и подношения демонстрируют, что китайцы не так уж сильно отличаются от европейцев. На Востоке и на Западе стремление хранить секреты было одинаково сильным.

---

23 Там же.

24 Дзаргучей (*п.-монг.* дзаргучи (ǰarγuči), судейский чиновник) — маньчжурский чиновник, ведавший пограничными делами Маймачена. См. [Hodder et al. 1998: 139].

25 Елизавета Врангель — сестрам. Кяхта. 24 января 1830 года.

По возвращении к хозяину Елизавету угостили еще одним из пикантных холодных блюд, «которые китайцы называют закусками». Кушанья были красиво разложены на блюдцах, настолько крошечных, что из-за них стол выглядел «кукольным». Как заметила Елизавета, основным ингредиентом была свинина. За закусками последовали *цзяоцзы*, то есть китайские пельмени, с соусами, а также рагу, приготовленные из различных видов мяса, рыбы, крабов, раков и овощей. К удивлению русских, суп был подан последним в конце ужина. «Их было девятнадцать — некоторые были просто восхитительны!» — написала Елизавета, назвав суп из фазана своим любимым блюдом. Единственное, что ей не понравилось, были *цзяоцзы*, которые Елизавета сравнила с русскими пирожками и пельменями: она нашла их наименее экзотическими из всех блюд. Перед каждым стояли крошечные блюдца с «очень приятным уксусом», предположительно, каким-то соусом для макания, «почти так же, как мы расставляем столовые приборы дома». Она была впечатлена тем, как китайцы умудрялись есть двумя маленькими палочками, которыми они «орудовали с большим мастерством», в то время как русским гостям дали вилки.

Согласно китайскому обычаю, после ужина их пригласили посмотреть оперу под открытым небом. Это оказалось чем-то необычным. Актеры были одеты в фантастические костюмы, но их пение звучало пронзительно для ушей русских гостей, и они пели до тех пор, пока у них совсем не пропал голос. Елизавета отметила, что китайская публика, тем не менее, оценила пение. «[Казалось], что больше всего впечатлились китайцы, они кивали головами и цокали языками в знак признательности». Оркестр располагался на сцене, а не в яме. В глубине стояли две угольные жаровни, которые музыканты использовали для заваривания чая. В своем обычном шутливом тоне Елизавета описала, как актеры, когда они не были нужны на сцене, «не сидели сложа руки, а торопливо пили чай со своими друзьями-музыкантами. Когда они возвращались в назначенное время, они продолжали выступать, должным образом согрев свое горло». В то время как другие русские гости остались не особенно довольны, Елизавета была полностью очарована необычным представлением. Хотя ей не очень понравилось пение, театральное представление под открытым небом при температуре почти минус 30 градусов по Цельсию было странным и необычным зрелищем. В полночь группа вернулась в Россию, утомленная всеми этими новыми и необычными впечатлениями[26].

На следующий день они обедали с господином Кофэтченом, китайским купцом из Кяхты. Меню было похоже на меню предыдущего дня, но Елизавете оно пришлось гораздо больше по вкусу. Она также оценила, что им подали вино вместо *шаосина*, алкогольного напитка, который они пили накануне вечером. К удивлению китайцев, русским пришлось просить у хозяина воды, что, по-видимому, было неслыханно. «Никто здесь даже отдаленно не может понять, как русские могут пить воду, когда даже глоток ее не понравился бы им»[27]. Это был случай, когда китайцы сочли русские обычаи такими же непонятными, как русские — некоторые из нравов китайцев[28].

В перерывах между блюдами русских гостей развлекали танцоры и музыканты. Елизавета восхищалась способностью танцоров двигаться в таком маленьком пространстве, не касаясь друг друга, но ей не понравился барабанщик, который, по ее мнению, играл слишком увлеченно, что было «слишком громко для наших ушей». После еды они наблюдали за китайцем, переодетым в женщину, который исполнял танец с лентами под балалайку. Елизавета невозмутимо прокомментировала его выступление, сказав: «Это было очень необычно». Однако она никоим образом не осудила и не высмеяла его выступление[29].

Перед возвращением в Иркутск оставалась последняя возможность насладиться китайской культурой. *Дзаргучей* пригласил их китайских знакомых на обед. Елизавета была в восторге, и ее

---

[26] Там же.

[27] Там же.

[28] Елизавета не делала различий между обычаями русских и балтийских немцев. В китайском контексте она считала русские обычаи европейскими.

[29] Елизавета Врангель — сестрам. Кяхта. 24 января 1830 года.

отчет снова демонстрирует ее интерес к иностранцам и их обычаям. Она отметила, что китайские гости были очень расслаблены и веселы. Они весело беседовали на ломаном русском языке, или, по словам самой Елизаветы, «на русском пиджине»[30]. Вопросы, которые они задавали русским, были, по ее мнению, крайне наивными, а их ответы и замечания — откровенными. Когда был предложен тост за губернатора Русской Америки и его жену, господин Кофэтчен дружелюбно спросил, «не слишком ли молода Елизавета для такой чести?!»

«И все же, — писала Елизавета, — он осушил свой бокал за мое здоровье, не оставив ни капли». По какой-то причине она нашла этот эпизод крайне забавным, но в остальном китайцы никоим образом не показались ей комичными. Напротив, она, судя по всему, пришла к выводу, что по сравнению с европейцами, и, возможно, прежде всего с русскими, у китайцев было много достоинств. Они никогда не вели себя оскорбительно или вызывающе, даже когда были пьяны. «Они никогда не забываются и не становятся крикливыми — чего нельзя сказать о русских или западноевропейцах похожего происхождения!» Они также были очень аккуратными и дисциплинированными по сравнению с русскими. Когда другой торговец, Чофэтчен, пригласил их на обед и показал им свой дом, Елизавета нашла все комнаты привлекательными и удобными. Как вспоминала впоследствии Елизавета, все было «чрезвычайно опрятно и ухоженно, оставляло самое благоприятное впечатление, особенно после того как вы только что пересекли Россию!»[31] Найдя манеры китайцев и их общество во многих отношениях предпочтительнее русских, Елизавета и Фердинанд, должно быть, с тяжелым сердцем вернулись в Иркутск, где они оставались до поздней весны.

---

[30] Пиджин (*англ.* pidgin «упрощение») — упрощенный язык, используемый носителями взаимно непонятных языков при необходимости коммуникации, например в процессе приграничной торговли. Первая заметка о русском (кяхтинском) пиджине с языковыми примерами была опубликована в газете «Московский телеграф» в 1831 году. См.: Московский телеграф. 1831. Ч. 42. С. 141–144.

[31] Елизавета Врангель — сестрам. Кяхта. 24 января 1830 года.

В ДИКИЙ КРАЙ С РЕБЕНКОМ: ПУТЕШЕСТВИЕ ИЗ ИРКУТСКА В ЯКУТСК

23 апреля 1830 года Елизавета родила своего первенца, Марию Луизу Наталию Доротею, или Мюсхен, как ее называли счастливые и любящие родители [O'Grady 2001: 58]. В конце мая, когда лед на реке Лене тронулся, Елизавета и Фердинанд покинули Иркутск и отправились в экипажах в Якутск со своей четырехнедельной дочкой. Их сопровождали слуги и врач, доктор Мейер. Несмотря на жалобы Фердинанда на светскую жизнь в Иркутске, несколько знакомых из города провожали их до Качугской пристани, расположенной примерно в 230 верстах (245 км) к северу от Иркутска. «Для ребенка должны были часто останавливаться; так что на ночлег... приехали почти в полночь; все передрогли». К счастью, их квартирмейстер заранее договорился о том, чтобы остановиться на «ночной отдых» в крестьянском доме, где уже был накрыт «сытный и вкусный ужин» [Врангель 1884: 164]. Им потребовалось три дня, чтобы пересечь лесистую местность между Иркутском и Качугской пристанью в верховьях Лены. Весной пристань была очень оживленным местом. Купцы прибывали с товарами из Иркутска, направлявшимися в Якутск и дальше. Правительство отправляло отсюда товары в Якутск, Охотск и на Камчатку. РАК отправляла предметы первой необходимости в Русскую Америку [Gibson 1969: 73; Wrangell F. 1841: 21–22]. Ежегодно на Качугскую пристань прибывали торговые товары на сумму почти миллион рублей, которые отправлялись на паузках по реке. Именно на одном из таких речных судов семья Врангель и их сопровождающие сплавлялись вниз по реке на расстояние 2500 верст (около 2670 км) до Якутска. Елизавета была очень довольна этим средством передвижения. «Вы и представить себе не можете, насколько приятен этот способ передвижения!» — написала она родителям. Паузок была намного удобнее тесной повозки, особенно когда путешествуешь с младенцем. Конечно, капающая через крышу дождевая вода была некоторым недостатком, но течи вскоре были заделаны, и Елизавета, всегда позитивно настроенная, не сомневалась, что

уплотнение выдержит[32]. Река Лена извивается между «гористых берегов, покрытых темным лесом», и Елизавета любовалась могучей рекой и красивыми пейзажами, медленно проплывающими мимо. Спокойная, безмятежно величавая дикая природа повлияла и на нее, и на Фердинанда, и они почувствовали себя более непринужденно. Забота о ребенке на первом этапе путешествия сделала Елизавету измотанной и раздражительной. Теперь она чувствовала себя бодрой и снова прежней. Она впервые попробовала оленье молоко (выменянное у эвенков, или тунгусов, народа, занимавшегося оленеводством в Прибайкалье) и нашла его вкусным[33]. Фердинанд с радостью наблюдал за своей «любезнейшей, добрейшей женой и милым ребенком». Более чем за год до этого он вряд ли мог себе представить, что однажды он будет плыть по Лене с молодой женой и новорожденной дочерью. Но его восторг был омрачен чувством вины. Привезя свою семью на Аляску, он подвергал их опасности. Он чувствовал, что тем самым не выполнил свою роль заботливого мужа и отца [Врангель 1884: 166][34].

Однако Елизавета не беспокоилась о безопасности. Ее любовь к приключениям, ее любопытство и ее увлечение чужеземными культурами излечили ее от приступов тоски по дому и позволили ей в полной мере насладиться путешествием. Через год после своего отъезда из Эстонии она написала с паузка своим родителям:

> Вчера исполнился год с тех пор, как мы покинули Ревель! При первой мысли об этом я задалась вопросом, можно ли написать вам, не пролив несколько слез (простите меня!). Затем я поняла, что́ бы я ни делала, так или иначе, это влияет на мою милую маленькую дочурку. Поэтому я сдержалась[35].

---

[32] Елизавета Врангель — родителям. р. Лена. 4 июня 1830 года в [O'Grady 2001: 59–61]; немецкий оригинал см. в [Wrangell E. 1833–1834, 1: 263–264].

[33] Эвенки прежде назывались тунгусами, но с 1931 года за этим народом официально закрепилось название «эвенки».

[34] Цит. по: [O'Grady 2001: 66–67].

[35] Елизавета Врангель — родителям. р. Лена. 4 июня 1830 года.

12 июня они высадились в Олекминске на левом берегу реки Лены, чтобы пополнить запасы. Олекминск был торговым центром на речном пути в 650 км к юго-западу от Якутска. Семья Врангель прибыла как раз вовремя к ежегодной ярмарке. Для человека, увлеченного экзотикой, это было захватывающее событие. Якуты, тунгусы и русские теснились кругом, и было выставлено множество товаров. Фердинанд сообщил, что «Лизанька не могла довольно наглядеться на эту пеструю картину промышленности, столь редкую в этой части Сибири» [Там же: 170]. Четыре дня спустя, 16 июня в 8 часов утра, они добрались до Якутска, который расположен на реке Лене на бесплодной плоской равнине, более чем 8300 км к востоку от Москвы. Комиссионер РАК господин Шергин встретил их и любезно предоставил в их распоряжение свой дом. Мадам Розенберг, жена чиновника Компании, которая должна была сопровождать их в Охотск, также была там. Муж мадам Розенберг вынужден был спешно уехать в Охотск. Она жаждала общения и, естественно, «встретила Лизаньку с непритворной радостию»[36]. Несмотря на теплый прием, который им оказали в Якутске, и Елизавета, и Фердинанд составили очень негативное впечатление о городе. По словам Фердинанда, он имел «все черты холодного и мрачного севера. Улицы широкие, но дома и хатки выглядят бедно и окружены высокими деревянными заборами... [Здесь] не видно ни одного зеленого дерева или куста» [Wrangell F. 1841: 115]. В городе проживало около 4000 человек, и он состоял из примерно 500 домов, пяти церквей и монастыря. Семья Врангель обнаружила, что город, несмотря на его жизненно важное значение для торговли внутренней Сибири, находился в плачевном состоянии. «[У]лицы города были испорчены, мосты прорваны... в городе нельзя было купить... самых обыкновенных вещей». Фердинанд приписывал эту ситуацию «совершенной беспечности городового начальства» [Врангель 1884: 171–172]. Елизавета описывала

---

[36] Предположительно, это была Александра Иванова, жена Николая Розенберга, адъютанта Фердинанда, который впоследствии стал губернатором [Enckell 2004].

Якутск как самое жалкое место, которое она когда-либо видела. «Все дома построены из дерева, многие из них выглядят ужасно обветшалыми, а улицы полны мусора»[37]. Хотя в этом сибирском торговом центре не хватало припасов, процветали сплетни и клевета.

Письмо Елизаветы из Якутска от 23 июня 1830 года содержит ее первое упоминание о грудном вскармливании. Для Анны Фуругельм, которая 30 лет спустя станет женой губернатора, грудное вскармливание было моральным долгом и выражением материнской любви, тесно связанной с сущностью женственности. Но Елизавета воспринимала этот процесс иначе, в медицинских терминах, утверждая, что грудное вскармливание является средством предотвращения детской смертности. Она была убеждена, что причина чрезвычайно высокой детской смертности в Иркутске и Якутске заключается в том, что в обоих городах все матери, молодые или старые, богатые или бедные, кормили своих детей коровьим молоком из бычьих рогов. Таким образом, это был местный обычай, который она не принимала и истолковывала как признак отсталости. Себя же она считала исключительно прогрессивной матерью. «Тот факт, что я сама кормлю ребенка грудью, произвел сенсацию, — с нескрываемой гордостью сообщила она родителям. — Никто здесь никогда не слышал и не видел ничего подобного!»[38] Отношение Елизаветы к грудному вскармливанию отражает изменившееся представление об уходе за младенцами в начале XIX века. Грудное вскармливание, которым раньше занимались только женщины низшего класса, теперь стало естественной частью жизни европейских женщин среднего класса [Kelly 2001: 28; Fowler 1982: 20; Hellerstein et al. 1981: 131].

Семья Врангель провела девять дней в Якутске, готовясь к последнему и самому сложному этапу путешествия через Сибирь в Охотск — по Охотской дороге. В дополнение к обычным приготовлениям — переупаковке и приобретению припасов и дорож-

---

[37] Елизавета Врангель — родителям. Якутск. 23 июня 1830 года в [O'Grady 2001: 82–84]; немецкий оригинал см. [Wrangell E. 1833–1834, 1: 264–266].

[38] Там же.

ной одежды — они также практиковались в верховой езде. Охотская дорога была длиной около 1000 верст и могла быть пройдена только верхом, желательно летом, из-за сложного рельефа и изменчивого климата. Приходилось пересекать крутые горы и топкие болота, кишащие «кровожадными комарами», и преодолевать вброд быстрые пороги [Gibson 1976: 58; Gibson 1969: 58–68; Simpson G. 1847a, 2: 260–295]. Сама дорога представляла собой узкую тропу, по которой даже две лошади не могли идти бок о бок, а растительность была настолько густой, что «всаднику приходилось отмахиваться от свисающих с обеих сторон и сверху ветвей, иначе он бы попался, поэтому приходилось постоянно размахивать руками, чтобы проложить себе путь через кустарник»[39]. По словам другого путешественника, современника Елизаветы, ирландца Питера Добелла, «дороги во многих местах были настолько скользкими, что лошади едва держались на ногах». Как и Фердинанд Врангель, Петер Добелл путешествовал с женой и дочерью и очень беспокоился об их безопасности. «Читатель легко представит себе, что я чувствовал, когда увидел женщину верхом на лошади и нашу восьмилетнюю дочь», — заметил он в своем дневнике. Мысль о женщинах-путешественницах на трудных и опасных дорогах Сибири заставила губернатора Компании Гудзонова залива Симпсона «изумиться тем, что нежные воспитанные женщины могли выносить столько боли и усталости». Помимо печально известной местности, в непроходимых лесах таились и другие опасности в виде медведей, грабителей и беглых каторжников [Врангель 1884: 178–179; Dobell 1830, 1: 348; Simpson G. 1847a, 1: 227; O'Grady 2001: 82].

В это время Елизавета была не совсем веселой. Якутск показался ей очень унылым и провинциальным, но на нее также влияли требования материнства, которые делали ее уставшей, тревожной и менее позитивной, чем обычно. Обычно любящая компанию, теперь она была лишена энергии, чтобы заводить новые знакомства, и использовала свою маленькую дочь в каче-

---

[39] Елизавета Врангель — сестре Тони. Станок Тюнгюлю в 40 верстах к востоку от Якутска. 27 июля [июня] 1830 года.

стве оправдания. В письме к родителям отсутствовали присущие ей хорошее настроение и шутливая ирония. Она явно переживала из-за поездки:

> К тому времени, как это письмо дойдет до вас, мы, с Божьей помощью, должны прибыть в Охотск и узнать, насколько приятным или неприятным будет путешествие. Забегая вперед, я опасаюсь, что последнее может оказаться правдой — учитывая, что с нами бедный ребенок![40]

Незадолго до того, как они отправились в опасное путешествие, Елизавета написала несколько строк, в которых впервые проявилась нотка тоски по дому: «Дождь прекратился, и через полтора часа мы отправимся. Интересно, как сегодня в Ревеле?» И только когда Елизавета переходит к описанию своей служанки Аннушки, похожей на домового в своем ярком сибирском дорожном костюме, в ней проявляется присущее ей чувство юмора[41].

НА ОХОТСКОЙ ДОРОГЕ

Как только Елизавета вышла на Охотскую дорогу, кажется, что все уныние, усталость и негатив улетучились. Тон ее письма к сестре Тони с первого станка в 43 км к востоку от Якутска снова оптимистичен и шутлив:

> Хотя это уже третий день нашей кочевой жизни... ты не должна ничего упустить, — пообещала она сестре, — ибо я, как никогда, полна решимости не прерывать рассказ о нашем эпическом путешествии, пока не вытащу левую ногу из стремени в Охотске![42]

Елизавета была явно рада снова оказаться в пути.

---

[40] Елизавета Врангель — родителям. Якутск. 23 июня 1830 года.

[41] Там же.

[42] Елизавета Врангель — сестре Тони. Станок Тюнгюлю в 40 верстах к востоку от Якутска. 27 июля 1830 года.

Путешествие было отложено на день из-за сильного ливня, но утром 25 июня компания отправилась в путь. В состав группы входило девять человек: семья Врангель, доктор Мейер, мадам Розенберг и ее служанка, служанка Елизаветы Аннушка, няня ребенка Мария Ивановна и прачка. Лошади и их проводники, все якуты, ждали их на другом берегу реки Лены. Там багаж был переупакован и взвешен так, чтобы на каждую лошадь пришлось чуть более 80 кг. Елизавета была полна восхищения нетронутой природой, где они разбили лагерь. Ее письма рисовали экзотическую картину. Широкая река с ее маленькими зелеными островками, две их палатки с багажом, сложенным на переднем плане, лошади, палатки якутов — юрты, — разбросанные по равнине с горным хребтом, который им вскоре придется пересечь, в качестве драматического фона. В центре этой картины путешественники «разгуливают в самых странных нарядах». Фердинанд был одет в куртку, которая была «ужасно старомодной», и серые брюки, заправленные в якутские летние сапоги (саары), которые закрывали всю длину его ног. Доктор Мейер напоминал «перелетную птицу в белой холщовой куртке и соответствующих брюках и саарах, как у Фердинанда». На мадам Розенберг и Елизавете были короткие куртки из английской кожи, бриджи из того же материала и саары, доходившие до колен. Служанка мадам Розенберг была в похожем наряде, сшитом из нанкина — прочной бледно-желтой хлопчатобумажной ткани, изначально производившейся в китайском городе Нанкине. Мария Ивановна, няня ребенка, была закутана в длинную, широкую черную накидку и выглядела «как вдова». Прачка «выглядела очень забавно». Она была одета как мальчик в синие нанковые брюки и узкую короткую куртку. Наконец, Аннушка, личная горничная Елизаветы, была одета в синие нанковые бриджи, зеленую хлопчатобумажную рубашку с разрезами по бокам и накидку. «Она напоминает отчасти зеленую лягушку, отчасти попугая»[43].

Навьючивание лошадей было сложным делом, и Елизавета была очень впечатлена тем, как якуты умело обращались с жи-

---

[43] Там же.

вотными. «Сила и мастерство этих людей поразительны», — удивлялась она. То, что в путешествие был взят ребенок, очевидно, усложняло ситуацию. Но, как обычно, Елизавета пыталась увидеть в происходящем комичную сторону. В письме к сестре она описала начало путешествия как забавное зрелище. Сначала, писала она, лошади встали на дыбы и взбрыкнули, когда они попытались погрузить багаж, из-за чего все упало. Когда лошади освободились от поклажи, они убежали, и якутам пришлось их вернуть. Затем они выбрали самую спокойную лошадь, чтобы тащить дроги с *качкой* — коробом, в котором находились мать и ребенок, и попытались запрячь ее, но лошадь убежала, как только увидела оглобли по бокам «чудовищной тележки» позади нее, и внезапно дроги с *качкой* опрокинулись и потеряли колеса. Было почти 8 часов вечера, когда группа была готова двинуться дальше. К этому времени Мюсхен уже громко плакала, но напрасно. Компании пришлось двигаться дальше. Поскольку было явно небезопасно использовать дроги, семья Врангель договорилась с толмачом-якутом, что он повезет Марию Луизу. Он сел на спокойную, мирную лошадь, а ребенка положили в кожаный короб с чехлом и ремнями, которые можно было притянуть к всаднику. Едва всадник с ребенком уехали, как оставшиеся впервые испытали испуг. Лошадь Фердинанда вырвалась на свободу. Елизавета описывает, как она «дико мчалась к лошади с ребенком, которая, слава Богу, продолжала идти своим медленным шагом»[44]. Когда они наконец были в пути, Елизавета испытала еще один шок. Она услышала крик позади себя и когда обернулась, то с ужасом увидела, что лошадь Мюсхен вот-вот утонет в болоте. Позже Елизавета вспоминала, как доктор Мейер «мгновенно примчался и вернулся с утешительной новостью о том, что ребенок крепко спит, даже не заметив никакого шума!» У подножия горы, которую предстояло пересечь отряду, толмач-якут решил, что безопаснее будет нести Мюсхен пешком. Он спешился и повел караван в гору. Двигаясь сквозь густой туман, они наконец прибыли на место своего лагеря в первом часу утра, но

---

[44] Там же.

не обнаружили ни палатки, ни вьючных лошадей. Разместившись под деревом у большого костра, отряд ждал прибытия вьючных лошадей, которые нагнали их в 5 утра. Лошади продолжали сбрасывать свой груз, а при переправе через речку «упали в воду вьюки с… дорожным запасом сахара, соли и кофе — новая беда!» и промокли насквозь [Врангель 1884: 173]. Тем не менее рассказ Елизаветы о ее испытаниях и невзгодах был таким же веселым, как и всегда. Она рассказала, как сахар и кофе смешались в «восхитительную кашу», причем сахар выглядел черным и отвратительным, и отметила, что, к счастью, «мы здесь не обращаем особого внимания на внешний вид»[45].

Однако, несмотря на ее попытки выглядеть храброй, очевидно, что для Елизаветы эта часть путешествия была очень трудной. Первоначальный оптимизм, который она испытывала, когда они впервые покинули Якутск, вскоре угас. Тяготы материнства повлияли на ее беззаботную натуру и веселое настроение, и она стала чувствительной и серьезной. Несомненно, причиной этого отчасти была усталость. Но Елизавета также чувствовала ответственность за новую маленькую жизнь, за человека, чей нрав она не могла контролировать. В письме к своей сестре Елизавета объяснила, что

> …к нервному напряжению, с которым невозможно было справиться в начале такого долгого и изнурительного путешествия, добавились страдания нашей Малышки. Сначала я не могла ее успокоить. Затем, после внезапного потрясения, вызванного лошадью, я больше не могла сдерживать слез. Я быстро села на лошадь, чтобы последовать за ребенком и остальной частью каравана, который тем временем значительно продвинулся вперед[46].

Фердинанд также отметил, что обстоятельства изменились. В своем дневнике он писал, что «ребенок горько плакал» и что Елизавета «проливала слезы», когда они уезжали [Там же]. Это

---

[45] Там же.

[46] Там же.

кажется крайне нехарактерным для его жены, которая постоянно изображала из себя храбрую, сильную и беззаботную женщину, полную противоположность встревоженной молодой матери, склонной к слезам. В отличие от Анны Фуругельм, Елизавета не описывала материнство на языке чудес и волшебства. На самом деле, она вообще мало писала о материнстве или о своей дочери. Тем не менее она была явно очарована Мюсхен. Однако для Елизаветы материнство не было выражением истинной женственности. Для нее это не было сутью женщины. Скорее, она видела в этом одну из задач, которую она должна была выполнять, потому что она была женщиной, в то время как остальная часть ее жизни продолжалась как обычно. Материнство не должно было влиять на нее или ее жизнь. Поэтому она считала свою неспособность успокоить своего ребенка личной неудачей, особенно потому, что крики Мюсхен расстраивали остальную часть компании.

Любой матери было бы нелегко сделать так, чтобы ребенок был доволен в таком путешествии. Уже на второй день Елизавета написала, что Мюсхен была «очень непослушной».

> Я переодевала ее четыре раза, а это не самое приятное занятие — на земле, на сосновых шишках и ветках деревьев; в конце концов она так расплакалась, что мне пришлось нести ее на руках целую версту, пока мы наконец не прибыли на станцию[47].

На этой станции Елизавета напилась кумысу — напитка из кобыльего молока, который якуты пили перед тем, как отправиться на охоту или рыбалку. Она подчеркивала, как быстро она восстанавливала свои силы, будто бы нарочно для того, чтобы противостоять любым признакам слабости. Хотя в поездке семью Врангель сопровождала няня, очевидно, что она не оказывала большой помощи, по крайней мере на ранних этапах путешествия. Елизавета сама кормила свою дочь, переодевала и носила

---

47 Там же.

ее на руках. Тот факт, что в письме родителям она указала, что должна быстро написать письмо, «чтобы не упустить этот свободный момент, пока Малышка спит», является еще одним свидетельством того, насколько она была занята ребенком[48].

Иногда Елизавета просто слишком уставала, чтобы писать. Хотя она никогда не жаловалась, ей все же было нелегко сохранять жизнерадостность и чувство юмора в состоянии физического истощения. Иногда компания часами ехала по каменистым и болотистым дорогам. Иногда они поднимались в горы по тропам из сыпучей гальки и камней. В других случаях они пересекали опасные мосты в плохом состоянии, по которым можно было пройти только пешком. Места для ночлега часто были негостеприимными, сырыми и кишели «кровожадными животными» (то есть комарами). В солнечные дни жара могла быть невыносимой. Ночью могло быть необычайно холодно. Иногда по утрам их палатки покрывал тонкий слой льда. Когда Елизавета не была слишком уставшей, она могла любоваться красотой вокруг нее. Однажды они ехали через великолепные лесистые горы с захватывающими видами на небольшие озера и луга, покрытые восхитительными цветами. Пару дней спустя Елизавета описала этот участок пути как «аллею, созданную природой», тесно прижимающуюся к крутому берегу. «Вы не найдете ничего более прекрасного в самом прекрасном из парков», — настаивала она. Виды и явления, встречающиеся в нетронутой глуши, привлекали ее больше, чем возделанные и ухоженные парковые зоны, к которым она привыкла в Европе[49].

Фердинанд пытался помочь жене, приспособив их поездку к потребностям ребенка. Он нанял якута, чьей задачей было нести медвежью шкуру и четыре шеста, которые превращались в балдахин, когда Елизавета меняла подгузники Мюсхен — занятие, которое было «столь неприятным в дождливую погоду». Затем он изменил время приема пищи в компании. Плотный завтрак он заменил на полуденный перерыв, чтобы сэкономить

---

⁴⁸ Там же.

⁴⁹ Там же.

время и позволить группе раньше добраться до места стоянки. Такое решение избавило путешественников от необходимости разбивать палатки на земле, влажной от вечерней росы. Время также было сэкономлено за счет того, что группа делала импровизированные перерывы на еду, когда караван останавливался из-за плача Мюсхен. После месяца в пути маленькая Мария Луиза меньше нуждалась во сне и больше — в играх и развлечениях. Когда ее заставляли неподвижно сидеть в своей корзине, она начинала ужасно кричать, заставляя экспедицию делать постоянные остановки, чтобы попытаться ее успокоить. Фердинанд сам «состроил... для матери, ребенка и няньки *качку*, т. е. посередине двух длинных оглобель прикрепленный короб»,что позволило ребенку передвигаться более свободно [Там же: 172–173]. *Качка* имела большой успех. Гораздо более удовлетворенная Мюсхен теперь позволяла каравану двигаться с меньшим количеством помех[50].

Помимо нужд ребенка, молодым родителям также пришлось беспокоиться о ее безопасности. В одной версте от станка Поротово, где они намерены были пообедать и отдохнуть, Елизавета поехала вперед с Фердинандом, чтобы заняться приготовлениями. Мюсхен осталась с няней и тремя слугами. Внезапно лошадь няни без всадника и седла догнала испуганных Елизавету и Фердинанда. Оставив жену на станции, Фердинанд повернул обратно один. Елизавета осталась «в состоянии самой ужасной тревоги» и «тотчас твердо» решила всегда оставаться со своим ребенком и «ни на минуту не оставлять его одного»[51]. К ее великому облегчению, Мюсхен была невредима, хотя у няни была сломана рука. Вьючная лошадь, которая везла короб с Мюсхен, «наступила на гнездо оводов [и] взвилась на дыбы». Ошеломленная няня «бросилась с седла... на помощь, но запуталась рукой в стремени» [Там же: 175].

По мере того как Елизавета привыкала к материнству и училась утешать свою дочь, к ней вернулась бо́льшая часть ее природной

---

[50]   Там же.

[51]   Там же.

жизнерадостности. Унаследовав живой характер своей матери, Мюсхен была намного счастливее, когда ее не ограничивали в корзине, а позволяли ей более свободно передвигаться в *качке*. Елизавете больше не приходилось винить себя за то, что она задерживала передвижение группы из-за потребностей своего ребенка. Ее письма снова стали содержать шутки и шутливую иронию. Сообщая родителям, что их внучка в хорошем настроении, она писала: «Мюсхен в добром здравии и просто очаровательна — по крайней мере, первое относится и к нам!» В другой раз она описала, как доктор Мейер отправился охотиться на куликов, пока остальная часть компании предвкушала «великолепное жаркое». Однако очень скоро доктор Мейер вернулся «с криками и жалобными причитаниями, потому что на него яростно напали полчища комаров, которые кишат в этой местности. Где же теперь наше жаркое?!» Ее ирония распространялась и на якутов. Когда одна из лошадей случайно утонула, переплывая реку, Елизавета написала, что это произошло «к великой радости якута, который тут же задумал съесть ее»[52]. О болотах, которые им пришлось пересечь, она написала, что они «держат свое обещание. Они делают все возможное, чтобы создать бездонную грязь». Часто грязь в долинах была неописуемой, и лошади иногда увязали по брюхо, что не мешало Елизавете отмечать «восхитительно» заболоченные дороги. Ссылаясь на «Приключения барона Мюнхгаузена», она писала, что хотела бы, как барон, вытащить себя и свою лошадь из глубокого болота, потянув за собственную косу [Распе 2022; Raspe 1785; Raspe 1786]. Елизавета интересовалась героями и очаровывалась их подвигами, такими как пересечение быстрой реки на маленьком и хрупком судне. К людям же, которых она считала трусами, она не испытывала особого сочувствия. Даже маленькую Мюсхен она описывала как своего рода героиню, когда, достигнув вершины горы, путешественники подверглись испытанию сильным ветром и сильным дождем, при этом Мюсхен «сладко спала в своей корзине, не

---

[52] Там же.

обращая внимания на ветер и погоду». Сама Елизавета всегда шла на риск без колебаний. Она также не боялась неизвестности. Она смотрела на мир со смелым любопытством и открытым умом. Яркий пример такого отношения — когда ей дали пару сапог и сказали, что они водонепроницаемые. Она сразу же пошла прямо в глубокую воду, чтобы убедиться, правда это или нет. Это было не так, заметила она, «потому что вода просто хлынула в них»[53].

Гордость была еще одной чертой характера, которой Елизавета дорожила и которая ассоциировалась у нее с отвагой и мужеством. Она восторженно рассказывала о встрече с якутским князем и его двумя сыновьями. «Все трое были одеты в свои лучшие наряды и сопровождали нас с торжественным выражением лиц, их лица были полны важности». Изображение Елизаветой этих якутов и их достоинств, храбрости и упорства имеет параллель в современных ей положительных образах североамериканских индейцев как «благородных дикарей». Подобно противоречивым образам индейцев в североамериканском дискурсе, увиденным в работах таких авторов, как Джеймс Фенимор Купер, с которыми она была знакома, Елизавета проявляла двойственное отношение к якутам[54]. С одной стороны, она восхищалась их гордостью, навыками верховой езды и упорством на охоте, когда они могли выживать без еды больше недели. С другой стороны, она иногда сравнивала их с детьми и называла их «такими удивительно робкими людьми»[55]. Но она никогда не приписывала якутам такие унизительные черты, которые были связаны с дискурсом о «низменных дикарях», как жестокость, тщеславие, праздность, непредусмотрительность, воровство, страсть, разврат

---

53   Елизавета Врангель — сестре Тони. Станок Тюнгюлю в 40 верстах к востоку от Якутска. 27 июля 1830 года.

54   Джеймс Фенимор Купер создал образ индейца как значимый литературный тип в мировой литературе. Самыми известными его произведениями были романы из «Эпопеи о Кожаном Чулке», которые читала Врангель.

55   Елизавета Врангель — сестре Тони. Станок Тюнгюлю в 40 верстах к востоку от Якутска. 27 июля 1830 года.

и суеверие. Она также не разделяла взглядов, распространенных в колониальных дискурсах о коренных народах, которые определяли «нецивилизованные» и «отталкивающие» привычки, чтобы установить превосходство европейского образа жизни, такие как нечистоплотность, примитивная кулинария и сексуальная распущенность [Berkhofer 1978: 28, 93–94].

Однажды на Охотской дороге их догнала и обогнала группа русских каторжников. Елизавета описала заключенных довольно отстраненно и безлично, но, когда она узнала, что якутская женщина, ехавшая позади каторжников, решила последовать за своим мужем в ссылку, она прониклась к ней глубоким сочувствием. Для Елизаветы эта женщина была романтической героиней, которая пошла на огромные жертвы, чтобы быть со своим любимым мужем, и которая отказалась бросить его на произвол судьбы. Помимо пятилетнего сына, сопровождавшего ее в трудном путешествии, у женщины была маленькая дочь, которую ей пришлось оставить в Якутске. Вдобавок ко всему женщина была беременна, и единственное, что они могли есть, были сухари, *zwieback*. Возможно, Елизавета увидела параллель между судьбой жены каторжника и жен декабристов, молодых русских офицеров, которые устроили заговор против царя и были приговорены к ссылке в Сибирь. Некоторые из жен декабристов самоотверженно отправились в изгнание вместе со своими мужьями, оставив семью, богатство и даже детей. Пожертвовав всем ради преданности мужьям, они стали считаться романтическими героинями [Sutherland 1985]. Размышления Елизаветы отличались от описания той же женщины Фердинандом. Для него жена каторжника была не героиней, а жертвой и объектом жалости. Они также имели разные мнения о ссыльных. Фердинанд, по-видимому, тоже жалел каторжников. Он заметил:

> …пешком пробираются они [ссыльные] чрез болота, потом выше пояса переходят чрез холодные реки и босиком тащутся по острым каменьям, питаясь сухарями! <…> Без сердечного соболезнования нельзя смотреть на этих несчастных, преданных всевозможным бедствиям [Врангель 1884: 179].

Елизавета, напротив, была гораздо более отстраненной и проявляла практический интерес к группе. Она заметила, как каторжников привязывали друг к другу канатами, но не выразила никакого сочувствия их судьбе.

Романтические идеалы Елизаветы также очевидны в ее страсти к дикой природе и драматизму. Получив хоть малейший шанс, она придала драматический флер многочисленным испытаниям компании. Конечно, переправа через реку при сильном ветре была опасной, но Елизавета превратила переправу в высокую драму:

> Двое из наших людей сели в чрезвычайно шаткую якутскую лодку, которая и при самых благоприятных обстоятельствах была бы небезопасна. Кроме того, эти высокие волны и сильный ветер вполне могли оказаться фатальными. Их швыряло и бросало, но они наконец достигли противоположного берега целыми и невредимыми, столкнувшись с величайшей опасностью.

Еще один драматический случай, о котором она рассказала, произошел, когда группа ехала через двадцать восемь бурных ручьев (она их пересчитала), которые после ливня превратились в серию каскадов. Переходя вброд глубокие ручьи с сильным течением, Елизавета заметила в своей обычной жизнерадостной манере:

> Мне не составило бы большого труда оказаться в воде и принять весьма неподобающую ванну. <...> Когда мы достигли самой бурной части ручья, моя лошадь споткнулась и перепрыгнула через бревно, которое мы не заметили, так что я едва смогла удержаться. Я с радостью перенесла полученную встряску, поскольку она спасла меня от погружения в воду, которая, на мой вкус, была чересчур холодной.

В одном месте положение было столь серьезным, что «незначительное скольжение лошади неизбежно закончилось бы смертью»[56].

---

[56] Там же.

Однажды ремень на *качке* порвался. Это могло закончиться катастрофой, на что Елизавета не замедлила указать. Если бы это произошло «во время перехода через реку, это могло бы представлять серьезную опасность для нашей бедной Мюсхен», — заметила она. Другой постоянной опасностью были бурые медведи — свирепые животные, которых было много вдоль тропы и которые часто нападали на конвои лошадей [Gibson 1969: 111; Simpson G. 1847a, 2: 265]. Когда они оказались на участке дороги, известном огромным количеством медведей, компания привязала огромный колокольчик к стремени лошади проводника, чтобы отпугивать их. Неудивительно, что Елизавета была разочарована, когда им не попался ни один медвежий след. Всегда любившая драму, она была в восторге, услышав, что группа заключенных сбежала и напала на купца. Они ограбили его и избили до полусмерти[57], сообщила она своей семье в Эстонии, добавив, что «было бы не особенно приятно, если бы эти "друзья" решили нанести нам визит»[58].

В КОНЦЕ ПУТИ

Независимо от того, насколько Елизавета, по-видимому, ценила драматизм и опасность, она была благодарна, что наконец прибыла в Охотск. В то время Охотск был важным портом, расположенным в более чем 5000 верстах (более 5300 км) к востоку от Санкт-Петербурга и примерно в 5000 верстах к западу от Ситки, или Ново-Архангельска. Поскольку его порт был скован льдом бо́льшую часть года, за исключением июня, июля и августа, летом он был оживленным местом. С 1740 года Охотск

---

57 Речь идет о «разбое тремя бежавшими из соловаренного завода якутами, ограбившими купеческий обоз». Суздальскому купцу Бобкову «разбойники проломили голову, отняли 50 тысяч денег и, разрезав вьюки, побросали в лес часть его товаров» [Врангель 1884: 180]. — *Примеч. ред.*

58 Елизавета Врангель — сестре Тони. Станок Тюнгюлю в 40 верстах к востоку от Якутска. 27 июля 1830 года.

был единственным портом на Тихоокеанском побережье, обслуживающим поставки в русские колонии и из них. Тем не менее город оставлял желать лучшего. Его климат был нездоровым. Из-за его удаленности и отсутствия коммуникаций постоянно ощущалась нехватка продовольствия. Кроме того, город имел плохую репутацию из-за своего временного населения, состоящего из торговцев пушниной, моряков, каторжников и авантюристов[59]. Однако ничто из этого, похоже, не беспокоило Елизавету. Несомненно, она была рада благополучно добраться до конца пути. В своем дневнике она написала, что «чудом небеса спасли ее [Мюсхен] от всякого рода неизбежного зла». Только сейчас она поняла, как сильно она беспокоилась о своей маленькой дочери. Только сейчас она смогла признать, что «путешествовать с ребенком было не всегда приятно». Это был также первый раз, когда Елизавета выразила гордость за своего мужа или, по крайней мере, говорила о нем словами восхищения. Однако наибольшее впечатление произвело не его доброе сердце — черта, которую и Маргарета Этолин, и Анна Фуругельм высоко ценили в своих мужьях. Елизавета восхищалась своим мужем за его настойчивость, его лидерские качества, его неиссякаемый энтузиазм и его увлечение наукой. Несмотря на трудное путешествие, ему удалось найти достаточно времени и энтузиазма, чтобы собрать коллекцию сибирских растений и провести геогностические наблюдения[60]. Действительно, доброта никогда не была чертой характера, которой Елизавета уделяла много внимания. Она хотела, чтобы ее дочь была решительной и сильной духом. Поэтому она считала, что это хорошо, что Мюсхен отвечала ее желаниям. Для Елизаветы это было прежде всего признаком характера[61]. Позже, в Ситке, она написала своим родителям,

---

[59] См. [Давыдов 1810–1812; Davydov 1977: 87–88; Barratt 1981: 44; O'Grady 2001: 128–129].

[60] Геогнозия — термин, широко распространенный в то время во Франции и Германии и обозначавший одну из форм геологии. См.: Елизавета Врангель — сестре Тони. Станок Тюнгюлю в 40 верстах к востоку от Якутска. 27 июля 1830 года.

[61] Там же.

что их внучка растет и телом, и умом. Но вместо того чтобы превратиться в добрую маленькую девочку, как того хотели многие матери XIX века, Мюсхен, по словам Елизаветы в письме своим родителям, становилась независимой, очаровательной девочкой с сильным характером, которую все любят, несмотря на ее темперамент. Как и ее мать, Мюсхен любила большие собрания людей[62].

Добравшись до Охотска, Фердинанд завершил дневник, который он вел в течение 40 дней, проведенных на Охотской дороге[63]. Он несколько отличается от дневника Елизаветы. В то время как ее рассказ полон драматизма, юмора и романтических идей, его описание прозаично и нисколько не смешно. Фердинанд подчеркивал, как они устали, когда в течение нескольких дней ехали по десять часов без перерыва по грязи, через горы и глубокие ручьи. Он упоминал путь между реками Амча и Алдан как особенно трудный. Дорога проходила «чрез топкое болото и по мосткам, в нынешнем их состоянии затрудняющим езду до опасности» [Врангель 1884: 177]. Без какой-либо попытки юмора или драмы Фердинанд писал:

> В некоторых местах мы должны были по нескольку верст сряду идти пешком, перескакивая с бревна на другое, а когда непривычная лошадь попадала ногами между двух бревен в бездонную под ними грязь, то должны были помогать друг другу. <...> Прибавьте к этому неотвязные нападения целых туч комаров, которые и по ночам не давали нам покою [Там же: 177–178].

Только в его описаниях окружающего пейзажа чувствуется нечто романтическое. Одним из таких примеров является его

---

[62] Елизавета Врангель — родителям. р. Лена. 14 октября 1830 года, см. в [O'Grady 2001: 132–143]; немецкий оригинал см. [Wrangell E. 1833–1834, 2: 179–186].

[63] Его дневник был частным и велся в форме писем к младшему брату Георгу О. А. фон Врангелю. Однако его племянник барон Вильгельм фон Врангель сохранил письма и отправил их в Санкт-Петербург, где они были переведены и опубликованы под названием «Путевые записки адмирала барона Ф. П. Врангеля» [Врангель 1884].

описание того, как, стоя на палубе, пока их «паузок извивался меж гористых берегов, покрытых темным лесом», он чувствовал «спокойною, безмятежную величавость дикой природы: о как утешителен и внятен был ее голос!» [Там же: 165–166][64].

Фердинанд взял на себя роль защитника «слабых, беззащитных женщин» в компании. Как и Елизавета, он описал трудности с закреплением короба с Мюсхен и ее ужасный плач. В отличие от своей жены, Фердинанд подчеркивал, что именно женщины не могли справиться с этими испытаниями, тогда как сам он был относительно невозмутим. «Во все это время ребенок громко плакал, мать, нянька и остальные женщины проливали слезы, а у меня на сердце было весьма грустно» [Там же: 173]. Здесь передан образ ответственного отца и мужа, который всегда контролирует ситуацию. Фердинанд взял на себя мужскую роль защитника женщин и ребенка, или «неопытных моих путешественниц», как он их называл. Прежде всего, он чувствовал ответственность за свою молодую жену. Поэтому он был гораздо больше обеспокоен комфортом Елизаветы, чем она сама. Когда они отправились в трудный путь из Иркутска, он «не мог без сильного движения в душе взглянуть на жену и ребенка, представляя себе неизвестную будущность, наполненную тьмою опасностей». Фердинанд часто сомневался, правильно ли он поступил, взяв жену и четырехнедельного ребенка в путешествие так далеко от дома и в нецивилизованные края. Он чувствовал, что «шутит жизнью людей и не в состоянии ощущать сладостей семейной жизни под покровом безмятежного спокойствия». Действительно ли это то, что должен делать заботливый муж и отец? [Там же 1884: 165–166; O'Grady 2001: 65–67]. Таким образом, пока Елизавета была занята описанием драматизма и опасности путешествия, в целом избегая тем роли жены и материнства, Фердинанд был занят своей патерналистской ролью мужа и отца.

Несмотря на то что Фердинанд представлял себя как опекуна слабого пола, у него, похоже, было очень мало терпения к их «слабостям», и он хвалил Елизавету за ее стойкость. Он выделял

---

[64] Фердинанд Врангель — брату Георгу О. А. фон Врангелю [O'Grady 2001: 65].

ее среди других женщин, которых он считал невыносимыми, подчеркивая, что

> ...кроме Лизаньки, все другие женщины были довольно несносны: кому лошади не нравились, кому седло было худо, кто требовал, чтобы особый пешеход вел лошадь под уздцы, кто досадовал на все, не имея причины быть чем-нибудь в особенности недовольным [Врангель 1884: 174].

Именно из рассказа Фердинанда мы узнаем о некоторых трудностях, с которыми Елизавета сталкивалась, при этом сохраняя «бодрость, веселость духа». Он был тем, кто заметил, как тяжело было Елизавете постоянно слезать с лошади, чтобы или покормить младенца грудью, или сменить подгузники. Именно он рассказал, что «нянька в первую неделю вовсе не заботилась о ребенке». Няня уехала вперед и бросила неопытных родителей на произвол судьбы [Там же]. Елизавета ни словом об этом не упоминала в своем дневнике.

Рассказы Елизаветы и Фердинанда о путешествиях были наполнены восторгом от бескрайних диких земель Сибири и романтической идеализацией экзотической природы. Тем не менее отношение Фердинанда к природе было более духовным, чем отношение Елизаветы. В типично романтическом ключе он писал, что «в сих пустынях человек сближается с природою, и благодаря ей, какою-то магическою силою, возносится к Творцу» [Там же: 179]. Фердинанд также, по-видимому, был более религиозным, чем его жена. Тем не менее он включил ее в свою веру, написав, например, что

> ...упование на безпредельное милосердие Небесного Отца и совершенная готовность переносить безропотно все страдания, его волею ниспосланные, укрепили наши силы. О! по истине часы искушения и физических опасностей суть настоящие ангелы хранители нашей жизни: они вводят нас в храм веры и исцеляют от эгоизма, самолюбия и убийственного самомнения, от высокомерия и жестокосердия, отравляющих душу нашу [Там же: 174].

Елизавета благодарила Бога за защиту и помощь им на трудном пути в Охотск, но в остальном Бог редко присутствовал в ее письмах. Фактически она вообще не обсуждала свои религиозные убеждения и, кажется, не была в какой-либо большой степени затронута евангельским движением своего времени. В этом смысле она принадлежала больше к XVIII веку, чем к XIX. Это также относится к ее эпистолярному стилю, отличающемуся жизнерадостностью и шутливо-ироничной отстраненностью, который отражает урок, преподанный в книгах XVIII века о правилах поведения и дидактических романах: никогда не поддаваться пессимизму или жалости к себе, а всегда трезво смотреть на мир[65]. Оглядываясь на трудное путешествие в Охотск, Елизавета пришла к выводу, что Фердинанд проделал очень хорошую работу в качестве лидера их экспедиции, потому что «это было нелегкой задачей, особенно с шестью такими простыми людьми, как местные жители». Под «простыми людьми» подразумеваются якуты, которые вели их по тропе[66]. Как мы уже видели, отношение Елизаветы к якутам было двойственным: она одновременно восхищалась ими и принижала их, иногда на одной и той же странице. Однако она также проявляла большой интерес к их обычаям и традициям. Например, ее завораживало их импровизированное пение в честь духов, обитающих в лесу, на болоте, в горах или в любой другой части природы, куда они попадали. «Их песнопения довольно странные и не похожи ни на что, что я когда-либо слышала, — писала она. — Звуки, кажется, исходят из их носов, горла и десен». Ее также заинтересовал обычай совершать жертвоприношения у подножия горы, состоящие из пучка конской гривы, который якуты срезают и привязывают бантом к дереву, прежде чем подняться на эту гору[67].

---

[65] См. [Hawkins 1793; Остин 2022; Рихардсон 1787; Simcoe 2007]. Возможно, не стоит думать, что между XVIII и XIX веками был столь большой разрыв. Вполне вероятно, что идеалы XVIII века на какое-то время задержались в следующем столетии. С другой стороны, это может быть связано и с самой Елизаветой, ее воспитанием и/или склонностями.

[66] Елизавета Врангель — сестре Тони. Станок Тюнгюлю в 40 верстах к востоку от Якутска. 27 июля 1830 года.

[67] Там же.

Отношение Елизаветы к коренным якутам отличалось от отношения к ним Фердинанда. В то время как он видел их как коллектив, она была склонна видеть в них отдельных людей. Для него они были либо «чрезвычайно многоречивы, упрямы», либо «плутоваты и с намерением бестолковы» [Там же: 176]. Елизавета прониклась симпатией к якутам и завязала с ними личные отношения. В этом она следовала привычке других путешественниц, которые, как правило, гораздо больше интересовались человеческими отношениями, чем мужчины-путешественники [Strobel 1991: 36; Mills 1991: 21–22, 39; Pratt 1992: 51–52, 104]. Одним из примеров является ее описание якута Насара, которого наняли вести лошадь Мюсхен. Несмотря на то что он был с ними всего неделю, Елизавета писала о его внешности, его больных ногах и скорости, с которой он шел. Она также отметила, что, уходя, он пожелал им всего наилучшего в предстоящем походе. Другой пример — Сергей, старый якут, который нес короб с Мюсхен. Когда он внезапно заболел и его пришлось оставить, Елизавета была обеспокоена и написала в своем дневнике, что Сергей «был всеобщим любимцем и всем будет его очень не хватать». Напротив, Фердинанд даже не упомянул его в своем дневнике. Описание Сергея Елизаветой ясно показывает влияние романтической экзотики на ее мышление. Она написала, что он был похож на «"Синьора Формику" из альманахов», одного из экзотических персонажей фантастических новелл писателя-романтика Э. Т. А. Гофмана[68]. В отличие от своей жены, Фердинанд не проявлял особого интереса к обычаям, нравам и чертам характера якутов. Он видел в них людей, нуждающихся в просвещении и цивилизации, и чувствовал, что ими жестоко пользовалось местное начальство. Прежде всего, русские не считали нужным давать якутам надлежащее образование, включая религиозное обучение. Как следствие, они утопали в нищете и невежестве. Для Фердинанда главной причиной этой ситуации было

---

[68] Там же. Повесть «Синьор Формика» Э. Т. А. Гофмана была опубликована в 1821 году в Берлине в четвертом томе сборника рассказов «Серапионовы братья» в издательстве Г. Раймера.

то, что якуты были вынуждены отказаться от своих собственных обычаев и верований, не будучи предварительно ознакомлены с христианской религией и цивилизацией [Врангель 1884: 172; O'Grady 2001: 120][69]. Позже он пришел к такому же выводу относительно коренных жителей Аляски. В своих «Кратких статистических замечаниях о Российских колониях в Америке» он утверждал, что обычаи и практики коренных народов всегда представляли интерес для цивилизованного мира, поскольку правильное описание образа жизни «тех племен, которые все еще находятся в нетронутом естественном состоянии или на низком уровне интеллектуального развития, невольно напоминают нам о наших предках» [Врангель 1835; Wrangell F. 1980: 29]. Иными словами, Фердинанд рассматривал коренных жителей как этнографическое или социальное явление, а не как личностей.

ЧЕРЕЗ ОКЕАН

24 августа 1830 года семья Врангель и их спутники сели на трехмачтовый шлюп «Уруп», который должен был пересечь Тихий океан и попасть в Новый Свет. На следующее утро Фердинанд отдал приказ сняться с якоря, хотя в тот же день должна была прибыть российская почта, и все они с нетерпением ждали писем из дома. Необходимо было воспользоваться попутным ветром, чтобы удалиться от берегов. Это оказалось удачным решением, поскольку на следующий день разразился шторм. Впоследствии Фердинанд вспоминал, что «задул столь жестокий с моря ветер, что нас выбило из парусов», китобойную шлюпку смыло за борт, а каюты были наполнены водой. «Крепкие ветры и сильное волнение преследовали нас; почти всех пассажиров без исключения укачало, погода была пасмурная и холодная, провизия худая» [Врангель 1884: 180]. Однако, будучи морским офицером, Фердинанд был в своей стихии и снова выступил в роли мужа и отца-защитника. Как и в Сибири, он чувствовал себя виноватым перед семьей, отправившейся в трудное путешествие, тем более

---

[69] Фердинанд Врангель — брату Георгу О. А. фон Врангелю.

что «Лизанька вкусила последнюю чашу горести, утомясь более, чем по Охотской дороге» [Там же: 180; O'Grady 2001: 131].

Неудивительно, что рассказ Елизаветы был совсем другим. Она пишет, что почувствовала приступ морской болезни уже в первую ночь на борту судна, еще стоя на якоре в гавани. Это заставило ее «предвкушать это "прекрасное" чувство на протяжении всего путешествия!» Ее ожидания сбылись с лихвой. Как только они вышли из гавани, судно попало в качку и Елизавета почувствовала тошноту. Она не преминула отметить, что сразу же после этого пришла в себя, и стоически заявила: «Я не могу сказать, что действительно страдала!» Она признала, что устала в конце путешествия, но утверждала, что причиной этого было то, что она не получала достаточного питания, чтобы кормить грудью. На самом деле, не было редкостью, когда и дети, и матери умирали во время морских путешествий от обезвоживания и недостатка питания, вызванных морской болезнью, о чем Елизавета, по-видимому, знала [Jalland 2002: 22–23].

Во время самого сильного шторма Фердинанд и капитан были единственными, кто не страдал морской болезнью. Елизавете было жаль своего мужа, который «ухаживал за нами и прислуживал нам день и ночь, заботясь о нас с бесконечной любовью и заботой»[70]. Няня Мюсхен была совершенно недееспособна, а Елизавета могла только лежать на койке рядом с ребенком. «Таким было состояние этой почтенной семьи в течение 2–3 дней, пока шторм не утих и можно было снова встать на ноги»[71]. Если не считать морской болезни, во время путешествия ничего особенного не произошло, за исключением того, что вдалеке были замечены два кита. Рассказ Елизаветы о путешествии не слишком восторженный, но он гораздо более позитивный, чем рассказ Фердинанда. Например, в то время как Фердинанд писал в своем журнале, что на протяжении всего путешествия была плохая погода, Елизавета заметила, что «были чудные дни, которыми [она] в полной мере воспользовалась, чтобы выйти на палубу».

---

[70] Елизавета Врангель — родителям. Ситка, 14 октября 1830 года.

[71] Там же.

Глава 2
Встреча с Новым Светом

26 сентября 1830 года туман, окутывавший их корабль весь день, рассеялся, и вдалеке внезапно показалась Ситка. После месяца в море Елизавета описала, как все на борту были поражены абсолютной красотой этого места. «Каждый, кто был способен это сделать, поднялся на палубу и пристально вглядывался вдаль, пока слезы не затмили прекрасное видение»[1]. Затем, так же внезапно, туман вернулся, и судну пришлось снова выйти в море. На следующий день они приблизились к побережью во второй раз. Видимость была плохой, и земли не было видно. Наконец к обеду небо прояснилось, и они смогли увидеть гору Эчкомб, потухший вулкан, стоящий у входа в Ситкинский залив. Корабль приближался медленно. К вечеру они подали сигнал, но на берегу его не заметили, и им пришлось заночевать в бухте. В воскресенье, 28 сентября, взошло солнце, и день был ясный и прекрасный. Елизавета поднялась на палубу и увидела перед собой всю береговую линию. Все оделись в свои лучшие воскресные наряды и с нетерпением ждали лоцмана.

Губернатор Петр Егорович Чистяков отправил три шлюпки, чтобы доставить путников на берег, но Елизавета не хотела покидать палубу, потому что как завороженная любовалась великолепным видом Ситки. В своем дневнике она описала городок следующим образом:

---

[1] Там же.

> Он расположен недалеко от океана на узкой полоске земли,
> окруженной густыми лесистыми горами. Сам городок состо-
> ит из небольших и довольно жалких домиков, но их внешний
> вид несколько скрашивается внушительным видом форта,
> где наш будущий дом играет доминирующую роль. Он по-
> строен на вершине скалистого выступа, называемого *кекуром*,
> окруженного четырьмя небольшими сторожевыми башнями.
> Со стороны моря находится батарея из десяти пушек[2].

Таким образом, первое впечатление от колониальной столицы
было положительным, и Елизавета не позволила себе впасть
в уныние из-за «жалких домиков» или влажного климата, из-за
которого дороги в городе постоянно были грязными и требовалось, чтобы дома ежегодно покрывались составом из желтой
охры, ржаной муки и воды, чтобы предотвратить гниение древе-
сины[3]. Елизавета впервые столкнулась с коренным населением
Ситки в море. «Десятки индейцев» вышли на своих байдарках,
чтобы засвидетельствовать свое почтение. В то время как Анна
Фуругельм боялась тлинкитов, Елизавета была заворожена их
«экзотической» внешностью. Она хотела узнать о них больше —
хотела узнать, что скрывалось за их устрашающей внешностью.
Она отметила, например, что многие из их рабов, взятых из
других племен, имели очень тонкие черты лица, несмотря на то
что были устрашающе раскрашены. Тлинкиты понравились
Елизавете отчасти потому, что она была очарована их экзотической внешностью, отчасти потому, что она ассоциировала их
с идеализированной версией свободной и неограниченной
жизни. Она также видела в них героизм, силу и достоинство —
добродетели, которыми она восхищалась как в мужчинах, так
и в женщинах[4]. Кирилл Тимофеевич Хлебников, директор
главного отделения РАК в Ситке в 1818–1832 годах, знал о вос-
приятии Елизаветой туземцев как «благородных дикарей».
В письме, написанном на ее двадцать седьмой день рождения

---

[2] Там же.

[3] См. [Хлебников 1985: 152; Федорова С. Г. 1971: 202; Литке 1835; Litke 1987: 50].

[4] Елизавета Врангель — родителям. Ситка, 14 октября 1830 года.

в 1837 году, он вспоминал время нахождения Елизаветы в Русской Америке. «Предавшись в волю воображения», он представлял, как в тихий, ясный, летний вечер она вышла на пристань в сопровождении своей спутницы и наблюдала, как

> ...один большой раскрашенный бот быстро несся на веслах. <...> Гребцы — воины, на тот раз раздетые до пояса, с раскрашенными лицами и обнаженными головами, усыпанными орлиным пухом... показывали свою отвагу. Я слышу, как спутница Ваша, пораженная необыкновенным видом и дикою веселостью суровых воинов, вскричала: «какая прелесть!» [Хлебников 1838: 1–2][5].

Воспоминание Хлебникова поразительно похоже на реакцию Элизабет Симко в похожем случае. Как и ее тезка на Аляске, Симко была очарована индейцами. В то время как «[европеец] обычно выглядит неловко... по сравнению с индейцем, искусно и спокойно ведущим свою байдарку, — писала она в своем дневнике, — увидеть байдарку из березы, управляемую с той невыразимой легкостью и хладнокровием, которые свойственны индейцу, — самое прекрасное зрелище, которое только можно себе представить» [Simcoe 1793: 141].

Как и в Китае и Сибири, Елизавета осмысливала чужие обычаи и привычки, сравнивая их с хорошо ей известными. Хотя она иной раз и демонстрировала покровительственное отношение, это также было реакцией на распространенную в Европе привычку видеть в туземцах «других» — чужаков, варваров, совершенно отличных от цивилизованных европейцев. Она сравнивала костюмы *тойонов*, или вождей, с римскими тогами и утверждала, что эти костюмы придавали вождям самый благородный вид. Их прически создавали видимость кисти художника, и это тоже выглядело весьма эстетично [Wrangell E. 1833–1834, 2: 189–196]. Интересно, что она воздержалась от упоминания об их проколотых губах, практике, которая не нравилась большинству европейцев, особенно у женщин. Мужчины-европейцы

---

5 См. также [Wrangell Wolf 1968: 177; O'Grady 2001: 282].

считали, что это портит внешность индейцев и делает их уродливыми. «Женщины прорезают нижнюю губу и вставляют деревянные планки, придающие чрезвычайно отвратительный вид лицу», — сообщал Хлебников [Хлебников 1985: 80][6]. Вместо этого Елизавета сосредоточилась на прекрасной осанке и невозмутимом выражении лица этих женщин. Те же достоинства подчеркивались в ее рассказе о встрече с «его светлостью» тойоном Наушкесом, когда она писала: «...мы были поражены его впечатляющей внешностью и гордой осанкой колоша... [он] ходит с грациозным бахвальством, а выражение его лица дружелюбно, но несколько отчужденно»[7]. Губернатор Чистяков встретил прибывшего губернатора и его жену в трех милях от берега известием о том, что он уже освободил резиденцию, которая теперь была в их распоряжении. Чистяков даже заказал для них новую мебель, такую как «комоды и тому подобное». Это были вещи, которые, по его мнению, были бы «необходимы *pour une dame*»[8]. В конце концов, по мнению колонизаторов, Елизавета была «первой культурной и образованной женщиной», которая жила в доме главного правителя (губернатора), и это требовало внесения изменений [Michael 1967: 69]. Резиденция должна была быть приспособлена для лучшего соответствия утонченным и изысканным требованиям, которые дама должна была предъявлять к своему окружению.

Елизавета нашла дом губернатора приятным и гостеприимным местом. С учетом улучшений, которые Фердинанд обещал произвести, как только позволит время, он должен был стать еще более уютным. Хлебников, директор главной конторы РАК в Ситке, подарил ей пианино, которое он купил на судне, совершившем кругосветное плавание, «на всякий случай, если в Ситке окажется... дама с музыкальными способностями». Как только прибудет заказанный Фердинандом в Санкт-Петербурге рояль,

---

[6] См. также [Pierce, Winslow 1979: 94; Michael 1967: 211].

[7] Елизавета Врангель — родителям. Ситка. 14 октября 1830 года. Коло́ши — устаревшее русское название тлинкитов.

[8] Там же.

она сможет передать пианино миссис Розенберг, жене адъютанта Фердинанда. Хлебников также привез растения из Чили, и Елизавета была очень довольна садом, который был для них создан. «Без сомнения, — отметила она, — в нем приживутся семена, которые мы привезли из Европы». Елизавета не стала подробно описывать интерьер дома, но сообщила родителям, что у них, помимо пианино, есть бильярдный стол и библиотека, насчитывающая около 1200 томов. В приемной над диваном висел написанный маслом портрет царя в золотой раме, а также портреты членов императорской семьи от царя Алексея Михайловича (1629–1676) до великой княжны Анны Павловны (1795–1865). На окне спальни цвела красная герань, а на подоконнике рядом с письменным столом Елизаветы стоял небольшой цветочный горшок с резедой и еще один — с маленькой сосной. Хлебников привез ее из Чили годом ранее для Ботанического сада в Санкт-Петербурге и доверил заботе Елизаветы, пока был в Калифорнии. Несомненно, интерес Елизаветы к комнатным растениям и цветам отражает их возрастающую и относительно новую роль в качестве важных признаков ухоженного дома. В мае следующего года она смогла сообщить родителям, что «постепенно все приводится в порядок, и наш дом начинает выглядеть уютным»[9].

Елизавета прибыла в Ситку в приподнятом настроении. После долгого, трудного путешествия она была счастлива, что достигла своей цели. Через две недели после их прибытия она сообщила родителям, что все «прекрасно, и уже через несколько дней я полностью обосновалась»[10]. Однако в ее первом письме из нового дома проскользнула нехарактерная нотка тоски по дому.

> При всех этих прекрасных и великолепных вещах, окружающих меня, я постоянно ловлю себя на мысли: если бы только моя семья могла видеть все это — мое счастье было бы вдвое больше!.. и мне так жаль, что я не могу показать ее [Мюсхен] вам!

---

9   Там же; Елизавета фон Врангель — родителям. Ситка. Май 1831 года, см. в [O'Grady 2001: 161–168]; немецкий оригинал см. [Wrangell Wolf 1968: 64–68].

10   Елизавета Врангель — родителям. Ситка. 14 октября 1830 года.

В конце письма проявилась ее тоска по родителям, братьям и сестрам. Она старалась быть храброй, надеясь, что ее письмо дойдет до них быстро и они узнают, что «ваши далекие дети счастливы, довольны и благополучны». Но затем она воскликнула: «Когда же я испытаю радость от получения письма? Мое сердце переполняется при мысли об этом!» Она обещала начать вести дневник, чтобы иметь возможность рассказать своей семье все подробности жизни в Америке, потому что она знала, насколько важны такие подробности, когда семьи разлучаются. «Получение истинной картины жизни дорогих нам людей помогает нам переносить разлуку»[11], — писала она. К сожалению, если из благих намерений Елизаветы что-то и вышло, результат для нас утерян.

За исключением ее первого письма, тоска по дому не была характерна для ранних писем Елизаветы из Ситки. Скорее, в них преобладало ее увлечение всем, что было для нее другим: эксцентричные люди со всего мира, которых она встречала, чужеземные культуры, с которыми она сталкивалась, и дикий, великолепный природный мир Аляски. В отличие от многих других европейцев, Елизавета не была обескуражена общественной жизнью пограничной заставы. Она находила общество Ситки забавным и чувствовала, что ее ценят в роли первой леди. В Ситке было так много уважаемых господ, которые ценили присутствие дамы, культурную светскую жизнь и новые обычаи, которые она установила[12]. Светская жизнь в Ситке была ничуть не хуже и не более ограниченной, чем дома, утверждала она. Напротив, хотя круг общения был небольшим, в нем было гораздо больше интересных людей, чем в ее домашнем кругу. Более того, постоянно появлялись новые лица, не считая капитанов, чьи корабли часто стояли на якоре в гавани. Елизавета писала, что, хотя они и находились далеко от больших городов Европы, «...определенно не заметно, чтобы мы какое-то время были вдали от "цивилизованного" общества»[13]. Эти интересные и выдающиеся личности избавляли

---

[11] Там же.

[12] Елизавета Врангель — родителям. Ситка. Май 1831 года.

[13] Елизавета Врангель — родителям. Ситка. 14 октября 1830 года.

Елизавету от скуки. Они развлекали ее фантастическими историями из разных частей света, так что, по ее собственным словам, «из наших бесед, несомненно, получилась бы яркая история о кругосветном путешествии». Елизавету особенно интересовали эксцентричные личности, которые вели захватывающую жизнь. Одним из таких примеров был главный агент Компании Гудзонова залива Питер Огден. Он прожил в Тихоокеанском регионе 25 лет и совершил ряд опасных экспедиций вглубь Аляски. Другим примером был немецкий капитан дальнего плавания из Гданьска, который был женат на креолке из Ситки. Он плавал по семи морям, служил на всех мыслимых торговых флотах и говорил на нескольких языках. Тот факт, что у него была деревянная нога, конечно, делал его еще более интересным[14]. Такие люди соответствовали увлечению Елизаветы всем иноземным и экзотическим, а также ее романтическим представлениям о приключениях и свободной жизни. Если бы она не была женой губернатора в Русской Америке, она бы никогда их не встретила.

Вскоре после прибытия семьи Врангель в Ситку Чистяков дал бал, который предоставил Елизавете прекрасную возможность изучить поведение местных женщин в обществе. Около половины мужского населения Ситки были европейцами, но европейских женщин было всего несколько. По словам Елизаветы, в Ситке было всего три или четыре европейские женщины, все замужем за чиновниками РАК. Таким образом, большинство «местных дам», приглашенных на бал, были креолками или алютиик. Елизавета считала, что молодые креолки выглядят очень привлекательно. Однако она ценила не их европейские черты, а «характерные черты происхождения их матерей». Целью подчеркивания их коренного происхождения не было исключение этих женщин из общества. В своем описании креолок она подчеркивала их «природную склонность» к «цивилизованному поведению» и способность преодолевать культурные границы. Наблюдая за местными женщинами на балу у Чистякова, она была поражена их «прекрасной осанкой и хорошими манерами»,

---

[14] Елизавета Врангель — родителям. Ситка. Май 1831 года.

особенно учитывая, что большинство из них никогда раньше не посещали подобных мероприятий. «Они держатся хорошо, и их движения элегантны»[15]. Таким образом, Елизавета особо подчеркнула, что их неевропейское происхождение не мешало им принимать участие в жизни цивилизованного общества.

В основе этого взгляда, конечно, лежала вера в то, что европейские концепции хороших манер, прекрасной осанки и элегантных движений представляют собой универсальный стандарт. Тем не менее, читая описание Елизаветой танцующих креолок, становится ясно, что полная культурная ассимиляция не была тем, чего она желала. Ее интересовали культурная трансляция и культурная трансцендентность. «Они [туземные женщины] хорошо танцуют, сохраняя ритм», — заметила она, но «кажется, они подпрыгивают больше, чем принято в наших салонах в Европе». Тем не менее она не видела необходимости исправлять их танец. Вместо этого она отметила, что это выглядело «гораздо веселее» и делало все мероприятие «более живым»[16]. В соответствии с ее идеализированным образом коренного населения, она считала, что эти женщины выражали более свободный, менее ограниченный образ жизни и, возможно, менее «женственный» способ существования, чем поведенческие стандарты, предписанные европейским дамам XIX века. Этот взгляд отличал ее не только от взглядов последующих жен губернаторов Русской Америки, но и от европейских женщин в Британской Америке. Например, Летиция Харгрейв, первая белая женщина, которая переехала жить в Йорк-Фэктори в 1841 году, была гораздо более высокомерна по отношению к местным женщинам и дочерям от смешанных браков [McLeod 1947: 94].

Для Елизаветы самой интересной дамой на балу Чистякова была не креолка, а дочь бывшего тойона тлинкитов. «Будучи элегантно одетой для бала, она, безусловно, не вызывала никаких неблагоприятных комментариев ни относительно ее поведения,

---

[15] Там же. См. также [Wrangell F. 1980: 4–5].

[16] Елизавета Врангель — родителям. Ситка. 14 октября 1830 года; Елизавета Врангель — родителям. Ситка. Май 1831 года.

ни относительно ее внешности». Эта женщина одевалась просто, но элегантно и с таким изяществом, что ей были бы рады в самых изысканных гостиных Европы. Однако больше всего Елизавету впечатлила ее способность преодолевать культурные границы: ее способность вписываться в европейский контекст, не ассимилируясь с ним, а, скорее, показывая то, что Елизавета считала чертами, присущими исключительно североамериканским индейцам. «Ее осанка и манеры выражают сдержанность и грациозность, которые отличают американскую расу»[17], — писала она. Опять же, очевидно, что Елизавета не выступала за ассимиляцию. Вместо этого она ценила то, что она считала отличительными «индейскими» чертами. Этот взгляд, конечно, основывался на расовых стереотипах, которые также узаконивали доминирование белых. Однако способность вписаться в «цивилизованное» общество, проявляя при этом определенные идеализированные черты коренных народов, произвела на Елизавету благоприятное впечатление.

Первая зима семьи Врангель в Русской Америке была относительно мягкой, хотя снег покрывал возвышающиеся горы, окружавшие Ситку, предлагая Елизавете захватывающий вид из окон губернаторского дома. «Для жителя бескрайних равнин нашей прибалтийской родины, — писала Елизавета, — это самое привлекательное»[18]. В письме, написанном после ее возвращения в Европу, Хлебников писал ей, что он все еще может представить ее в своем воображении посещающей окрестности Ситки, очарованной чудесами дикой природы.

> Далее, вижу, как Вы, посещая угрюмые окрестности Ситхи… восхищались быстрым низвержением водопада и вихрем снежной пыли, возносящейся до облаков, при падении с гор снежных лавин; удивлялись спасительному роднику кипящих минеральных вод, и прельщались неимоверным изобилием рыбы в Озерском редуте [Хлебников 1838: 2][19].

---

[17] Елизавета Врангель — родителям. Ситка. Май 1831 года.

[18] Елизавета Врангель — родителям. Ситка. Май 1831 года.

[19] Озерский редут располагался на выходе из озера Редут близ Ситки. Русские поставили здесь рыболовные снасти, и это место стало первым коммерческим рыбным промыслом на Аляске. См. также [O'Grady 2001: 280–286].

Когда наступила весна, Елизавета была очарована чудом природы. Ближе к концу апреля «весна преображает растительность в изобилие удивительных размеров». Она отметила, что местные деревья на самом деле похожи на те, что растут у нее дома, но «их рост настолько огромен», что их трудно узнать. Все было либо зеленым, либо цвело. К сожалению, сад, на который она возлагала такие большие надежды, не получился. Елизавета, которая никогда легко не сдавалась, наняла садовника из Санкт-Петербурга и с нетерпением ждала будущего успеха[20].

Для большинства европейских женщин из среднего и высшего классов приезд на Русскую Аляску, где дикая природа была буквально в двух шагах, а традиционные классовые и этнические границы было трудно соблюдать, стал культурным шоком. Но Елизавета была другой. Она ценила жизнь в мире, менее ограниченном формальными правилами и менее сдержанном по сравнению с Европой. Она наслаждалась жизнью рядом с чем-то экзотическим, неизведанным и диким.

ЦИВИЛИЗАТОРСКАЯ МИССИЯ

Ученые утверждают, что женщины в британских колониях выполняли определенные функции в так называемой «цивилизаторской миссии» империи. Главной из них было поддержание западных культуры и норм. Роль женщин заключалась в воссоздании европейских обычаев и ритуалов среднего и высшего классов в колониях, что означало, что куда бы они ни отправлялись, они посвящали свое время, казалось бы, поверхностным занятиям, например вышиванию, написанию писем, игре на фортепиано, чаепитию и тому подобным благородным занятиям. Мебель и предметы домашней обстановки, а также одежда и еда также были важными культурными маркерами и символами европейской цивилизации[21]. Факты показывают, что европейские

---

[20] Елизавета Врангель — родителям. Ситка. Май 1831 года.

[21] См. [Davidoff, Hall 1987: 400; Wilson 2004: 27; Hall 2004: 70–71; Strobel 1991: 9; Callan, Ardener 1984].

женщины играли аналогичную роль в Российской империи. Их цивилизаторские усилия были, конечно, еще более поразительны среди дикой природы. Главный агент Компании Гудзонова залива Питер Огден посетил Врангеля в его резиденции в 1831 году. Когда он увидел их мебель и другие вещи, «он был совершенно ошеломлен, воскликнув: "О, вы действительно весьма цивилизованны!"»[22] Внешний вид был еще одним показателем цивилизованности. Как первая леди Ситки, Елизавета была главным представителем европейской культуры и цивилизации и образцом для подражания для женщин Ситки. Все смотрели на нее снизу вверх и подражали ей. Фактически она считалась местной модницей, и другие женщины часто спрашивали у нее совета о том, что надеть на различные светские мероприятия. Однако перенести европейские идеалы моды в русско-американские колонии было непросто. «Со мной без особых оговорок консультировались относительно подходящих платьев, и, как следствие, я иногда была весьма удивлена тем, как интерпретировались мои описания»[23], — писала она.

Хотя раса не была столь важной категорией в Русской Америке, в отличие от таких мест, как Индийский субконтинент, Российская империя, как и Британская империя, отводила европейским женщинам в Новом Свете роль хранительниц «цивилизации». Елизавета серьезно относилась к своей роли лидера общества Ситки, хотя и не была столь щепетильна в отношении социальных различий и этикета, как жены последующих губернаторов. Ее дом был центром общества Ситки и местом изысканного социального общения. Здесь Елизавета выступала в роли хозяйки дома, который многим посетителям казался оазисом европейской цивилизации. Как и женщины в британских колониях, она поддерживала напряженный график балов, ужинов, маскарадов и визитов вежливости. Светские мероприятия следовали европейскому образцу. Даже меню ужинов максимально точно копировало домашнее меню. Елизавета писала об одном званом ужине, кото-

---

[22] Елизавета Врангель — родителям. Ситка. Май 1831 года.

[23] Там же.

рый начался с *potage au moules*, супа с мидиями, которых туземцы раздобыли на берегу. Камбала заменила говядину и стейк в качестве основного блюда. Иногда подавали то, что Елизавета называла *roti de daim* — блюдом из горного оленя.

Музыка, как и еда, также играла важную роль в цивилизованном обществе. В рамках своего образования Елизавета была обучена играть на фортепиано, но она неохотно играла на публике. Однако в Ситке, где не было ценителей, а только поклонники, она преодолела свой страх и играла каждый день. «Я перестала вести себя глупо и буду играть перед другими каждый день и вечер настолько хорошо, насколько смогу», — писала она родителям. Она поняла, что людям, которые долгое время не слышали, как кто-то играет, даже самое плохое исполнение принесет радость[24]. Кроме того, в ее обязанности хозяйки входило также развлекать гостей наилучшим образом.

В дополнение к своим обязанностям первой леди Ситки Елизавете приходилось наносить визиты вежливости женам русских чиновников. Это была обременительная задача, но она с ней справлялась великолепно. Всех жен, как русских, так и креолок, нужно было навещать. Тем не менее ей удавалось наносить только два-три визита в день, поскольку, в отличие от европейской практики, этикет Ситки не допускал коротких визитов. Более того, ей приходилось посылать слугу за полчаса до визита, чтобы спросить, смогут ли ее принять. Это делалось для того, чтобы женщины могли снять водонепроницаемую защиту с полов, необходимую из-за влажного климата. Затем все визиты проходили по схожей схеме. Сначала она обнимала мать и детей, которых, как заметила Елизавета, быстро и не всегда тщательно вытирали. Затем подавали чай из самовара, после чего хозяйка извинялась и возвращалась через полчаса с конфетами, орехами, сухофруктами и мармеладом. Такая же процедура затем повторялась в доме соседки, «без каких-либо изменений, кроме количества обнимающихся детей и состава конфет»[25]. Хотя Елизаве-

---

24 Елизавета Врангель — родителям. Ситка. 14 октября 1830 года.

25 Елизавета Врангель — родителям. Ситка. Май 1831 года.

та не особенно любила эти визиты, ее светские обязанности, должно быть, облегчались тем фактом, что она, по-видимому, была общительной и нетрадиционной личностью, совсем не похожей на Маргарету Этолин и Анну Фуругельм, которые следовали за ней в качестве хозяек дома главного правителя Русской Америки.

Несмотря на свою молодость и неопытность, Елизавета, похоже, не беспокоилась о своей роли жены губернатора. Тем не менее она была благодарна Чистякову, который в течение ее первых десяти дней в колонии играл роль хозяина, чтобы ее «домашнее хозяйство пошло полным ходом». Чистяков также оставил им много полезных вещей, которые были бы недоступны до прибытия американского корабля где-то в ноябре. Дефицит товаров в Ситке был постоянным источником разочарования для ее европейских жителей. Однако Елизавета не позволяла себе слишком беспокоиться об этом. Вместо этого она с некоторой иронией отмечала, что главное управление в Санкт-Петербурге «не совсем обеспечивает свои колонии обилием предметов, относящихся к повседневной жизни, некоторые из которых являются базовыми». Действительно, в доме губернатора были «некоторые неудобства... для такой требовательной домохозяйки, как [она]»[26]. Однако, несмотря на отсутствие многих предметов, ожидаемых в культурных местах, в письмах Елизавета не жаловалась на трудности, которые она, должно быть, испытывала, ведя большое хозяйство в тяжелых обстоятельствах. Ее первым мероприятием в качестве жены губернатора стал ужин по случаю вступления Фердинанда в должность 17 октября. По крайней мере, по ее собственным словам, все прошло очень хорошо. Случайно день ужина совпал с празднованием победы России над Османской империей в Русско-турецкой войне 1828–1829 годов. Салют в сочетании с большим количеством шампанского помогли создать праздничную атмосферу. Гости хвалили еду, и Елизавета сочла, что ей повезло нанять искусного повара. Она сказала родителям, что, несмотря на дефицит некоторых товаров, у них был

---

[26] Там же.

доступ к высококачественным продуктам, и они могли предложить своим гостям «вкусную еду» в сопровождении большого количества шампанского. Этот «благородный напиток», заметила Елизавета, «буквально наводняет любую российскую торговую факторию, где бы ни проезжал курьер или ни причаливал корабль»[27]. Помимо этого замечания, она никак не прокомментировала повсеместное пьянство в Ситке, которое поражало столь многих посетителей. Напротив, ее муж был очень критичен к местной привычке посвящать праздники выпивке, что он приписывал исключительно русской черте характера[28]. Это один из редких случаев, когда нерусская идентичность Фердинанда проявляется наиболее ярко. Как правило, он, по-видимому, не осознавал никакой напряженности между своим прибалтийско-немецким происхождением и своей должностью губернатора Русской Америки и главного агента Российской империи.

Как и в других приграничных общинах, в Ситке преобладали мужчины, которые пили, играли в азартные игры и пользовались услугами проституток. Случайные сексуальные связи с тлинкитками были обычным явлением [Гринев 1991: 239; Kan S. 1999: 119]. В своих отчетах Хлебников писал, что тлинкиты зарабатывали деньги, предлагая своих *ка́лог*, то есть рабынь, и молодых девушек русским. Выступая в роли сутенера, владелец или опекун забирал все, что получала девушка, и бо́льшая часть денег русских торговцев пушниной, промышленников оседала в карманах этих мужчин. По словам Хлебникова, «многие промышленные разорились, одевая своих гнусных любовниц» [Хлебников 1861: 92; Romanovskii, Frankenhauser 1974: 121–122]. В 1834 году прибалтийско-немецкий мореплаватель и исследователь Ф. П. Литке писал, что «Колошенские одалиски не менее Европейских танцовщиц умеют разорять своих обожателей, и примеры нередки, что промышленные совершенно проматываются на туалет своих красавиц»[29].

---

27 Там же.

28 Фердинанд Врангель — родителям Елизаветы, см. в [Wrangell E. 1833–1834, 2: 356–363].

29 Цит. по: [Гринев 1991: 239–240].

По словам Хлебникова, как чиновники РАК, так и гости из Европы были вовлечены в то, что он описал как презренное дело. Тем не менее он считал, что это было «зло необходимое», если они хотели избежать «противоестественных преступлений» — скорее всего, имея в виду мастурбацию и гомосексуальные отношения, которые считались большей безнравственностью, чем проституция, — «кои при недостатке [белых] женщин и были примечены» [Хлебников 1861: 92].

В первой половине XIX века чрезмерное употребление алкоголя и широко распространенная практика использования услуг проституток рассматривались как проявление необузданной мужественности и следствие отсутствия европейских женщин в колониях. Считалось, что присутствие европейских женщин повышает уровень нравственности во всех социальных контекстах и оказывает смягчающее влияние и сдерживающий эффект на более грубые аспекты мужественности. Одним своим присутствием «цивилизованные» женщины будут контролировать необузданную мужественность и приручать европейских колонизаторов [Davidoff, Hall 1987: 398; Hall 2004: 60]. Женщины могли оказывать моральное влияние, поскольку обладали такими качествами, как любовь, терпение, набожность и сексуальная сдержанность. Следовательно, европейские женщины, принадлежащие к среднему или высшему классу, играли важную роль в приграничных обществах. Их роль заключалась в том, чтобы прививать и поддерживать понимание того, что прилично и правильно, и поощрять приверженность семейной жизни по европейскому образцу. Результатом должно было стать более благопристойное, упорядоченное, конформистское сообщество с акцентом на семейную добродетель[30].

Отсутствие европейских женщин в Русской Америке рассматривалось как проблема задолго до прибытия Елизаветы. В 1805 году Резанов писал о катастрофических последствиях отсутствия каких-либо моделей семейной жизни в колониях.

---

[30] См. [D'Emilio, Freedman 1997: 45, 70, 141–145; Hellerstein et al. 1981: 177–179; Wilson 2004: 27; Brownfoot 1984].

В своем отчете за 1835 год Фердинанд Врангель поднимал ту же проблему, сетуя на отсутствие «привязанности к семейной жизни и домашнему хозяйству». Он утверждал, что благосостояние как РАК, так и коренного населения зависит от этого конкретного фактора [Врангель 1836: 102; Wrangell F. 1839]. Одним из способов улучшения ситуации было бы недопущение случайных сексуальных связей сотрудников Компании с местными женщинами и принуждение их к браку. Также утверждалось, что одной из причин отправки священников в Кадьяк было официальное оформление гражданских браков сотрудников РАК. Брак как временный союз, одобренный общиной, практиковался в северных русских и сибирских общинах, откуда были родом многие сотрудники Компании, несмотря на усилия правительства и Церкви признавать только одобренные Церковью браки [Black L. 1990: 149–151; Luehrmann 2008: 137]. Официально оформленные браки также обеспечивали бы постоянную рабочую силу в колониях. В своих отчетах Хлебников писал, что «всего приличнее обязать супружескими связями и хозяйственною жизнию сие сословие [то есть креолов]; из него только и могут быть постоянные граждане» [Хлебников 1861: 64]. Однако наиважнейшая проблема, как видел ее Фердинанд Врангель, заключалась в том, что главное управление РАК в Санкт-Петербурге не осознавало важности присутствия европейских женщин [Федорова С. Г. 1971: 207].

> Это самое обстоятельство имеет величайшее влияние на женщин, лишенных, так сказать, европейских матерей и почти чуждых понятий, вкуса и условий наших об образованности и общежитии; а обратно действие женщин на мужчин не может не отражаться и в понятиях, и в привычках нравственности этих последних [Врангель 1836: 102; Wrangell F. 1839: 31–32].

Поручик Л. А. Загоскин, путешествовавший по Русской Америке в начале 1840-х годов, именно в таких терминах описывал роль Елизаветы в колониях. По его словам, она «собственным примером старалась остановить развившуюся роскошь; ровным, кротким обращением с туземками успела указать некоторым настоящее значение жены и женщины». Это, утверждал Загоскин, означало, что «реже и реже выказывались несообразности, и ныне, как кажется, по возможности входит все в надлежащие границы» [Загоскин 1956: 367]. Интересно, что сама Елизавета не описывала свою роль в колонии таким образом. Она также не комментировала пьянство и сексуальную «безнравственность» в Ситке. Вместо этого она выражала свое восхищение должностными лицами Компании, которым удавалось удерживать все под контролем. «Чиновники — энергичные люди с жесткими характерами; они должны быть такими, потому что простаки и слабаки не справятся со всем этим»[31]. В отличие от Елизаветы, Фердинанд писал о моральном обязательстве своей семьи как представителей империи. «*Нашим* долгом — или, вернее, *мы* считали его таковым — было познакомить этот отдаленный уголок земного шара с понятиями о приличиях и нравах» [Wrangell Wolf 1968: 57].

Если «окультуривание» было общей целью семьи Врангель, то их способ ее достижения был гендерно обусловленным. Роль европейских женщин в колониях заключалась в том, чтобы рожать, заботиться о муже и детях, вести хозяйство, быть образцовой женой и матерью, проявлять сексуальную сдержанность и прививать идею домашнего очага в колониях. Напротив, цивилизаторская деятельность мужчин принимала форму исследования, картографирования, завоевания, контроля и регулирования новых территорий и коренного населения, а также организации и строительства новых колоний [Hall 2004: 47; Wilson 2004: 19–20]. Фердинанд идеально соответствовал этой модели. Он собирал географические, этнографические и лингвистические данные, организовывал исследования внутренних территорий, создавал новые поселения, такие как редут Святого Михаила — торговый пост на восточном побережье острова Святого Михаила в проливе Нортон, возвел новые здания в Ситке, включая новую церковь, а также основал лесопилку в Озерском редуте, расположенном к югу от Ситки в начале залива Редут. Он также улучшил

---

[31] Елизавета Врангель — родителям. Ситка. Май 1831 года.

условия труда для сотрудников Компании, навел порядок в счетах и ввел ограничения на употребление крепких напитков[32].

Однако, в отличие от Маргареты Этолин и Анны Фуругельм, Елизавета, по-видимому, не рассматривала свою цивилизаторскую роль в моральных терминах. В отличие от них, ее не расстраивала безнравственность жизни на границе. Она также не выражала потребности обращать в истинную веру или просвещать коренное население. Возможно, причина этого заключалась в том, что ее не особенно интересовали добродетели «истинной женственности» и ее положение морального превосходства. Она меньше осуждала коренных жителей, креолов и русских торговцев пушниной и больше сочувствовала им. Таким образом, в то время как Маргарета Этолин и Анна Фуругельм считали важным контролировать и ограничивать излишества общественной жизни Ситки, Елизавета была более терпимой и покладистой в своей роли жены губернатора. Такое отношение сделало ее более популярной среди сотрудников Компании, чем ее две преемницы. Конечно, ее «популярность» была также обусловлена тем фактом, что она была первой европейской дамой в доме губернатора. Как заметил Фердинанд, это был первый случай с тех пор, как Русская Америка стала колонией, когда офицеры, чиновники, рабочие и другие были приняты *chatelaine*, хозяйкой дома, «которая также оказалась очаровательной, любезной и культурной молодой дамой»[33]. Не будучи, конечно, отстраненным наблюдателем, Фердинанд утверждал, что Елизавета покоряла сердце каждого, кого она встречала. Для него она была выдающейся женщиной, всегда в приподнятом настроении. Ее неопытность более чем компенсировалась ее вниманием и тактом, ее ярким и живым умом, ее острым интересом ко всему и всем, независимо от ранга или образования [Wrangell Wolf 1968: 57]. Хлебников подтверждает восторженное описание Фердинанда,

---

[32] Фердинанд Врангель — родителям Елизаветы. Ситка. 12 ноября 1830 года [O'Grady 2001: 147–158]; немецкий оригинал см. [Wrangell E. 1833–1834: 356–364]. См. также [Загоскин 1956: 67–69].

[33] Фердинанд Врангель. Цит. по: [O'Grady 2001: 160].

утверждая, что Елизавета нравилась всем, даже грубым русским торговцам пушниной и тойонам из Ситки[34]. В отличие от Маргареты Этолин, которая была очень щепетильна в отношении формальностей и этикета и следила за соблюдением сословных границ, Елизавета не чувствовала той же потребности в соблюдении строгих социальных правил. Возможно, ее воспитание в среде старой прибалтийской немецкой знати придало ей бо́льшую уверенность в своем социальном положении. В отличие от Анны Фуругельм, которая считала русских менее цивилизованными, чем западноевропейцы, и чувствовала, что колония жила бы лучше, если бы ею управляли Британия или Соединенные Штаты, Елизавета была более благосклонна к Российской империи, которую она представляла. В частности, это касалось ее отношения к креолам. Отношение к потомству смешанных союзов различалось между двумя компаниями по торговле пушниной на Тихоокеанском северо-западе Америки. В то время как Компания Гудзонова залива не проявляла особой склонности к интеграции этих детей, креолам в Русской Америке был предоставлен полный статус российских подданных [Тихменев 1861–1863, 1: 54; O'Grady 2001: 192][35]. Более того, у них была возможность получить высшее образование в России за счет РАК при условии, что они впоследствии вернутся в колонии и прослужат там десять лет [Тихменев 1861–1863, 1: 55][36]. Хотя их вряд ли считали равными, Елизавета тем не менее была впечатлена тем, как креолам разрешали интегрироваться в Российскую империю. Молодой креол, получивший образование в Балтийском штурманском училище в Кронштадте, недалеко от Санкт-Петербурга, и затем построивший карьеру на российском флоте, был подходящим примером. Елизавета утверждала, что «этот особый тип человека вряд ли можно встретить где-либо еще, кроме как среди богатого этнического разнообразия народов России, которые, оче-

---

34 См. [Хлебников 1838: 2–3].

35 Для сравнения Компании Гудзонова залива и РАК см. [Easley 2008].

36 Неблагоприятное мнение о русской практике межнациональных браков см. в отчете капитана Белчера, с. 22.

видно, пользуются благами христианской цивилизации»[37]. В качестве примера того, что, по ее мнению, можно было бы считать успешной интеграцией, она рассказала о прощальном ужине для молодого креола, который отправлялся в Россию, чтобы продолжить свою карьеру. Во время ужина, который был дан его семьей, Елизавета отметила, как много внимания сын уделял своим родителям. Ее внимание привлекло то, что его пребывание в Европе и его «космополитические связи» никоим образом не уменьшили его уважения к своему происхождению или своей семье[38].

Фердинанд также положительно отзывался о том, как креолы были интегрированы в империю, будучи «суть поданными России», получавшими образование за счет Компании [Хлебников 1861: 59; Тихменев 1861–1863, 1: 54]. Креолы теперь, «в общем мнении почитаются почти наравне с Русскими. Некоторые из них занимают довольно важные должностные места... и лучший священник в колониях есть Креол». По словам Фердинанда, «в образе жизни они [креолы] не различаются от Русских; умственные их способности очень хороши и особенную имеют склонность к механическим работам» [Врангель 1836: 101; Wrangell F. 1980: 15]. Напротив, он был очень критически настроен по отношению к тому, как обращались с коренными народами «в начале покорения страны Русскими». Тем не менее он утверждал, что коренное население в других частях Америки страдало так же, и «прививка Европейской образованности к тем диким обитателям лесов и степей, всегда и везде требовала величайших жертв». Теперь Фердинанд надеялся, что РАК осознает «высокое свое значение... и не упустит времени стереть и последние следы необузданности первых пришельцев в эту страну». Он был уверен, что Компания «в управляющих колониями... найдет всегда усердных споспешествователей всем благим предприятиям» [Врангель 1836: 103–104; Wrangell F. 1980: 16–17].

Несколько парадоксально, но именно во время пребывания Фердинанда на посту губернатора в Ситке была построена стена,

---

[37] Елизавета Врангель — родителям. Ситка. Май 1831 года.
[38] Там же.

оснащенная двумя батареями, для защиты поселения от индейцев-тлинкитов, которые так и не смирились с присутствием европейских колонизаторов на своей земле. Высокая стена из бревен окружала всю «факторию», где проживало большинство белых жителей. Это поселение, возникшее вскоре после основания Ново-Архангельска, прежде было открыто для тлинкитов со всех сторон. По словам Фердинанда, жители были «полностью во власти индейцев», которые «совершали кражи и всякие гадости, вроде загрязнения нашей питьевой воды, нанесения нежелательных визитов по ночам и прочей подобной чепухи». Чтобы улучшить отношения с тлинкитами, Фердинанд принял определенные меры, такие как «ограничение всякого произвола и притеснения со стороны управляющих и партовщиков... [и] удешевление товаров против прежних цен»[39].

Начало сближения тлинкитов и русских произошло в 1821 году, до прибытия семьи Врангель, когда губернатор М. И. Муравьев разрешил тлинкитам из племени *ситка-куана* поселиться у стен Ново-Архангельска.

> Тлинкиты постепенно становились основными поставщиками свежей провизии для русских в Ново-Архангельске. <...> В торговле с тлинкитами русская администрация усматривала действенное средство постепенного подчинения и культурной ассимиляции независимых туземцев, а также способ поддержания с ними мирных отношений.

Хотя к 1830-м годам русско-тлинкитские отношения стали более стабильными, дружеские отношения еще не были установлены. Однако, хотя главной причиной возведения стены вокруг «фактории» было предотвращение ограблений поселения тлинкитами, это также помогло Компании контролировать торговлю в регионе, что внесло существенный вклад в добрососедские отношения между русскими и тлинкитами. Одним из заметных

---

[39] См. сноску в [Тихменев 1978–1979, 2: 374]. См. также: Фердинанд Врангель — родителям Елизаветы. Ситка. 12 ноября 1830 года.

примеров улучшения отношений было то, что белые жители Ситки могли гулять в лесу, не опасаясь нападения тлинкитов, что было немыслимо десятилетием ранее [Гринев 1991: 145–153; Федорова С. Г. 1985: 135].

ДОМАШНЯЯ ЖИЗНЬ ЖЕНЫ ГУБЕРНАТОРА

Когда приближалась ее вторая зима в Ситке, Елизавета родила сына. Это было 25 ноября 1831 года, и ему дали имя Вильгельм. Родители называли его Виллюта. Начиная с поздних стадий беременности тон писем Елизаветы меняется. Возможно, она страдала от послеродовой депрессии, однако удаленность Русской Америки также сыграла в этом свою роль. После рождения второго ребенка она стала чувствовать себя в изоляции. Елизавета теперь была ограничена домашней ролью жены и матери. Когда родилась Мюсхен, все было иначе: Фердинанд присутствовал в ее жизни и физически, и ментально. Он разделил с женой часть ответственности, и они вместе приобретали опыт родительства. Более того, Мюсхен не мешала ей выходить в свет, несмотря на то что зачастую это было трудно. Теперь она чувствовала себя в доме губернатора как в ловушке. В отличие от Анны Фуругельм, Елизавета не воспринимала этот дом как место, приносящее полное удовлетворение. И материнство не поглощало ее полностью. Она также хотела от жизни другого.

Когда лето сменилось осенью, настроение Елизаветы изменилось. Она уже не была такой жизнерадостной, как раньше. Возможно, перемена настроения была связана с поздней стадией ее беременности. Возможно, это было связано с тем, что она провела лето одна дома с Мюсхен, пока Фердинанд был в своей инспекционной поездке по колониям. Или, возможно, новизна Ситки и ее положение первой леди сошли на нет по мере приближения ее первой настоящей осени на Русской Аляске. Фердинанд был очень занят, а у нее не было близких подруг. Ее чувство изоляции усилилось, когда из Охотска прибыло судно с ежегодным грузом почты и газет из Европы. Это было особое время в Ситке, что отмечали несколько путешественников. Загоскин, например, рассказывал об «ожидании почти тысячи человек прихода из Охотска судна, на котором единожды в год доставляются из Европы в американские колонии форменные бумаги, газеты и письма» [Загоскин 1956: 364]. Когда корабль наконец прибыл, весь город был в смятении в течение нескольких недель [Литке 1835; Litke 1987].

Хотя Елизавета старалась быть, как обычно, жизнерадостной, теперь в ее письмах было заметно, что она несчастна. Шутливый тон и ирония исчезли, сменившись тоской по дому. Фердинанд заметил эту перемену в настроении своей жены. В начале 1832 года он написал своему другу Ф. П. Литке о своей тревоге. Он беспокоился, что Елизавета страдает от одиночества и изоляции в Ситке — недуга, который поражал большинство европейцев в Русской Америке. Он старался проводить с ней как можно больше времени, «чтобы прогнать меланхолические мысли и не допустить, чтобы одиночество в Ситке угнетало ее». Однако губернатор был очень занятым человеком, и он сожалел о том, что у Елизаветы не было ни одной подруги, с которой она могла бы провести время [Wrangell F. 1840]. Примерно в то же время губернатор Симпсон из соседней Компании Гудзонова залива выразил схожие опасения по поводу своей жены Фрэнсис. «У нее нет здесь ни общества, ни друзей, ни родных, кроме меня, — писал он, — она не может передвигаться без меня в моих разных путешествиях, и я не могу оставить ее среди чужаков»[40]. Примечательно, что, хотя Фердинанд беспокоился о настроении Елизаветы, по-видимому, она подбадривала его, а не он ее. Когда они собирались покинуть Аляску, Фердинанд признался Литке, как изолированно он себя чувствовал во время своего «изгнания» в Ситке, отрезанный от образованного и просвещенного общества. В это трудное время Елизавета была его настоящим ангелом-хранителем. «Без нее моя душа увяла бы в этот период одиночества, и я бы вернулся домой жалким и бесчувственным мизантропом» [Ibid.].

---

[40] Цит. по: [Kirk 1980: 199]. О трудностях, с которыми сталкивались европейские женщины, приспосабливаясь к жизни на пушном промысле, см. также [Brown 1980: 128–129, 214–215].

Наступило лето 1832 года, и Елизавете снова пришлось остаться в Ситке, пока Фердинанд инспектировал различные части колонии. В письме к мужу она с любовью писала об их детях. Виллюта повредил ногу, а Мюсхен каждое утро спрашивала о своем папе. Тем не менее Елизавета не могла скрыть того факта, что она была несчастна. Только в 10 часов вечера, через целую неделю после его отъезда, она наконец смогла сесть, чтобы написать ему письмо. Ее письмо показывает другую сторону Елизаветы. Храбрая, независимая и энергичная молодая женщина, которая вела сибирский дневник, уступила место человеку, который кажется подавленным, вялым и зависимым. Она также стала более чувствительной и ласковой. На самом деле ее чувства и мысли теперь гораздо больше совпадали с чувствами и мыслями Анны Фуругельм и Маргареты Этолин, когда они оставались одни в доме губернатора во время инспекционных поездок своих мужей[41].

Как и последующие жены губернаторов, Елизавета отчаянно скучала по мужу во время его отсутствия и считала часы до их следующей встречи. Вся ее обычная энергия улетучилась, и ее домашние обязанности пострадали из-за этого. В день отъезда Фердинанда Елизавета легла спать в слезах и не могла найти покоя. В доме было пусто и печально. «Ты не можешь себе представить, каким унылым и одиноким стал без тебя дом, — писала она Фердинанду. — Я нигде не могу найти покоя и не чувствую желания что-либо делать». Несчастье Елизаветы и связанная с ним пассивность вызывали у нее угрызения совести. Она винила себя в том, что спит допоздна, и оправдывала свое поведение тем, что ей трудно засыпать по вечерам. Она также осторожно указывала, что продолжает заниматься домашними делами вне зависимости от того, есть ли у нее на это силы или нет, и смогла сообщить мужу, что начала шить шляпку от солнца для Мюсхен и поработала в саду.

---

[41] Этот и следующий абзацы см. в: Елизавета Врангель — Фердинанду Врангелю. Ситка, 7 июня 1832 года [O'Grady 2001: 206–209]. Немецкий оригинал находится в Эстонском историческом архиве, бывшем Центральном государственном историческом архиве Эстонской ССР, см.: Eesti NSV Riiklik Ajaloo Kesk Archiv. Fond 2057. Nim I S.–ü. 494.

Однако одиночество было не единственной проблемой Елизаветы. Подобно Маргарете Этолин и Анне Фуругельм, Елизавета беспокоилась, что что-то может случиться с ее мужем или с ее семьей в Эстонии, пока Фердинанд будет в отъезде. Она нашла несколько забытых писем из дома, которые утешали ее в одиночестве, но также вызывали чувство тоски по дому. «Я была тронута, увидев почерк матери, — он был мне так дорог — моей сестры Паулины и тети Ленхен. Их приветствия, казалось, доходили до меня и утешали меня в моем одиночестве без тебя», — писала она Фердинанду. В одном из редких проявлений своих самых сокровенных чувств Елизавета написала о своей любви к мужу, добавив на прощание нехарактерно нежные слова: «Я обнимаю тебя от всего сердца, которое наполнено невыразимой тоской по тебе, которому я обязана всем прекрасным в моей жизни»[42].

В то время как Маргарета тосковала по дому с первого дня своего прибытия в Ситку, у Елизаветы и Анны это чувство развилось позже. Обе начинали с чувства возбужденного ожидания и обе в итоге почувствовали себя изолированными и сильно тосковали по дому. Тем не менее они очень по-разному реагировали на свои чувства. В то время как Анна отвернулась от общественной жизни и сосредоточилась на доме и семье, Елизавета даже не рассматривала этот вариант. Для нее роль матери и хранительницы домашнего очага была недостаточной, чтобы чувствовать себя счастливой и самореализованной. Она нежно любила своих детей, и они, безусловно, приносили ей радость, но они не были центром ее существования как личности, в отличие от того, как к своим детям относилась Анна. Елизавета так и не смирилась со своей ролью матери в Ситке. Отчасти это было вызвано особыми обстоятельствами в колониях, но также это было связано с ее характером и ожиданиями. Материнство вступило в конфликт с ее потребностью в свободе и стремлением к интересному общению. Частный мир был

---

[42] Елизавета Врангель — Фердинанду Врангелю. Ситка, 7 июня 1832 года [O'Grady 2001: 206–209].

слишком тесен, по крайней мере в Ситке, где она чувствовала себя изолированной от внешнего мира. При любой возможности, вместо того чтобы оставаться в Ситке, она сопровождала Фердинанда в его инспекционных поездках в такие места, как Кенай, Кадьяк и Форт-Росс.

Елизавета, по-видимому, олицетворяла собой период перехода между XVIII и XIX веками с точки зрения гендерных ролей. Понятие биологической детерминированности женской природы и представление о естественной связи между матерью и ребенком начали появляться как в центре России, так и на прибалтийской периферии в начале XIX века. В конце XVIII — начале XIX века ряд книг с советами для молодых женщин были переведены на русский и немецкий — родной язык Елизаветы. Идеология отдельных сфер, которая уже укрепилась среди белых женщин среднего и высшего классов в Великобритании и Северной Америке, начала доминировать в представлениях о гендерных ролях и в России. Как и на Западе, и с частыми цитатами из западной литературы, женщинам предписывалось готовить себя к домашним обязанностям и избегать дурного влияния, возникающего в результате более активного участия в общественной жизни. В первые десятилетия XIX века историки отмечали ослабление женского авторитета в семье[43]. Елизавета Врангель едва ли соответствует предписанному идеалу женщины XIX века, женщины, которая боготворила свою семью и считала материнскую любовь величайшей любовью в жизни женщины [Fowler 1982: 189–190, 195]. Она гораздо больше похожа на матерей XVIII века, таких как Элизабет Симко, которая очень мало писала о своих детях во время своего пребывания в Северной Америке, чем на таких, как леди Дафферин, жена лорда Дафферина, генерал-губернатора Канады, или Анна Фуругельм — матерей XIX века, чьи дневники были посвящены их детям. Само

---

[43] О ситуации в России см. [Kelly 2001: 31, 53, 62–65, 68, 122–123, 128, 181]; о ситуации в Прибалтике см. [Whelan 1999]. Немецкое дворянство в Прибалтике прежде всего находилось под влиянием немецкой, французской литературы.

собой разумеется, было бы неправильно делать вывод о том, что чувства Елизаветы к своим детям были менее сильными, чем у Дафферин и Фуругельм. Скорее, мы имеем дело с разными концепциями материнства и женственности, а также с разными практиками ведения дневника.

В конце августа 1832 года в доме губернатора в Ситке произошла трагедия. После непродолжительной болезни Мюсхен внезапно и неожиданно умерла в возрасте двух лет. Фердинанд описал свое горе в письме к своему близкому другу Литке, сказав, что в течение 28 месяцев, проведенных на этой земле, Мюсхен была гордостью и отрадой своих родителей. Не найдено ни дневника, ни писем, в которых Елизавета рассказывала бы о своем горе. Тем не менее это трагическое событие, должно быть, усилило ее чувство изоляции и тоски по семье и друзьям в Эстонии. По словам Фердинанда, Мюсхен была «радость[ю] озабоченной матери на трудном пути из Сибири, утешение[м] ее в первые годы нашей жизни в Ново-Архангельске» [Врангель 1971: 191]. Тот факт, что смерть Мюсхен произошла на отдаленном форпосте Ситка, означал, что Елизавете пришлось пережить потерю своего первенца без поддержки семьи и друзей. Ей также пришлось смириться с тем, что ее дочь будет похоронена в отдаленном месте, в могиле, которая останется без присмотра родителей и родственников, которые никогда не смогут посетить место ее последнего упокоения. По словам Фердинанда, она обрела «вечный покой в этом изолированном и Богом забытом месте»[44].

Через 18 месяцев после кончины Мюсхен Елизавета упомянула о смерти своей дочери в письме. Ее сын Вильгельм недавно оправился от серьезной болезни, которая заставила Елизавету опасаться и за его жизнь. «Я была напугана до смерти, — призналась она, — и на какое-то мучительное мгновение мне привиделось, как Виллюта занял место рядом с могилой Мюсхен. Оставить двоих детей в этой безнадежной изоляции казалось слишком

---

[44] Врангель — Литке. Ситка. 25 августа 1832 года, см. в [O'Grady 2001: 210].

большим испытанием для моей материнской любви»[45]. К счастью, Вильгельм избежал участи Мюсхен, но это был первый раз, когда Елизавета открыто заговорила о своей материнской любви, по крайней мере в дошедших до нас письмах. Ее любовь к детям можно увидеть и в других случаях, например, когда она восстанавливалась на горячих источниках недалеко от Ситки, готовясь к долгому путешествию обратно в Европу летом 1835 года. В письме Фердинанду она выразила свою тоску по сыну и попросила его: «…тысячу раз поцелуй за меня моего маленького Виллюшу. Я действительно ужасно по нему скучаю»[46].

К тому времени, когда Елизавета написала своей матери в середине января 1834 года, ее отношение к Ситке претерпело значительные изменения по сравнению с первым годом. Письмо было приурочено ко дню рождения ее матери, что сделало еще более очевидным расстояние, отделявшее ее от семьи и друзей. «Сегодня мои мысли с тобой больше, чем когда-либо, и разлука тоже тяготит меня сильнее. О, пусть Бог сохранит тебя для счастья нашей семьи и тех, кто рядом с тобой!» Весь день она думала о том, что может происходить дома и как они празднуют это событие. Трудно было смириться с тем, что ей придется ждать по крайней мере девять долгих месяцев, прежде чем она сможет получить письмо из дома. Хотя время ее путешествия домой уже приближалось, Елизавету периодически одолевала сильная тоска по дому. Она писала: «…моя тоска по всем вам охватывает меня с такой силой, что я понятия не имею, как долго смогу выносить разлуку». Когда ей наконец удалось сказать: «…в следующем году мы уезжаем!», она была вне себя от радости: «Одна мысль об этом заставляет мое сердце биться чаще»[47].

---

45 Елизавета Врангель — Натали де Россильон. Ситка. 16 января 1834 года, см. в [O'Grady 2001: 216–217]. Немецкий оригинал письма см. в [Wrangell Wilhelm 1940].

46 Елизавета Врангель — Фердинанду Врангелю. Дранишникополь. 10 августа 1835 года, см. в [O'Grady 2001: 224–226]. Немецкий оригинал письма см.: Эстонский исторический архив. Ф. 2057.

47 Елизавета Врангель — Натали де Россильон. Ситка. 16 января 1834 года, см. в [O'Grady 2001: 216–217]. Немецкий оригинал письма см. в [Wrangell Wilhelm 1940].

В последнем письме Елизаветы из Русской Америки к ней вернулись шутливый тон и живость характера. Это видно уже по названию, которое она дала горячим источникам, где она отдыхала, чтобы набраться сил для путешествия домой через Мексику. Она назвала это место Дранишникополь в честь близлежащей горы Дранишникова, что сделало это место похожим по звучанию на модный европейский спа-курорт. Письмо было написано в августе 1835 года, примерно за месяц до того, как они отправились домой. Она все еще была одинока и тосковала по Фердинанду, своей «единственной и неповторимой любви», и маленькому Вильгельму, но она была гораздо спокойнее и больше не впадала в отчаяние. Письмо заканчивалось самоироничными, но любящими словами: «Прощай, мой друг. Люби меня вечно и не забывай меня, несмотря на то что я навсегда останусь твоей старой, глупой и тощей Лизи»[48].

Накануне отъезда из Ситки, когда их багаж уже был отправлен вперед на корабле, направляющемся в Европу, стало казаться, что они все-таки не смогут уехать. Нового губернатора Ивана Антоновича Купреянова, который должен был сменить Фердинанда, нигде не было видно. В этот момент они «поневоле примирились с жестокою мыслью отложить возвращение в Россию на целый год, а может быть, и долее» [Там же: 190]. Но затем, 25 октября, на горизонте показалось судно, и наконец новый губернатор и его молодая жена Юлия прибыли после рекордно долгого [продолжавшегося 60 дней] перехода из Охотска. Фердинанд выразил их чувства в своем путевом журнале:

Переход от неприятного к радостному — скажу: от отчаяния к избытку удовольствия — едва ли может быть разительнее того, какого при сем случае мы испытали: лишенные надежды, занимавшей нас многие годы в изолированном нашем отдалении, нам вдруг оную возвращают [Там же: 191][49].

---

48 Елизавета Врангель — Фердинанду Врангелю. Дранишникополь. 10 августа 1835 года.

49 См. также [O'Grady 2001: 228].

ДОМОЙ!

Когда пришло время окончательного прощания, нашлось место и для ностальгии. Первые годы своего брака Елизавета и Фердинанд провели в Русской Америке и оставили своего первенца в одинокой могиле в Ситке. Воспоминания о Мюсхен всегда будут связаны с Русской Америкой. Также было расставание с друзьями, «с которыми делили и печаль, и радость» колониальной жизни [Там же].

Елизавета обладала определенными качествами, которые помогали ей выполнять свои обязанности жены губернатора в Русской Америке, но эти же качества не так хорошо проявлялись в ее роли домохозяйки. Ее очарованность свободным, диким и чужеземным, ее страсть к приключениям и героям, ее веселый и живой характер, ее интерес к другим людям были чертами, которые помогали ей справляться со многими трудностями и ладить с людьми, с которыми она сталкивалась в колонии. Однако ее живость и общительность затрудняли ей жизнь — в качестве жены губернатора, в изоляции и одиночестве в Ситке. Жена губернатора должна была обладать не только светскими манерами, но и способностью переносить одиночество, что редко встречается в одном человеке. Если бы Елизавета была более удовлетворена заботой о доме и семье, а не чувствовала себя ограниченной этой задачей, ее жизнь была бы легче. Вместо этого Елизавета изменилась в Русской Америке. Когда она приехала, она была жизнерадостным, смелым и оптимистичным человеком, но всего через год она превратилась в серьезную, обеспокоенную и чувствительную женщину. Однако по мере приближения обратного путешествия она начала становиться прежней. По возвращении в Европу ее меланхолия, похоже, исчезла. Много лет спустя ее сын Фердинанд, родившийся в Эстонии в 1844 году, хорошо помнил, как его мать, несмотря на то что страдала от неизлечимой болезни, «всякий раз, когда боль утихала, была солнечным центром [семьи], который излучал счастье и радость на окружающих»[50]. Семья Врангель отправилась домой

---

[50] Фердинанд Врангель. Acta Wrangeliana. 1965. № 29, 1965. S. 22.

через Мексику и Нью-Йорк и прибыла в Кронштадт 4 июня 1836 года. Фердинанд описал путешествие через Мексику из Сан-Бласа в Мехико и оттуда в Халапу, на высоте 5000 футов над уровнем моря, и наконец 3 апреля 1836 года они достигли Вера-круса. Местность была неровной, жилье — плохим, а температура — высокой. Их постоянно предупреждали о «разбойниках» — ворах и грабителях, но «с ними не произошло никакой беды». Фердинанд считал, что их путешествие «с Охотскою дорогою и сравнить нельзя... [где] труды и опасности на каждом шагу, — здесь [в Мексике] ни того ни другого, притом постоянная добрая погода». Елизавета, по-видимому, не оставила никаких отчетов о путешествии, но, похоже, не жаловалась мужу, несмотря на то что на начало путешествия находилась на втором месяце беременности. «Моя жена нисколько не была утомлена этою ездою, — писал Фердинанд в своем дневнике, — и сынок во все время был превеселый» [Там же: 215]. Фердинанд написал критические комментарии о Мексиканской конфедерации, указав на совершенную безнравственность белого населения как на корень всего зла. Он обвинил их в том, что они держат «цветных людей» в подчинении, и описал их как «жадных к приобретению богатства», эгоистичных и меркантильных. «Людей индейского происхождения», напротив, он описал как учтивых. «Они... мягкого нрава, не плуты, ими управляться весьма легко, храбры и стойки с хорошими офицерами, крепки телом». При этом Фердинанд похвалил мексиканцев за их чистоплотность, сказав о жителях деревни Санта-Изабелла, что «посуда и кушанья всегда чисто и опрятно. Эта странная противоположность с русскими избами!» [Там же: 207–208, 212][51]. 16 июня 1836 года Елизавета наконец прибыла в летний дом своей семьи в Эстонии. Фердинанд должен был остаться в Санкт-Петербурге, но Елизавета торопилась. Девять дней спустя она родила сына Николая, который умер в раннем детстве [Wrangell Wilhelm 1940: 88]. Поскольку это печальное событие еще было в будущем, Елизавета провела счаст-

---

[51] Путевой дневник Ф. П. Врангеля, см. также [Врангель 1971: 254–256; O'Grady 2001: 248–250, 254].

ливое лето вместе с семьей и друзьями, но в конце концов поселилась в Санкт-Петербурге, где Фердинанд служил в Российском императорском флоте и был одним из директоров Российско-Американской компании. По словам Фердинанда, ни ему, ни Елизавете не нравилась жизнь в российской столице. Что еще хуже, здоровье Елизаветы страдало от плохого климата Санкт-Петербурга[52]. Когда в 1840 году Фердинанд приобрел поместье Руиль, или Роэла, у своего тестя, они решили вернуться в Эстонию. Помимо беспокойства по поводу ухудшающегося здоровья Елизаветы и общего недовольства жизнью в столице, они хотели дать своим детям основательное прибалтийско-немецкое воспитание. Фердинанд продолжал свою службу на флоте и в РАК, но в 1848 году, через год после получения звания вице-адмирала, он подал в отставку. Освободившись от утомительной жизни чиновника в Санкт-Петербурге, он теперь мог проводить время в загородном имении со своей семьей. По воле судьбы в том же году их две младшие дочери стали жертвами эпидемии скарлатины. У супругов было девять детей, но четверых они потеряли. Их младшая дочь, Ева, родилась в 1850 году. Четыре года спустя, в возрасте 44 лет, Елизавета скончалась, оставив на мужа заботу о пятерых маленьких детях: Вильгельме, Петере, Елизавете, Фердинанде и Еве. Фердинанд пережил свою жену на 16 лет. Он больше не женился [O'Grady 2001: 275–279].

---

[52] См. главу 4 в [Wrangell Wilhelm 1940: 88].

Часть II

МАРГАРЕТА
ЭТОЛИН

Юхан Эрик Линд. Портрет Маргареты Этолин. Холст, масло. 1839.
Национальный совет по древностям. Хельсинки, Финляндия

Холодная суббота октября 1841 года в Ситке, далеком форпосте Российско-Американской компании на Аляске. Жена губернатора колонии Маргарета Этолин сидела в детской дома губернатора у постели своего полуторагодовалого сына Эдварда. Ее маленький мальчик болел больше недели и не подавал никаких признаков выздоровления. Маргарета чувствовала себя все более подавленной. Пока ее сын дремал рядом с ней, она искала утешения в Библии. Она наткнулась на отрывок о том, как во времена скорби нужно славить Господа и искать в Нем прибежища. Бог желал, чтобы отчаявшиеся приходили к нему, чтобы Он мог помочь и утешить их. Те, кто был тверд в своей вере, в свое время получат утешение. Страх был тщетным чувством, искушением.

> О, как теплится надежда в самом скорбящем сердце! Насколько вы готовы истолковывать слова и обетования Божьи согласно желаниям вашего собственного слабого сердца. В этих словах я, казалось, слышала глас Божий, говорящий мне, что мое дорогое дитя не умрет, что его не отнимут у меня, и какие блаженные слезы я пролила при этой мысли.

Но, продолжая читать, Маргарета дошла до отрывка, в котором говорилось, что спасению лучше всего способствует умение переносить боль и страдания. Господь сказал: «То, что я дал, я могу забрать обратно, когда мне это будет угодно. То, что я дал, мое, и, когда я заберу это обратно, я не возьму того, что принадлежит тебе». Читая эти строки, Маргарета внутренне сжалась.

> Затем вернулся страх, что мой Эда может умереть, и я отрезала прядь его волос и положила ее в Книгу, около первого абзаца, а он, Ангел, все еще спал; затем меня пронзила холодная мысль, что, возможно, это последний локон, который

ты когда-либо срежешь с головы живого мальчика, и я быстро взяла еще один, но затем он проснулся, потому что моя рука дрожала, и, возможно, слеза упала на его маленькую головку. «Мамочка», — сказал он тихим жалобным голосом и протянул мне свою тонкую, изможденную ручку — и его слабый взгляд все еще выражал нежность — но вскоре он закрыл глаза... когда держал меня за руку. О, Боже мой! Тогда я попросила пощады для моего бедного малыша!!! Боже мой! Боже мой, прости меня![1]

---

[1] Дневник Маргареты Этолин. 21 ноября 1841 года.

Глава 3
Из Хельсинки в Ситку

Маргарета Хедвиг Юханна Этолин (1814–1894) родилась в приходе Янаккала, Тампере, в Финляндии. Она была дочерью судьи Исаака Сундваля и Маргареты Ловисы Грипенберг, принадлежавших к шведоязычному дворянству Финляндии. Маргарета провела свою юность в Оулу (*швед.* Улеаборг), который, хотя и был провинциальным городом, был известен своей бурной культурной и интеллектуальной жизнью. Тем не менее ее мать считала, что Маргарете нужно расширить свои горизонты. Таким образом, она часто привозила ее в Стокгольм, где ее тетя, Анетта фон Шульц, познакомила ее с культурной жизнью шведской столицы[1]. После смерти отца летом 1836 года Маргарета со своей матерью переехали в Хельсинки. Маргарета, которой теперь был 21 год и которая работала учительницей французского языка в школе своего дяди, вскоре стала одной из дам-литераторов в Хельсинки. Ее часто видели в литературных кругах города вместе с ее кузинами Софией и Луизой Лангенскёлд. В декабре 1838 года она встретила своего будущего мужа, Адольфа Этолина, на рождественском балу в Хельсинки. На Рождество ей исполнилось 24 года; ему было сорок, и он недавно был назначен главным правителем Русской Америки[2].

---

[1] Анетта фон Шульц была бабушкой Анны Фуругельм, а это значит, что Маргарета Этолин была двоюродной сестрой отца Анны.

[2] Он поступил на службу в РАК еще в 1817 году и впервые прибыл в Ситку в 1818 году, когда главным правителем был Баранов.

Их помолвка стала притчей во языцех. Кузина Маргареты, София Лангенскёлд, писала Августе Лундаль:

> Молли [Маргарета] Сундваль помолвлена с так называемым американцем, лейтенантом Этолином, главным управляющим русскими владениями в Северной Америке. Свадьба состоится весной, а затем они отплывут в Ситку, чтобы прожить там 5 лет! <...> Скоро океан разлучит ее с матерью и друзьями, со всем, что ей дорого на земле, — а для тех, кто останется, это как если бы их друг умер на эти пять лет, так как почта из Охотска приходит не чаще одного раза в год[3].

Через полгода, во вторник, 18 июня, в 8 часов вечера, Адольф и Маргарета поженились[4].

После свадебной церемонии пара отправилась прямиком в Санкт-Петербург, где Маргарету представили Елизавете Врангель, которая на тот момент была женой президента правления РАК. В качестве жены бывшего губернатора она проинформировала Маргарету об обязанностях, которые ей предстояло выполнять в качестве первой леди Компании в Ситке [Furuhjelm 1932: 119]. Одной из ее главных задач было руководство школой для девочек-креолок, к выполнению которой ее образование и опыт работы в качестве учителя в *Gripenbergs skola för gossar och flickor* (Школа Грипенбергов для мальчиков и девочек) хорошо ее подготовили[5].

Построенный в Финляндии российско-американский корабль «Николай I», который должен был доставить супругов Этолин на Русскую Аляску, вышел из Кронштадта 21 августа 1839 года и прибыл в южную гавань Хельсинки 2 сентября. Двенадцать дней спустя, 14 сентября, «Николай I» снялся с якоря и отправился в девятимесячное путешествие в Ситку. Помимо Маргаре-

---

[3] Цит. по: [Furuhjelm 1932: 79].

[4] Приглашение на свадьбу, адресованное Катарине Грипенберг. Документы семьи Этолин. Частная коллекция.

[5] Прогрессивная школа, которой управляли ее дядя и тетя; см. также [Enckell, Hanka 2004].

ты, Адольфа и их слуг — камердинера Карла Энберга, молодого лакея Йохана Карлсона и горничной Хенрики Сальстрём, на судне было еще несколько финнов. Среди них был лейтенант Юхан Бартрам, назначенный РАК шкипером и заместителем губернатора. Он путешествовал со своей молодой женой, которую тоже звали Маргарета, своей молодой невесткой Ульрикой Вильгельминой Шварц, их горничной Кайсой Леной Руут и слугой Йоханом Форстеном. Другим пассажиром был Рейнгольд Сальберг, молодой натуралист и врач, который совершал путешествие, чтобы собрать коллекцию зоологических и ботанических предметов вместе со своим помощником Карлом Густавом Розенбергом. Также на судне была госпожа Анна Маргарета Оман, нанятая для ведения домашнего хозяйства у семьи Этолин в Ситке, и ее дочь Элиза [Enckell 2002a].

Маргарета Этолин была особенно рада, что Уно Сигнеус, который стал первым пастором лютеранской церкви в Ситке, путешествовал вместе с компанией. Он проводил богослужения для лютеран на борту по воскресеньям и праздникам [Harjunpää 1968: 130]. Адольф Этолин убедил правление РАК, что в Ситке нужна лютеранская церковь для прихожан-лютеран [Engman 2007: 29; Harjunpää 1968: 130; Pierce 1986: 24][6]. Был сделан официальный запрос, который был удовлетворен императором Николаем I в 1839 году. Православная церковь сначала возражала, но не могла игнорировать тот факт, что почти треть европейских рабочих и ремесленников, работавших на РАК в колониях, были лютеранами[7]. Капитаном судна был Николай Кондратьевич Кадников. Другими русскими на борту были штабс-капитан Александр Сергеев, собиратель коллекций для Императорской академии наук Илья Гаврилович Вознесенский, «повивальная

---

[6] См. также [Enckell 1996: 1, 5, 9–10, 14].

[7] В 1839 году в РАК работало не менее 150 лютеран, что означало, что треть европейской рабочей силы составляли нерусские. Многие из них были финнами, работавшими ремесленниками, учителями, священниками, врачами, геологами и моряками [Enckell 2001: 108; Enckell 1996; Olin 1995; Engman 2007: 26–32].

бабка», акушерка Домна Андреевна и хирург. Судовой врач Александр Данилович Романовский был поляком. Он должен был служить в колонии лекарем. Однако во время путешествия многие утратили веру во врачебные способности Романовского, и молодому натуралисту Сальбергу пришлось несколько раз его подменять. Именно Сальберг, предположительно с помощью акушерки, помогал Маргарете, когда она рожала на борту судна[8]. Судно прошло через Копенгаген, Портсмут, Рио-де-Жанейро и Вальпараисо. В Рио-де-Жанейро Этолин купил для колониальной флотилии бриг, на котором отплыл в Вальпараисо, где лейтенант Бартрам встал у руля и прошел последний отрезок пути до Ситки. Оба судна прибыли в Ситку в начале мая.

ОКЕАНСКИЕ ПУТЕШЕСТВИЯ

На борту судна «Николай I» Маргарета начала вести дневник. Первое, что бросается в глаза читателю дневника, — это отсутствие у Маргареты воодушевления по поводу удивительного путешествия, которое ей предстояло совершить через половину земного шара, что резко контрастирует с путевым дневником Елизаветы Врангель. Дело было не только в том, что жизнь на море была однообразной или что ее все время мучила морская болезнь. Для Маргареты Этолин путешествие в Русскую Америку было связано с сильным чувством неуверенности и страха: страха перед тем, с чем она столкнется в Новом Свете, а также страха перед тем, что может случиться с ее близкими дома в ее отсутствие. Она боялась долгой разлуки с семьей и друзьями. Особенно тяжело далась ей разлука с ее дорогой матерью[9]. Как и многие другие молодые женщины ее сословия и культурного уровня в этот период, Маргарета была очень близка со своей матерью. Ожидалось, что девочки из среднего и высшего классов XIX века будут иметь близкие отношения со своей матерью, но это не обязательно де-

---

[8] Ни Сальберг, ни Маргарета не упоминают акушерку [Sahlberg 2007: 156, 158].

[9] Дневник Маргареты Этолин. 29 сентября 1839 года. Ее отец умер еще в 1836 году [Enckell 2003: 91].

лало их чувства менее реальными. В письмах и дневниках эти молодые женщины часто свидетельствовали об интенсивности отношений матери и дочери. Дочери писали о своей огромной потребности в матерях и о своем страхе остаться без материнского совета. Слова, используемые для описания матерей, были очень ласковыми. Взаимное доверие и дружба составляли основу этих особых отношений, но матерей часто, по-видимому, идеализировали [Sigourney 1839; Sigourney 1867; Briggs 1847][10]. Выйдя замуж за губернатора Русской Америки, Маргарета знала, что не увидит свою мать более шести лет. Она беспокоилась, что обидела свою слабую мать, оставив ее одну. Однажды вечером перед свадьбой Маргарета сказала ей: «Только скажи, и я останусь», но ее мать ответила: «Боже, защити меня от такого безумия» [Gulin 1943: 15]. Тоска Маргареты по матери ярко выражена в ее дневнике. В море в начале нового, 1840 года она размышляла о прошедшем годе, который был наполнен «и болью, и радостью», потому что он напоминал ей о том времени, когда она была дома со своей матерью, и в то же время наполнял ее тревогой о будущем.

> Старый год был дорог мне, потому что он начался рядом с Ней, которая была моим первым, самым дорогим и самым верным другом — всем для меня — моей матерью! — но он был также и горьким — ! В течение всего этого времени я была разлучена с ней — и пройдет много-много лет, прежде чем она сможет раскрыть мне свои объятия. Но с каждым годом, который проходит в разлуке, — мое сердце будет радоваться, что прошел еще один год, и таким образом я буду еще на один год ближе к воссоединению; да — к воссоединению![11]

Закончив запись в дневнике, Маргарета завернулась в шаль своей матери и села писать ей, но она была слишком расстроена,

---

[10] Среди исследовательской литературы на эту тему можно выделить [Davidoff, Hall 1987: 340–341; Welter 1976: 7; Theriot 1996: 64; Smith-Rosenberg 1975: 15; Chodorow 1978; Rundquist 2001: 68].

[11] Дневник Маргареты Этолин. 4 февраля 1840 года.

чтобы сосредоточиться. После нескольких неудачных попыток изложить свои мысли на бумаге ей пришлось сдаться. Она писала в своем дневнике, что не может справляться со своими сильными эмоциями, зная, что взгляд ее матери будет останавливаться на сделанных ею штрихах, что рука ее матери коснется листа бумаги, на котором покоилась ее собственная рука в другой части света. Она не хотела писать, когда была слишком расстроена, потому что ее письма скорее обеспокоили бы ее мать, чем доставили ей радость. Таким образом, письма Маргареты не могли выразить ту горькую, глубокую боль, которую она иногда испытывала, и она держала свои чувства при себе. Только в своем дневнике она могла признаться, «сколько чувств страха и надежды возникают и подавляются, так и не будучи сформулированы словами!»[12]

В отличие от Елизаветы Врангель, которая считала путешествие в Русскую Америку великим приключением и начала тосковать по дому только после нескольких месяцев, проведенных в Ситке, Маргарета с самого начала испытывала тоску по дому. Уже когда они проплывали мимо острова Готланд в Балтийском море, она отметила в своем дневнике, что «на долгие годы, возможно, навсегда» она «попрощалась со [своей] любимой родной землей»[13]. Анна Фуругельм, которая пошла по стопам Маргареты и стала впоследствии женой губернатора, также скучала по своей матери, отправляясь на Аляску, но она была вне себя от радости, что вышла замуж, и предвкушала новую жизнь, которую сулил брак. Маргарета была менее авантюрной, чем Елизавета, и менее наивной, чем Анна. Поэтому из всех троих она была единственной, кто, по-видимому, был глубоко несчастен из-за путешествия в Новый Свет. 12 ноября, после двух месяцев путешествия, она все еще тосковала по дому. Была ясная ночь, и она послала привет «[своей] далекой родине» со звездами, которые светили и ей, и ее близким дома[14].

---

[12] Там же.

[13] Дневник Маргареты Этолин. 14 сентября 1839 года.

[14] Дневник Маргареты Этолин. 12 ноября 1839 года.

Очевидно, что отъезд был связан с негативными чувствами — страхом, горем и тоской по дому. Маргарета постоянно страдала от угрызений совести из-за того, что не была более восторженной и не находила полного удовлетворения в супружеской жизни. С самого начала ее замужества существовал конфликт между ее критическим складом ума и ее пониманием женственности, которое было сформировано предписаниями о терпеливой и покорной домохозяйке. Елизавета Врангель тоже все анализировала и подвергала сомнению, но это не противоречило ее представлению о женственности. К счастью для Маргареты, она привезла из дома то, что давало ей утешение. Маргарета была глубоко религиозной и несла свою веру с собой: веру, которую привила ей мать и которая позволяла Маргарете чувствовать свою связь с матерью через океан. Каждый вечер она читала молитву, которой ее научила мать, и была благодарна за то, что узнала от матери, как «найти путь, ведущий к спасению!»[15] В начале XIX века религиозное образование ее детей было одной из важнейших обязанностей матери-протестантки из среднего и высшего классов. Духовное и нравственное образование считалось священным долгом этих матерей, особенно для дочерей, которые обычно получали образование дома[16].

В первое воскресенье на борту судна «Николай I» преподобный Сигнеус отслужил церковную службу в каюте губернаторской четы. Маргарета была очень довольна проповедью, которая произвела на нее глубокое впечатление[17]. Однако больше всего она ценила личные моменты уединения с Адольфом, когда он читал ей проповедь. Эти «мирные и личные моменты преданности, разделенные с ним, имеют неизмеримую ценность для моего сердца», — писала она.

---

[15] Дневник Маргареты Этолин. 31/19 января 1841 года. Понедельник, вторая половина дня. Маргарета иногда указывала даты своих дневниковых записей как по григорианскому, так и по юлианскому календарю, который использовался в России. В XIX веке разница между календарями составляла 12 дней.

[16] См. [Davidoff, Hall 1987: 340; Rundquist 2001: 68; Bellaigue 2010: 151; Heywood 2010: 3].

[17] Дневник Маргареты Этолин. 15 сентября 1839 года.

Знание того, что они, как муж и жена, разделяют одну и ту же веру, давало ей надежду и уверенность[18]. Подобные чувства позже помогли Анне Фуругельм в ее одиноком отчаянии.

Хотя Маргарета чувствовала себя в Финляндии как дома, она также считала Европу своим домом. Когда они причалили в Копенгагене, ее поразила мысль, что Дания была последней европейской страной, которую она увидит за много лет. «Что же мы почувствуем, когда снова увидим эту страну, проведя столько лет на другом континенте?» — спросила она себя. По возвращении оставалось всего несколько дней, прежде чем они снова окажутся в кругу друзей, но «теперь уже через 6 лет!»[19] Вместо того чтобы с нетерпением ждать всего, что ей предстояло испытать в ближайшие годы, Маргарета уже думала об обратном путешествии. Для нее это было путешествие прочь от дома, а не к новым впечатлениям. Однако по воле судьбы ей пока не пришлось покидать Европу.

Из-за сильного встречного ветра «Николаю I» пришлось 10 октября встать на якорь между Портсмутом и островом Уайт. В тот же вечер пассажирам сообщили, что рейс из Портсмута в Лондон может быть совершен за девять часов. Адольф и Маргарета решили, что, если на следующий день ветер не стихнет, они воспользуются возможностью увидеть британскую столицу. Поскольку следующим утром ветер был все еще сильным, они сошли на берег острова Уайт; сначала на пароходе, затем в дилижансе и, наконец, по железной дороге они приехали в Лондон. Ожидая отправления дилижанса в Госпорте, супруги Этолин позавтракали с российским консулом. Маргарета с любопытством отметила, что все дома на улице примыкали друг к другу и были разделены только вестибюлем или лестницей. Когда ее пригласили осмотреть некоторые из этих домов изнутри, она заметила, что мебель была расставлена посередине комнаты и что на каждом столе лежало множество мелких предметов, таких как книги, музыкальные инструменты, наборы для шитья, гравюры, медали и т. д. Тем не менее она пришла к выводу, что «здесь царят

---

[18] Дневник Маргареты Этолин. 17 и 21 ноября 1839 года.

[19] Дневник Маргареты Этолин. 29 сентября 1839 года.

безупречная опрятность и порядок». Путешествуя по английской сельской местности, Маргарета была впечатлена живыми изгородями, стенами, покрытыми виноградной лозой, изумрудными полями и «милыми сельскими жилищами», которые «говорили о благословенном процветании» и «счастливых преуспевающих людях». Она нашла англичан красивыми, особенно детей. Они хорошо вписывались в очаровательный пейзаж, который разворачивался по обе стороны дороги[20]. Возделанная сельская идиллия, по которой они путешествовали, резко контрастировала с «невозделанной», «нецивилизованной» средой, к которой они направлялись в Новом Свете.

Когда Маргарета и Адольф прибыли в Лондон, они поселились в отеле Webb's на Пикадилли. Маргарета была очарована этим великим городом, «центром промышленности и трудолюбия» и «мировым торговым городом». Вечером она впервые попробовала устриц и нашла их настолько вкусными, что съела семь. Они пошли в Ковент-Гарден на театральную постановку одной из ранних комедий Шекспира «Бесплодные усилия любви». Маргарета была впечатлена театром, но в зале ей было чрезвычайно жарко. На следующий день они посетили Somerset Place (то есть Сомерсет-Хаус на реке Стрэнд), где в офисах адмиралтейства посмотрели модели английских военных кораблей. В Лондонском королевском обществе они осмотрели коллекцию из трех образцов деревьев из британских владений в Новом Свете, которая произвела на Маргарету сильное впечатление. Они с Адольфом решили начать собирать подобную коллекцию различных деревьев во время своего путешествия[21]. Это решение придало новый смысл ее путешествию. Собирая образцы деревьев, они могли бы принять участие в продвижении всеобщих знаний и картографировании Нового Света.

Из Сомерсет-Хауса они поспешили посмотреть на «восьмое чудо света»: новый туннель под Темзой, который тогда строился между Ротерхитом и Уоппингом и вызывал огромный интерес.

---

[20] Дневник Маргареты Этолин. 12 ноября 1839 года.

[21] Там же.

Маргарета была полностью ошеломлена этим доказательством способности человечества «подчинить себе природу», чтобы двигаться вперед. «Удивительное упорство [позволило] преодолеть препятствия, которые природа воздвигла, чтобы остановить... проникновение человека в скрытое чрево Земли». Хотя она нашла туннель действительно впечатляющим, она также отметила, что плата за вход взималась только за то, чтобы просто посмотреть на него. Это было справедливо для всего в Англии. «Это почти тот самый случай, когда за каждый глоток воздуха, которым вы дышите, нужно платить»[22].

Затем супруги Этолин посетили собор Святого Павла. Маргарета нашла собор необыкновенным и выразила сожаление, что их плотный график не позволил ей изучить его как следует. После обеда они отправились смотреть на самые красивые дома и улицы Лондона, а также на «большие, редко засаженные поля, которые называются парками»[23]. Парк, который Маргарета нашла самым красивым, был Риджентс-парк. Ей нравилось, что внутри парка был зоопарк со всевозможными птицами, от разноцветных тропических попугаев до финских глухарей и тетеревов. Она отметила в своем дневнике, что некоторые птицы сидели в «маленьких садах, окруженных сетками», а другие плавали в прудах. Ей хотелось бы немного задержаться, бросая хлебные крошки маленьким птичкам, но им снова пришлось поспешить, чтобы увидеть других экзотических животных со всего мира. С наступлением сумерек пришло время уходить, и Маргарета молча попрощалась «со всем прекрасным и замечательным с нескольких континентов, что находилось в Риджентс-парке»[24].

Вернувшись на борт «Николая I», Маргарета начала проявлять интерес к неизведанному миру, в который они теперь вступали. Каждый день она отмечала дневную температуру. Она также нанесла курс корабля на свою собственную карту и отметила, когда 15 ноября 1839 года они прошли Северный тропик. Она

---

[22] Дневник Маргареты Этолин. 17 ноября 1839 года.

[23] Дневник Маргареты Этолин. 19 ноября 1839 года.

[24] Дневник Маргареты Этолин. 21 ноября 1839 года.

зафиксировала их первое наблюдение за китом, а также отметила первый раз, когда она увидела летучую рыбу. Когда они проходили мимо Канарских островов, было довольно ветрено, но вскоре ветер стих. На море был абсолютный штиль, и стало жарко. Маргарета сообщила, что Адольф впервые надел свой тропический костюм. Так же поступили и многие другие господа. Женщины были одеты в широкие одежды, которые, как предполагалось, были несколько удобнее их обычных платьев[25]. 11 декабря Маргарета отметила в своем дневнике, что она заметила человеческие жилища неподалеку от Санта-Крус, у бухты, ведущей в Рио-де-Жанейро. Это было первое, что она увидела в Новом Свете. Она описывала зеленые горы, изящные высокие пальмы и отдельные жилища, разбросанные среди пышной зелени гор. Когда наступила ночь, она впервые за несколько месяцев вдохнула воздух с суши. По ощущениям и запаху он разительно отличался от морского воздуха, и ей страстно захотелось высадиться у подножия величественных гор, которые в разных фантастических формах возвышались друг рядом с другом на пляжах. К сожалению, отсутствие ветра помешало им войти в гавань, и они могли только издали наблюдать за прекрасной страной[26].

Весной 1840 года Маргарета была на позднем сроке беременности. Выражая свою неприязнь, которая позже только усугубится по отношению к Маргарете, Сигнеус посчитал, что вокруг будущей матери и ее будущего сына, «маленького наследного принца Ситки», было поднято слишком много шума[27]. Однако сама Маргарета ничего не писала о своей беременности или о предстоящем материнстве. Запись в дневнике, сделанная за день до родов, содержит краткое, но откровенное описание ужасного события, когда Юханнес (то есть Юхан Карлссон, мальчик-слуга), теперь работающий юнгой на судне, упал за борт[28]. К счастью, Юхан был

---

25 Там же.

26 Дневник Маргареты Этолин. 11 и 12 декабря 1839 года.

27 Уно Сигнеус — сестре Йоханне. Ситка. Май 1840 года. Национальный архив Финляндии. Коллекция Сигнеуса 1839–1845. Исходящая почта.

28 Дневник Маргареты Этолин. 5 апреля 1840 года.

спасен, но все считали, что этот инцидент стал причиной преждевременных родов у Маргареты [Sahlberg 2007: 155–156][29]. Маргарета не описывала рождение сына в своем дневнике, но Сальберг отметил в своем журнале, что у нее были тяжелые роды. 6 апреля Маргарета родила мальчика[30]. При крещении ему дали имя Эдвард, а дома называли Эда. По словам Сальберга, когда стало известно о его рождении, они подали сигналы во все стороны и достали шампанское, в то время как Адольф сидел на палубе, плача от радости. Из-за тяжелых родов Маргарета была прикована к постели в течение восьми дней. Сальберг жаловался, что ему приходилось вставать каждую ночь, чтобы давать советы, потому что младенец был беспокойным и страдал расстройством желудка [Ibid.: 158–161]. И снова Маргарета ничего не упомянула об этом в своем дневнике. Она фактически ничего не писала о своем сыне до 24 августа, когда у Эда прорезался первый зуб и состоялась первая лютеранская служба в Ситке.

ПРИБЫТИЕ

12 мая 1840 года «Николай I» наконец прибыл в Ситку, а месяц спустя Адольф сменил Ивана Купреянова на посту главного правителя Русской Америки. К сожалению, Маргарета не дает никакого описания своего прибытия или своих впечатлений от места, где она проведет первые пять лет своего брака. Однако губернатор Компании Гудзонова залива сэр Джордж Симпсон, посетивший Ситку чуть более года спустя, оставил яркое описание как города, так и дома губернатора:

> Резиденция губернатора Этолина [*sic*] состояла из ряда апартаментов, сообщавшихся, согласно русскому обычаю, друг с другом, все общественные помещения были красиво украшены и богато обставлены. Отсюда открывался вид на

---

[29] Преждевременные роды с таким же успехом могли быть вызваны морской болезнью. В то время рождение недоношенных детей на борту судов было довольно распространенным явлением. См. также [Jalland 2002: 22–23].

[30] Это было 25 марта по юлианскому календарю.

все поместье, которое было, по сути, небольшой деревушкой; а на полпути вниз по скале две батареи на террасах нависали соответственно над землей и водой. За заливом, образующим гавань, возвышаются изумительные нагромождения конических гор с вершинами, покрытыми вечными снегами. Обращенная к морю гора Эчкомб, также имеющая форму конуса, вздымает свою усеченную вершину, которую до сих пор помнят как источник дыма и пламени, лавы и пепла [Simpson G. 1847b: 129].

Еще ближе по времени описание лейтенанта Лаврентия Алексеевича Загоскина, написанное всего за несколько дней до прибытия Маргареты в Ситку:

Двухэтажный дом г-на главного правителя выстроен на оконечности мыса, оканчивающегося у моря кекуром, или крутым каменистым холмом в 52 фута возвышения. <...> Дом, им [г-ном Барановым] построенный, обветшал, и нынешний главный правитель отстроил новый в обширном размере; в нем помещены: компанейская библиотека... кабинет морских карт и инструментов, музеум птиц и животных, населяющих воду и сушу российско-американских колоний, и одежды всех диких народов, обитающих по северо-западному берегу Америки. Выше крыши выведен бельведер со стеклянными рамами, в нем зажигается фонарь с шестью рефракторами и служит маяком для подходящих с моря судов. Со стороны моря дом окружен амбразурною батареею в 12 пушек и составляет как бы род цитадели. Внутреннюю крепость, расположенную при подошве кекура, ограничивают двухэтажные строения конторы, казарм и магазинов с расставленными между ими амбразурами [Загоскин 1956: 372].

По словам Загоскина, вид был захватывающим:

Прямо у ног ваших разбивается бурун великого океана, катящийся от пределов китайских; далее разбросано несколько скалистых, лесистых островков, тонкая, непроницаемая пасмурность, сливая море с небом, препятствует насладиться великолепной картиной Ситхинского залива... [Там же: 373].

Многие путешественники того времени свидетельствовали об ужасной погоде в Ситке. На самом деле описание Загоскиным прекрасного пейзажа начинается с описания погоды: «Дождь, снег и град не позволяют сделать шагу на улицу, на двор, площадь, или бог знает на что такое, потому что, собственно, ни улиц, ни площадей, ни дворов нет в Ново-Архангельске» [Там же: 367]. Молодой Фрэнсис Гиймар Симпкинсон, служивший мичманом на корабле Ее Величества Sulphur, совершавшем семилетнее исследовательское кругосветное путешествие, писал, что, вероятно, во всем белом свете нет такого места, где бы выпадало столько осадков, как в Ситке: «...погожий день — действительно совершенная редкость» [Pierce, Winslow 1979: 105–106]. Русский ученый Илья Гаврилович Вознесенский, прибывший в Ситку на корабле «Николай I», отмечал, что особенно в ноябре и декабре там дули сильные ветры и шел почти непрекращающийся дождь [Алексеев 1977: 76–78; Alekseev 1987: 57–59][31].

Несмотря на отсутствие каких-либо первых впечатлений от Ситки в сохранившихся записях Маргареты, она, очевидно, была впечатлена как красотой Аляски, так и ее климатом. 15 ноября 1842 года она отметила захватывающий вид, открывающийся из дома губернатора: «Как приятно моим глазам каждое утро смотреть в бесконечную даль; как приятно моему взору отдыхать на далеких заснеженных горах с их белыми вершинами, такими чистыми, такими светлыми на фоне голубого неба!»[32] Самая первая запись в дневнике Маргареты из Ситки датирована 23 августа 1840 года. Это был день первой службы в лютеранской церкви в колонии, очень важный день для Маргареты. Во время правления Этолина лютеранская община насчитывала почти 150 человек из разных стран, в основном финнов и прибалтийских немцев, и богослужения проводились попеременно на шведском, финском и немецком языках [Sahlberg 2007: 167–168]. Комната в доме губернатора служила протестантской часовней, пока в 1843 году не было построено и освящено отдельное здание.

---

[31] Русский оригинал. Архив АН СССР. Ф. 53. Оп. 1. Док. 2/2, 1.23 и 1.25 и 1.10.

[32] Дневник Маргареты Этолин. 15 ноября 1842 года. Вечер.

Первоначальный план состоял в том, чтобы построить обычную лютеранскую церковь с колокольней, но русский епископ возражал против этих планов, и от них пришлось отказаться. Вместо этого церковь была спроектирована так, чтобы не выделяться на фоне окружающих зданий. В двух комнатах, выходящих окнами на улицу, была устроена библиотека, в то время как в остальной части здания находились церковь и резиденция пастора[33].

Маргарета была очень преданной прихожанкой лютеранской церкви Ситки, но церковь не была ее главной заботой как жены губернатора. В Санкт-Петербурге Елизавета Врангель рассказала ей о ее обязанностях, и в дополнение к этому она получила особые инструкции от РАК. Поэтому она прекрасно понимала, что ее важнейшей обязанностью было поддерживать хоть какую-то форму европейской цивилизации в Ситке. Это включало обучение ею туземцев хорошим манерам в соответствии с европейскими стандартами, как в качестве примера хорошей жены и матери, так и в качестве руководителя недавно созданной школы для девочек в Ситке[34]. Кроме того, она отвечала за развлечения общества Ситки, поддерживая европейские обычаи и цивилизованную общественную жизнь в изолированном сообществе торговцев пушниной.

ЦИВИЛИЗАТОРСКАЯ МИССИЯ

Перед тем как супруги Этолин отправились в Америку, РАК попросила, чтобы госпожа Этолин взяла на себя управление школой для девочек[35]. Уровень формального образования среди коренных жителей был низким, особенно среди женщин. Образование должно было противодействовать тому, что европейские империалисты считали моральным разложением, включая поло-

---

[33] См. [Engman 2007: 30; Enckell 1996: 25; Till Uno Cygnaeus 1910: 125–135; Harjunpää 1968].

[34] Школа была основана осенью 1839 года губернатором Купреяновым и управлялась его женой Юлией.

[35] Эти девушки были родом из разных поселений во владениях Компании.

вую распущенность, плохую гигиену и праздность. Однако образование коренных девушек давало дополнительное преимущество РАК. Оно увеличивало количество подходящих кандидаток для браков в Ситке. Компания рассматривала брак как институт, имеющий несколько преимуществ. Во-первых, мужчин, сотрудников Компании, можно было убедить остаться в колониях сверх их контрактного пятилетнего срока. Кроме того, женатые мужчины жили бы более размеренной жизнью (то есть воздерживались бы от безнравственного и неконтролируемого поведения). Согласно плану, если бы местные женщины получили образование, чтобы стать домохозяйками европейского образца, принявшими христианские ценности, они смогли бы оказывать моральное влияние на своих мужей, приручать их грубую мужественность и сдерживать их сексуальные излишества[36].

Маргарета особенно подходила для этой задачи. Она была не только женщиной с социальным положением, но и имела соответствующий опыт работы учителем в прогрессивной школе Одерта Хенрика Грипенберга в Хельсинки. Она также была знакома с образовательными проблемами и современными педагогическими теориями [Enckell, Hanka 2004]. Маргарета была не первой женщиной, которая посвятила себя образованию девочек на русской Аляске. Еще в XVIII веке Наталья Шелихова обучала рукоделию молодых креольских девушек и организовала специальную швейную мастерскую в своем доме. Но указание от русского посланника Н. П. Резанова основать школу, чтобы европеизировать многочисленных креольских детей сотрудников Компании, получила другая Наталья — Наталья Баннер. Это указание было сделано в 1805 году [Тихменев 1861–1863, 1: 140][37]. В своей школе для креольских девочек-сирот, созданной на острове Кадьяк, она обучала девочек ведению домашнего хозяй-

---

[36] См. [Хлебников 1861; Врангель 1836: 100–101; Wrangell F. 1980; Загоскин 1956: 371–372]. Схожие мнения о Британской империи см. [Wilson 2004: 27; Hall 2004: 60; Davidoff, Hall 1987: 398, 421].

[37] Наталья Петровна Баннер была замужем за помощником А. А. Баранова, датским горным инженером И. И. Баннером, правителем Кадьякской конторой РАК.

ства, включая навыки садоводства, в соответствии с европейскими стандартами. Однако школа просуществовала всего два года из-за безвременной кончины Баннер[38].

Судя по всему, в колониях не было формального образования для девочек с 1807 года, когда закрылась школа на Кадьяке, до 1839 года, когда губернатор Купреянов открыл школу для креольских девушек, преимущественно для сирот. Таким образом, Юлия Купреянова стала первой женой губернатора, которая руководила женской школой в Ситке[39]. Когда Маргарета прибыла в колонию в 1839 году, она начала работу по улучшению новой школы. Она основала интернат и расширила круг преподаваемых предметов. Когда школа открылась, в ней обучалось 20 учениц в возрасте от пяти до шестнадцати лет. Впоследствии число учениц возросло примерно до двадцати пяти. Интернатом с 14 воспитанницами заведовала акушерка Домна Андреевна[40].

В дополнение к рукоделию и другим навыкам домоводства, ученицы изучали русскую грамматику, историю и географию, а также европейские социальные навыки, предметы, которые должны были превратить их в подходящих партнеров по браку для русских колонизаторов и обрусевших креолов. Доктор Сальберг преподавал личную гигиену и санитарию дома, а также физическое воспитание. Преподобный Сигнеус также хотел преподавать в женской школе, но Русская православная церковь не позволила ему этого. Его исключение из преподавания также могло быть связано с невысоким мнением, которое к тому времени сложилось о нем у Маргареты. Она говорила ему, что то, чему дети учились дома, и примеры, которые они там наблюдали, были гораздо ценнее любого религиозного воспитания, которое мог им дать Сигнеус. Трудно сказать, действительно ли она верила, что матери лучше подготовлены к тому, чтобы дать своим

---

[38] См. [Хлебников 1979: 242, 246; Langsdorff 1813; Enckell 2003: 89–90; Okladnikova 1987].

[39] В 1839 году была открыта школа для креольских девочек-сирот [Федорова С. Г. 1971: 220].

[40] Уно Сигнеус — сестре Йоханне. Ситка. Зима 1840–1841 годов. 16 декабря. См. также [Головин 1862: 83–86; Simpson G. 1847a, 1: 129].

детям религиозное образование, исходя из ее собственного опыта, или же ее отношение было больше связано с ее сомнениями в нравственности Сигнеуса. Тридцатилетний священник имел репутацию соблазнителя молодых женщин и, по слухам, добивался этой должности в Ситке, чтобы избежать ответственности за то, что стал отцом ребенка от своей экономки. Какова бы ни была причина его исключения, Сигнеус был очень расстроен отношением Маргареты и изливал свою душу в письмах сестре[41].

Помимо того, что она была директором школы для девочек в Ситке, Маргарета также принимала активное участие в обучении девочек европейскому поведению, подобающему среднему и высшему классам. Каждую субботу она приглашала девочек в дом губернатора, где обучала их европейским социальным навыкам, уделяя особое внимание тому, что от них ожидалось как от «благовоспитанных леди». Их обучали общению в европейском стиле, танцам, светскому этикету, умению одеваться, манерам и поведению, а также основам французского языка. Для некоторых девочек эти навыки открывали доступ к другой жизни через брак с европейцами или креолами высокого социального положения. Одним из таких примеров является Анна Миловидова, приемная дочь супругов Этолин. Она вышла замуж за купца Иону Костромитинова, правителя Кадьякской конторы РАК. Мария Алексеева, приемная дочь супругов Бартрам, является еще одним примером. Она вышла замуж за крестника епископа Иннокентия, Иннокентия Шаяшникова, который был рукоположен в православные священники [Enckell 2003: 93–97]. Однако последствия такой насильственной ассимиляции для сохранения местной культуры были катастрофическими. Более того, патриархальные браки, в которые вступали эти женщины, заставляли их следовать западным гендерным ролям и системе подчинения[42].

Всегда интересуясь женщинами, Сигнеус писал своей сестре, что благодаря образованию, которое девушки получают в Ситке, будет

---

[41] Уно Сигнеус — сестре Йоханне. Ситка. 13 июля 1844 года; октябрь 1840 года. См. также [Enckell 2003: 93–97].

[42] О культурной ассимиляции и аккультурации см. [Feagin J. R, Feagin C. B. 2003].

много подходящих молодых женщин для брачного рынка, под которым он подразумевал рынок молодых европейских мужчин[43]. Аарон Шёстрём, финский органист и учитель музыки в Ситке, был одним из молодых людей, которые нашли жену таким образом. 16 мая 1851 года, через несколько лет после того как Маргарета покинула колонию, он написал своему брату, что должен поблагодарить миссис Этолин за образование своей жены. Он был очень благодарен, что нашел такую «порядочную, благородную и трудолюбивую жену», которая была так «хорошо сведуща во всех женских начинаниях» благодаря посещению «школы мадам Этолин»[44].

Шёстрём был не единственным, кто с теплотой вспоминал школу госпожи Этолин. Когда Анна Фуругельм прибыла в Ситку в 1859 году, она заметила, что все помнят Маргарету и говорят о большой работе, которую она проделала для школы[45]. Правление РАК также было очень довольно прогрессом школы и достижениями Маргареты. Когда Адольф Этолин направил в Санкт-Петербург запрос об увеличении бюджета школы, главное правление с готовностью согласилось и высоко оценило усилия его жены[46]. Тем не менее Маргарета так и не получила никакой оплаты за свою работу. Вместо этого она получит «компенсацию за ее филантропическое образование, выражавшуюся в молитвах сирот и в благословении Божьем»[47]. Тем не менее Компания согласилась нанять учителя для школы. По рекомендации Адольфа они обратились к его родственнику Юстусу Этолину из Национальной торговой палаты с прось-

---

[43] Уно Сигнеус — сестре Йоханне. Ситка. Октябрь 1840 года. С. 27.

[44] Письма Аарона Шёстрёма в [Enckell 2003]. Оригиналы хранятся в архиве Городского музея Борго.

[45] Анна Фуругельм — матери. Сан-Франциско. 18 мая 1859 года. Библиотека Академии Або. Коллекция рукописей.

[46] Главный правитель Российских колоний в Америке — Главному правлению РАК. Донесение № 257. 13 мая 1841 года. Документы Российско-Американской компании. Микрофильмы документальных материалов, хранящихся в Национальном архиве США. Библиотека Бэнкрофта Калифорнийского университета в Беркли.

[47] Главное правление РАК — Главному правителю Российских колоний в Америке. Донесение. 3 апреля 1842 года. Там же.

бой найти подходящего кандидата в Финляндии. Они искали женщину, которая могла бы научить креольских девочек вести хозяйство в европейском стиле, которая умела бы шить, стирать, прясть, ткать и выполнять всю работу, необходимую для ведения домашнего хозяйства. В лице Марии Фреденберг (урожденной Фри) они нашли человека, который идеально подходил под это описание, и она была принята на работу в 1842 году[48]. По словам Загоскина, вся цель школы состояла в том, чтобы предоставить белым мужчинам хороших хозяек. Девочки сами шили и стирали одежду, учились ведению домашнего хозяйства и бережливости. Он считал, что то обучение, которое девочки получали в школе, было «тем необходимее, что и здесь, как и везде, женщины имеют влияние на умягчение и улучшение нравов» [Загоскин 1956: 372].

В европейском дискурсе того времени грязь и беспорядок считались признаками отсталости [Слёзкин 2008: 27][49]. Таким образом, в основе выбора губернатором финской женщины в качестве учителя лежали предвзятые идеи о том, что русские недостаточно щепетильны в отношении чистоты и, как следствие, менее цивилизованны, чем лютеране-финны. Весьма вероятно, что Маргарета специально просила прислать финскую учительницу, так как считала, что русские женщины менее искусны в домашней работе, чем финки[50]. В своем дневнике Маргарета отметила, что школа была приличной и опрятной, а дети чистоплотными и хорошо себя вели. Она была особенно довольна, когда посетила школу с Адольфом в канун Нового года. Они установили рождественскую елку, украшенную свечами, имбирными пряниками и маленькими куклами, и упаковали шарфики в качестве рождественских подарков для девочек[51].

Похоже, что Маргарета очень хорошо справлялась с имперской школьной программой обучения девочек-туземок и креолок евро-

---

[48] Там же. См. также [Федорова Т. С. 2001].

[49] См. [Holmberg 1985], первоначально опубликованное на немецком языке в 1855–1863 годах под названием "Ethnographische Skizzen über die Völker des Russischen Amerika".

[50] Позднее Анна Фуругельм высказала похожие мысли о русских женщинах.

[51] Дневник Маргареты Этолин. 12 января/31 декабря 1841/1842 годов.

пейским манерам[52]. Даже Сигнеус, который редко мог сказать что-то положительное о Маргарете, был весьма впечатлен ее достижениями. Он писал своей сестре, Йоханне, что девушки-туземки и креолки в Ситке теперь получают совершенно иное образование, чем раньше, и что некоторые из них также получили «нравственное обращение». Он писал, что в Ситке не было ни одной молодой девушки-аборигенки или креолки, которая не имела бы некоторых знаний по русской грамматике, истории, географии и рукоделию[53].

Помимо обучения в школе девочек-аборигенок и креолок, Маргарета также воспитывала детей дома. Усыновление приемных детей было еще одним и более эффективным способом ассимиляции детей туземцев и привития им европейских ценностей. Другими лютеранскими семьями, которые брали приемных детей, были семьи Бартрам (три девочки), Франкенхойзер (две девочки и один мальчик), Гавриловых, после женитьбы Александра на Вильгельмине Шварц (две девочки) и Сигнеус (мальчик). Когда детей коренных жителей воспитывали в «цивилизованном» доме, они легче привыкали к «цивилизованным» обычаям и ценностям. Более того, их было легче контролировать дома и не допускать дурного влияния русских мужчин. Поскольку воспитание детей было обязанностью женщин, чаще всего именно женщины выступали в роли «цивилизаторов» по отношению к приемным детям. Связь между материнством и моралью, перенесенная в империалистическую идеологию, давала белым женщинам право осуществлять таким образом квазиматеринскую цивилизующую роль [Kelly 2001: 43]. Маргарета описывала свои отношения с приемной дочерью Анинькой, или Анной Миловидовой, именно в таких терминах. Она ясно чувствовала, что воспитание Аниньки было ее долгом, что ее обязанностью было воспитать эту девочку, чтобы она стала «хорошей» христианкой. Однако после смерти первенца Маргарета усомнилась в своей способности правильно передавать знания о Боге. Она

---

[52] Подчеркивая усилия Адольфа по улучшению школьной системы Аляски совместно с епископом Иннокентием, Л. Блэк игнорирует работу Маргареты в школе для девочек [Black L. 2004: 204].

[53] Уно Сигнеус — сестре Йоханне. Ситка. 13 июля 1844 года.

купила молитвенник для Миловидовой и написала первую страницу, но чувствовала себя неспособной передать веру «живыми словами» вместо «мертвых букв»[54].

Несмотря на сомнения Маргареты, ее современники считали, что ей удалось воспитать свою приемную дочь-креолку, чтобы она стала «подходящей» молодой женщиной. В похвалу, которую Маргарета вряд ли оценила бы, Сигнеус сказал, что Анна Миловидова, вместе с приемными девочками супругов Бартрам, Марией Алексеевой и Александрой Малаховой, была одной из самых многообещающих молодых девушек в Ситке[55]. И Анна, и Мария вышли замуж за респектабельных мужчин, но они также использовали свои навыки и в других целях. Когда муж Анны, Иона, погиб в результате несчастного случая в 1859 году, ей предложили должность акушерки в Ситке, и она согласилась. Александра Малахова стала учительницей после отъезда Марии Фреденберг из Ситки в 1849 году. Она стала первой учительницей креольского происхождения в школе для девочек в Ситке [Enckell 2003; Pierce 1990: 141, 258; Гринев 2009б: 327; Kan S. 2013: 4].

Гендерный характер цивилизаторской миссии отражен в разнообразных колониальных занятиях губернатора и его жены [Davidoff, Hall 1987: 400; Wilson 2004: 19–20; Hall 2004: 70–71]. Адольф Этолин отправлял экспедиции, чтобы нанести на карту районы в колониях, которые еще не были известны РАК. Он осушал землю и начал ряд строительных проектов[56]. Он возводил здания, включая лютеранскую церковь в Ситке, архиерейский дом, клуб, пороховой погреб, склад, мельницу, прачечную, кожевенный завод и общежитие для рабочих Компании. На острове Кадьяк были построены новая церковь, мельница и лесопилка, а у пролива Нортон — торговый пост [Varjola 1990: 19]. Губернатор также начал строительство собора Святого Михаила.

---

54 Дневник Маргареты Этолин. 18/6 июня 1842 года.

55 Уно Сигнеус — сестре Йоханне. Ситка. 13 июля 1844 года.

56 Маргарету особенно заинтересовали его планы по осушению болота рядом с небольшим ручьем. Она с нетерпением ждала пикников на берегу с маленьким Эдвардом, бегающим по траве. См.: Дневник Маргареты Этолин. 7 февраля/26 января 1841 года.

В то время как Адольф был занят картографированием и преобразованием земель, добычей ресурсов и установлением дисциплины среди коренного населения, Маргарета посвятила себя преобразованию населения и поселения посредством образования, просвещения и усовершенствованной социальной деятельности. Как мы видели, она принимала активное участие в образовании местных девушек. Но так же, как Елизавета Врангель до нее, она также служила обществу Ситки, устраивая балы, банкеты, маскарады, концерты, театральные представления и званые обеды. Ее обязанности как первой леди требовали обеспечения соблюдения установленных европейских социальных и моральных норм и условностей. В этом она напоминала женщин-колонисток в других частях света, которые пытались поддерживать европейские обычаи, ритуалы и ценности на периферии империи [Wilson 2004: 70–71]. Здесь Маргарета пошла по стопам жен предыдущих губернаторов Русской Америки, таких как Елизавета Врангель и ее преемница Юлия Купреянова. Капитан Белчер, британский исследователь и командир корабля Ее Величества Sulphur, посетивший Ситку во времена губернатора Купреянова, был впечатлен изысканностью женского общества Ситки. Не зная о достижениях Елизаветы Врангель в этом отношении, он пришел к выводу, что это общество было «главным образом обязано» свои блеском «элегантной и образованной даме» губернатора Купреянова [Pierce, Winslow 1979: 28]. Маргарета была не единственной светской дамой Ситки. Были и другие женщины, которые внесли свой вклад в формирование представлений о европейской цивилизации в этом небольшом сообществе. Главной из них, вероятно, была вторая леди Ситки, Маргарета Бартрам, которая была замужем за заместителем губернатора. Но две Маргареты никогда не были близкими подругами.

Поддержание европейских обычаев также включало более интимные ритуалы написания писем, шитья, садоводства и украшения дома. В письме к своей матери, написанном в период с августа 1840 года по май 1841 года, Маргарета дала подробное описание дома губернатора, нарисовав его план, на котором она отразила расположение комнат и обстановку дома. Целью поэтажного плана было показать матери, что, хотя они и переехали на край света, семья ее дочери живет в цивилизованной обстановке. Общественные помещения располагались на втором этаже. Личные покои на первом этаже состояли из гостиной, спальни, ванной, детской, кабинета губернатора, кухни и помещения для прислуги. В доме была вся мебель, которая должна быть в приличном доме, включая шкаф для белья, гладильный каток[57], умывальник, туалетный столик, книжный шкаф, диваны, зеркала, комод, буфеты и фортепиано. Из рассказа Маргареты ясно, что она привезла из дома семейные портреты. Они висели на стенах личных покоев на первом этаже резиденции. В спальне висела карта ее родной Финляндии, а также силуэтный портрет ее кузины Софи. Адольф приобрел в Санкт-Петербурге фисгармонию и купальную машину[58]. Они также привезли китайский бильярд[59] — популярную салонную игру, и вольтеровское кресло с мягким подголовником, чтобы поставить его в детскую для горничной Хенрики. В доме стояла шарманка[60], которой пользовались еще во времена губернаторства Врангеля. Видимо, маленький Эдвард любил слушать ее перед сном[61].

Поэтажный план, который Маргарета нарисовала для своей матери, также описывает внешний вид дома со всех сторон, а также окрестности. Таким образом, мы узнаем, что у восточной

---

[57] Гладильный каток — приспособление для глажения тканей при помощи двух нагретых валиков.

[58] Купальные машины представляли собой небольшие крытые повозки, которые позволяли переодеваться в купальные костюмы и спускаться в море незаметно для тех, кто был на берегу.

[59] Китайский бильярд отличается тем, что игра идет на наклонном столе, а шар после удара скатывается по наклонной поверхности в специальные пронумерованные лунки. — *Примеч. ред.*

[60] Шарманка — музыкальный инструмент, состоящий из ящика, в котором размещены звучащие трубки, воздушного меха и валика со шпильками. Валик приводится в движение вращением рукоятки, находящейся снаружи; при его вращении шпильки, зацепляя специальный механизм, открывают доступ воздуха к звучащим трубам; одновременно приводятся в действие меха, которые накачивают воздух. — *Примеч. ред.*

[61] План дома Маргареты и его описание. Из частного семейного архива.

стороны дома был разбит небольшой сад с травами, откуда открывался вид на Ситкинский залив, остров Рыбачий и, дальше, на гору Верстовую. На северной стороне, обращенной к селению колошей и заливу, была терраса, где, как писала Маргарета, «будут посажены цветы» [Varjola 1990: 19]. Европейцы, посещавшие Ситку в то время, отмечали, как странно было обнаружить европейскую цивилизацию так далеко в дикой местности. Александр Роуэнд, посетивший Ситку вместе с сэром Джорджем Симпсоном из Компании Гудзонова залива, с большим удивлением отметил, что у него действительно было впечатление, что он находится в цивилизованном месте, «сидя в просторной гостиной, элегантно обставленной европейскими диванами, креслами и музыкальными инструментами, стены которой украшали многочисленные гравюры в красивых рамах». Он с трудом мог поверить, что находится «в унылой и дикой части Северной Америки, вдали от любых проявлений цивилизации» [Rowand n.d.]. Лейтенант Загоскин, который также посетил Ситку в это время, был того же мнения. По его словам, Ситка казалась ближе к Санкт-Петербургу, чем подавляющее большинство провинциальных городов России: «Здесь вы окружены большим числом знакомых образованных людей» [Загоскин 1956: 370]. Александр Франкенхойзер из Выборга, сменивший Сальберга на посту лекаря Компании в Ситке, заметил, что Русская Америка не такая уж отсталая, как его заставляли думать. Если бы европеец вдруг попал на бал в Ситке, он бы никогда не догадался, что оказался в этом незнакомом месте, писал он своей сестре. Украшенный бальный зал с его сверкающим светом ламп очень напоминал их родной город, а костюмы, которые люди надели на маскарад, были даже лучше, чем те, которые обычно носили дома[62]. Сигнеус сделал похожие наблюдения. Вернувшись с одного из знаменитых балов в Ситке, он заметил, что, если бы не «старомодный покрой» платьев креольских женщин, мероприятие было бы таким же, как в Европе. Он нашел примечательным, что в каждом уголке мира,

---

[62] Александр Франкенхойзер — сестре Натхен [Натали]. Ситка. 8 мая 1842 года; 15 мая 1843 года.

«куда проникла цивилизация», устраивались банкеты с шампанским. Хотя в море находилось несколько кораблей, на балу присутствовало более 50 человек, включая 20 женщин. Люди танцевали европейские танцы, включая франсез, мазурку и котильон под оркестр из 10 человек с финскими, русскими и креольскими музыкантами. Дирижером оркестра был служащий Компании — прибалтийский немец из Ревеля (Таллинна) по имени Андреас Хёппнер, который был и пианистом, и композитором. Присутствие настоящего оркестра было новым явлением в Ситке, где люди привыкли танцевать под шарманку. Впервые он выступил зимой перед прибытием супругов Этолин, в 1838 году[63].

До того как Сан-Франциско превратился в город, Ситка считалась самым цивилизованным городом на североамериканском побережье Тихого океана [Harjunpää 1968: 132]. Джордж Симпсон писал:

> Ново-Архангельск, несмотря на свое изолированное положение, является очень веселым местом. Значительную часть времени его жители посвящают празднествам; обеды и балы проводятся постоянно и в стиле, который в этой части мира можно считать расточительным.

Он описал свадьбу, на которой дамы были «вычурно одеты в прозрачные муслиновые платья, белые атласные туфли, шелковые чулки, лайковые перчатки, носили веера и все другие необходимые или ненужные аксессуары» [Simpson G. 1847a, 2: 89]. Сальберг тоже был поражен этой расточительностью и написал в своем дневнике, что «в этом жалком уголке [мира] изобилие роскоши» [Sahlberg 2007: 168]. Франкенхойзер считал, что жители Ситки использовали роскошь, чтобы скрасить однообразие колониальной жизни. Однако, утверждал он, из-за чрезмерного потребления еды и напитков страдал желудок. По его мнению, «причина такого стремления к материальным удовольствиям заключалась не в низком духовном развитии аристократии Ситки». Это была старая

---

[63] Уно Сигнеус. Письма из Ситки от 6 января и 6 июня 1840 года. См. также [Harjunpää 1968: 136].

привычка со времен основания колоний, «с тех диких времен, когда ни о каком духовном просвещении не могло быть и речи»[64].

Однако расточительность и роскошь были лишь одной стороной истории. Помимо низкого социального круга губернатора, были и другие аспекты жизни в Ситке, которые были значительно менее изысканными. Посетители Ситки писали, что для колониальной жизни характерны пьянство, бесконечные азартные игры и аморальное поведение. Симпсон наиболее ярко описал этот аспект жизни колонии: «...из всех мест, в которых царит пьянство... которые я посетил, — писал он, — Ново-Архангельск был худшим». Многие из местных женщин, «как и их господа и хозяева, пристрастились к пьянству». Мужчин, женщин и даже детей можно было «увидеть шатающимися во всех направлениях» в праздники. Симпсон посетил Ситку во время празднования православной Пасхи в 1842 году. По-видимому, он не одобрял русский обычай приветствий в честь воскресения Христа. «С утра до вечера нам приходилось проходить сквозь строй поцелуев», — жаловался он. Многие из этих приветствий, даже когда их исполняли дамы, были «слишком приправленными для полного комфорта», поскольку «большинство дам этой деревни решительно предпочитали чистой воде другие жидкости» [Simpson G. 1847a: 77, 79, 87–88][65]. Проблема с алкоголем была настолько серьезной, что многие из рабочих Компании оказались по уши в долгах и не могли купить обратный билет домой после окончания своего контракта [Ibid.: 79].

Посетители Ситки также поражались, насколько грязным было это место. «Из всех грязных и убогих мест, которые я когда-либо видел, — писал Симпсон, — Ситка — самое убогое и самое грязное» [Ibid.]. Капитан Белчер дал похожий отчет несколькими годами ранее, когда он описал дома в Ситке как «унылые, грязные и убогие» [Pierce, Winslow 1979: 92–93]. Отражая распространенное мнение о том, что грязный воздух представляет угрозу для здоровья, Симпсон описал дома в Ситке как «не что иное, как

---

[64] Александр Франкенхойзер — Натхен. Ситка. 8 мая 1842 года.

[65] Адольф Этолин вместе с Джорджем Симпсоном из Компании Гудзонова залива пытался предотвратить торговлю спиртным среди тлинкитов.

деревянные лачуги, сбившиеся в кучу без всякого порядка или плана в отвратительных переулках, рассадники таких запахов, которые сами по себе достаточны… чтобы разводить всевозможные лихорадки». Тем не менее Симпсон отметил, что губернатор Этолин ввел ряд усовершенствований, которые, по его мнению, будут способствовать повышению благосостояния и удобства низших слоев населения [Simpson G. 1847a, 2: 79].

Согласно некоторым отзывам европейских посетителей, грязными были не только здания, но и люди. Когда Симпсон и его команда проезжали по городу, направляясь к дому, который им выделил губернатор, «из каждой двери и окна выглядывали лица всевозможных степеней немытости, чтобы рассмотреть чужеземцев». Больше всего он жаловался на местных женщин, которые, по его словам, были «запачканы грязью» [Ibid.: 74, 79]. Очевидная связь между отсталостью, грязью и дурным запахом становится еще более очевидной в европейских наблюдениях за жилищами коренных жителей Русской Америки. В большинстве таких сообщений содержатся жалобы на «смрадный дух», а также на привычку есть сырую рыбу — еще один обычай, который европейские колонизаторы считали признаком отсталости [Слезкин 2005: 126; Slezkine 1997: 32][66].

ПЕРВАЯ ЛЕДИ СИТКИ

В некоторых описаниях Ситки того времени Маргарета представлена как человек, который осуществлял полный контроль над общественной жизнью Ситки: она настаивала на соблюдении формы и этикета и следила за скромностью и добродетелью каждого. «Сдержанность, этикет преобладают в наибольшей степени. В общем, у вас сложилось истинно ошибочное представление о Ситке, если вы думаете, что можете жить здесь так, как пожелаете»[67]. Эта точка зрения имеет некоторые основания.

---

[66] Среди источников того времени см. дневник Симпкинсона в [Pierce, Winslow 1979: 95], а также [Holmberg 1985: 44; Загоскин 1956: 96].

[67] Сигнеус — матери. Ситка. 26 июля 1840 года; см. также: Сигнеус — сестре. Ситка. 29 сентября 1843 года; 8 мая 1844 года.

Например, Маргарета, судя по всему, очень внимательно следила за общением Франкенхойзера, Сальберга и Сигнеуса с Маргаретой Бартрам, женой шкипера Ю. Бартрама, и, прежде всего, с Элизой Оман, маленькой дочерью ее экономки[68]. Сальберг сообщал, что Маргарета «подвергла его самым горьким насмешкам», когда он произвел Элизе инокуляцию оспы[69]. При этом Сальберг посоветовал Элизе не читать с пастором, якобы для того, чтобы не испортить зрение[70]. Элиза явно пользовалась популярностью у молодых аристократов Ситки. В конце концов она вышла замуж за Александра Франкенхойзера.

Поведение Маргареты соответствовало предписанному представлению о благочестивой европейской женщине из среднего и высшего классов XIX века, постоянно пребывающей в борьбе против распущенности и безнравственности [Sandford 1842: 7]. Ее «контроль» едва ли можно было назвать необоснованным в случае Сигнеуса, учитывая, что ранее он создал себе репутацию человека, который использовал молодых женщин. По-видимому, работая помощником пастора в Выборге, он бросил девушку, которая от него забеременела [Olin 1995]. Более того, Сальберг сообщил Маргарете, что Сигнеус испытывает сексуальный интерес к Элизе, которая была слишком молода, чтобы быть объектом мужских ухаживаний. Действительно, Сигнеусу, похоже, нравилось раздвигать границы социально приемлемого. Например, тот факт, что он, будучи священником, танцевал на балах, поражал многих людей в Ситке. Но Сигнеусу, похоже, скорее нравилось такое внимание[71]. Это безрассудное поведение, вероятно, было еще одной причиной низкого мнения Маргареты о нем, но на нее также повлияли его репутация и отзывы, которые она о нем получала.

Другие финны также нарушали правила этикета, но их проделки были менее сексуализированными. Например, Александр

---

[68] Элизе было всего 14 лет, когда она отправилась в Русскую Америку.

[69] Способ прививки от оспы [Sahlberg 2007: 183].

[70] См.: Сигнеус — матери. Ситка. Сентябрь 1840 года.

[71] Сигнеус. Ситка. 6 января 1840 года.

Франкенхойзер однажды заключил пари с супругами Бартрам, что получит приглашение к госпоже Мургиной[72] на кофе, хотя это было семейное мероприятие только для дам. Его план имел успех: на следующий день он прибыл на кофейную вечеринку, где обнаружил госпожу Этолин. Франкенхойзер написал своей сестре, что Маргарета сделала большие глаза, когда увидела, что мужчина осмелился появиться на кофейной вечеринке только для дам. Вскоре вся Ситка говорила об этой проделке[73].

Финской стороне было особенно трудно принять то, как «королевская чета» в Ситке соблюдала этикет и социальную иерархию. Например, Сигнеус задавался вопросом, почему Маргарета Этолин не ходила кататься на коньках с остальными, а только со своим мужем и только когда другие не могли пойти?[74] Некоторые из них считали, что финны должны держаться вместе и не слишком беспокоиться о сословной иерархии. Они не понимали, что классовое деление было чрезвычайно важно в колониях, особенно когда губернатор не был дворянином. Конечно, это был вопрос, который касался только различий между членами колониальной элиты, между так называемым вторым и первым классами общества Ситки. Никто не предлагал, чтобы аристократы общались с рабочими и торговцами пушниной. Но внутри элиты этот вопрос был достаточно актуален и порой был источником недовольства. Франкенхойзер утверждал, что многие представители среднего класса были на самом деле более образованными и культурными, чем большинство членов высшего класса, и тем не менее они сталкивались с высокомерным отношением со стороны людей, которые зарабатывали немного больше денег[75].

---

[72] Жена Федора Ивановича Мургина, поставленного 27 августа 1840 года на службу в Российско-Американскую компанию помощником главного правителя в Ново-Архангельске. В 1844 году сменил правителя Кадьякской конторы И. С. Костромитинова и исполнял свои обязанности до 1 июля 1858 года. — *Примеч. ред.*

[73] Франкенхойзер — сестре Натхен. Ситка. 8 мая 1842 года.

[74] Сигнеус — сестре Йоханне. Ситка. Зима 1840–1841 годов. 16 ноября.

[75] Франкенхойзер — сестре Натхен. Ситка. 8 мая 1842 года.

Адольф Этолин имел репутацию бестактного и даже грубого человека в общении со своими подчиненными[76]. Франкенхойзер описывал его как открытого в социальном плане человека, но лишенного более утонченного социального образования, что означало, что он часто непреднамеренно оскорблял чувства людей, иногда даже не замечая этого[77]. Однако он значительно улучшил общественную жизнь, основав клуб для джентльменов, который был открыт не только для людей более высокого ранга, но и для представителей среднего класса — бухгалтеров, служащих, лавочников и капитанов торговых судов — где они могли встречаться, есть и даже жить вместе. Во время правления предыдущего губернатора граница между первым и вторым классами была непроницаемой, и люди из разных классов не общались друг с другом. Следовательно, разрыв между классами увеличился. Поэтому новый клуб джентльменов имел жизненно важное значение, и мужчины, принадлежавшие к обществу Ситки, стали его членами. Чтобы подать хороший пример, губернатор проводил в клубе два вечера в неделю. Каждую среду и субботу там играли в бильярд и бостон — карточную игру, похожую на вист. В 8 часов вечера подавался ужин, и, по словам Сигнеуса, «за один рубль можно было получить довольно приличную еду». В здании клуба также устраивались балы. Вознесенский упоминает один такой бал, состоявшийся в октябре 1844 года, когда было приглашено не менее 85 человек, а главная улица города была освещена фонарями. Доступ в такое заведение, безусловно, был выгоден всем молодым одиноким людям в Ситке, которым, как выразился Сигнеус, больше не приходилось «жить как животным»[78].

---

[76] Сигнеус — сестре Йоханне. Ситка. 13 октября 1840 года. Раздел «3 апреля»; Бартрам — Сигнеусу. Лехтиниеми. 29 ноября 1856 года. Национальный архив Финляндии. Коллекция Сигнеуса. Полученные письма; см. также [Sahlberg 2007: 151].

[77] Франкенхойзер — сестре Натхен. Ситка. 8 мая 1842 года.

[78] Сигнеус — сестре Йоханне. Ситка. Зима 1840–1841 годов. 16 декабря; Франкенхойзер — сестре Натхен. 8 мая 1842 года; см. также [Alekseev 1987: 54; Varjola 1990: 19].

Высшее общество Ситки, иногда преодолевавшее классовые различия, было разделено на несколько небольших групп единомышленников, часто по языковому и религиозному признакам. Эти группы создавали чувство общности и принадлежности, что было особенно важно для тех жителей Ситки, которые не говорили по-русски и поэтому чувствовали себя изолированными как географически, так и культурно[79]. Принадлежность к такой группе помогала легче справляться с отдаленностью, тоской по дому и чрезмерным социальным контролем.

Маргарета Этолин была далеко не единственной, кто практиковал социальный контроль в Ситке. Сплетни и интриги были обычным явлением, и преобладала общая нетерпимость. Постоянное наблюдение за другими было обычным явлением в то время, но в таком месте, как Ситка, ситуация была еще хуже[80]. Европейское сообщество Ситки было чрезвычайно малочисленным и ограничивалось крошечным географическим пространством, окруженным дикой природой. Люди внимательно следили друг за другом, и когда в город приезжал кто-то новый, разговоры не велись ни о чем другом[81]. Франкенхойзер утверждал, что худших сплетников, чем в Ситке, вероятно, не найти нигде в мире. Когда жители Ситки составляли свое мнение о человеке или отношениях, они отказывались менять его. Именно так, по его словам, обстояло дело с ним и его отношениями с Маргаретой Бартрам. Однако, несмотря на все «глупые сплетни», Франкенхойзер не отказался от своей дружбы с ней[82]. Сигнеус также отказался менять свои привычки, но он чувствовал себя в ловушке. В письме к своей сестре он жаловался, что не был готов к тому, что Ситка будет полна людей, которые были «совершенно взвинченными, такими поверхностными,

---

[79] Франкенхойзер — Паулю. Ситка. 17/29 сентября 1841 года; 8 мая 1842 года; Сигнеус. Письмо из Ситки. 6 июня 1840 года, опубликовано в [Cygnaeus 1841–1842].

[80] См., напр., [D'Emilio, Freedman 1997].

[81] Сигнеус — сестре Йоханне. Ситка. 29 сентября 1843 года; 8 мая 1844 года. Франкенхойзер — сестре Натхен. Ситка. 8 мая 1842 года; 15 мая 1843 года.

[82] Франкенхойзер — сестре Натхен. Ситка. 8 мая 1842 года.

скользкими и недалекими». Приближаясь к концу своего пребывания в Русской Америке, Сигнеус пришел к выводу, что люди в Ситке вели «бездушное существование», что пагубно сказывалось на их эмоциональной жизни. «Великолепная природа Ситки и недалекие люди отучили меня как шутить, так и плакать»[83].

Одна из небольших групп в Ситке была сформирована вокруг Маргареты Бартрам. Она называлась «финской партией», а языком общения был язык финской элиты — шведский. Финская культура и ее национальное пробуждение были объединяющим фактором группы[84]. Они регулярно встречались, обычно в доме супругов Бартрам, и часто вместе отмечали финские национальные праздники в соответствии с традициями своей родины[85]. Сестра Маргареты Бартрам, Ульрика Вильгельмина Шварц, Сигнеус, Франкенхойзер, Анна Маргарета Оман и ее дочь, Элиза Оман, составляли ядро группы. Госпожа Оман, вдова, была экономкой семьи Этолин, что означало, что «финская партия» общалась вне классовых границ. Однако следует отметить, что госпожа Оман происходила из относительно богатой семьи бухгалтера, что означало, что она получила воспитание среднего класса[86].

Муж Маргареты Бартрам, Юхан, подолгу находился в море. Таким образом, госпожа Бартрам часто оставалась дома одна. И Франкенхойзер, и Сигнеус считали себя ее опекунами. Она, по-видимому, была очень приятным человеком и немного облегчала жизнь в Ситке своим двум поклонникам. Как и подобает священнику, Сигнеус описал ее как ангела, спасшего его от несчастий, связанных с вынужденной жизнью в Ситке: «Безусловно, это место нехорошо для меня, и если бы не г-жа Б., которую Всемогущий Отец дал мне в качестве ангела-утешителя, то я не знаю,

---

[83] Сигнеус — сестре Йоханне. Ситка. 8 мая 1844 года.

[84] Здесь важно понимать, что финское национальное пробуждение возглавили шведскоязычные интеллектуалы Финляндии.

[85] Франкенхойзер — сестре Натхен. 15 мая 1843 года; 8 мая 1842 года; см. также [Enckell 2001: 110].

[86] Франкенхойзер — Паулю. Ситка. 17/29 сентября 1841 года; 8 мая 1842 года; см. также [Enckell 2002a].

что бы со мной стало»[87]. В одном из ранних писем к сестре, написанном еще на корабле «Николай I», Сигнеус признался, что в лице Маргареты Бартрам Бог позволил ему найти «человека со схожими взглядами здесь, среди этих по большей части материальных людей, и человека, с которым я мог бы так открыто и искренне общаться»[88]. Франкенхойзер, который позже женился на Элизе Оман, также был полон восхищения Маргаретой Бартрам. Он описал ее как хорошую женщину, глубокую и здравомыслящую, что делало общение с ней необычайно приятным[89]. Дружба, которая завязалась между госпожой Бартрам, Сигнеусом и Франкенхойзером, стала предметом множества сплетен, и Маргарета Этолин открыто выражала по этому поводу свое неодобрение.

Другая группа, которая регулярно встречалась, состояла из немецкоговорящих сотрудников РАК. Эта группа привлекала не только прибалтийских немцев, таких как Леонард фон Хардер и Иоганн Самуэль Линденберг, но и прибалтийских шведов, братьев Мартина и Кристиана Клинковстрём, которые свободно говорили на шведском, немецком и русском языках. Иногда они встречались дома у Сигнеуса и Франкенхойзера, курили сигары, пили спиртное и говорили о вещах, которые всем были интересны. В отличие от своих финских друзей, Александра Франкенхойзера и Юхана Бартрама, которые выросли в немецкоязычных домах в Выборге, Сигнеус не чувствовал себя как дома в этой среде. Свидетельства того времени показывают, что финны (в том числе ингерманландские) и эстонцы, не принадлежавшие к элите, образовали еще одну группу, которая общалась в свободное время, используя лютеранскую церковь Ситки в качестве социальной платформы [Enckell 2001: 110][90].

---

[87] Сигнеус — сестре Йоханне. Ситка. 18 ноября. Год неизвестен.

[88] Сигнеус — сестре Йоханне. Рио-де-Жанейро. 27/12 1839 года.

[89] Франкенхойзер — сестре Натхен. Ситка. 8 мая 1842 года.

[90] Ингерманландские финны произошли от финнов-лютеран, переселившихся в Ингрию, то есть область вдоль южного берега Финского залива (ныне часть России) в XVII веке, когда Финляндия и Ингрия входили в состав Швеции [Kurs 1994].

Тот факт, что Франкенхойзер и Бартрам принадлежали к разным социальным группам, говорит о том, что в колониальной Ситке этнические границы могли быть преодолены. Учитывая космополитическое происхождение многих сотрудников Компании, это неудивительно. Членство в группе удовлетворяло потребности в принадлежности, которые иногда были связаны с этнической принадлежностью, а иногда и нет. Значимость членства в группе в Ситке стала очевидной, когда Ульрика Вильгельмина Шварц, младшая сестра Маргареты Бартрам, вышла замуж за Александра Гаврилова, русского морского офицера. Это означало, что Ульрика Вильгельмина должна будет остаться в Ситке, когда остальная часть «финской партии», включая ее сестру, вернется домой. Осознав, насколько одинокой она станет, она начала все больше общаться с русскими женщинами, предпочитая их своим соотечественницам[91].

Маргарета Этолин, по логике вещей, должна была принадлежать к «финской партии», но она, похоже, не общалась с ними, за исключением определенных официальных случаев. Дело не в том, что ей не нравились финны или Финляндия или что она чувствовала себя обязанной подняться над этническими разногласиями из-за своего положения в колонии. Напротив, хотя Маргарета представляла Российскую империю, она все еще была глубоко привязана к своей собственной странc. В отличие от Елизаветы и Анны, Маргарета выражала чувства национализма и считала важным, чтобы ее любовь к финской родине передавалась следующему поколению. Это стало еще важнее, когда ее детям пришлось расти в другой части света. Она молилась, чтобы Бог научил их «любить свое Отечество; чтобы они чувствовали привязанность к своей земле, даже если она не носила их колыбели». В конце концов, «это все еще их родная земля»[92]. Для Маргареты имело особую важность Рождество — не только из-за его христианской значимости, но и из-за его культурных традиций. В Сочельник она приглашала всех финнов на ужин и стара-

---

[91] Сигнеус — сестре Йоханне. Ситка. 8 мая 1844 года.

[92] Дневник Маргареты Этолин. 9 мая 1844 года.

лась сделать все «настолько финским, насколько это возможно» [Sahlberg 2007: 201]. В отличие от Сальберга, которому было скучно, Сигнеус описал это как необычайно приятное событие, в основном потому, что отсутствовали обычные формальности и этикет. Он особенно упомянул, что экономка, госпожа Оман, присоединилась к ним за столом вместе со своей дочерью Элизой, чего никогда раньше не случалось. Обычно «королевская чета» старалась соблюдать классовые различия[93].

В то время как чета Этолин пыталась поддерживать финские традиции в колониях, они, по-видимому, следовали русским обычаям в своем официальном качестве. Александр Роуэнд, сопровождавший сэра Джорджа Симпсона в его путешествиях по миру в 1841–1842 годах, описал «характерные особенности русского ужина» в доме губернатора. По его словам, они начали с водки и закусок на русский манер. Затем порядок подачи блюд следовал русской традиции. Когда ужин закончился, гости поклонились хозяйке, а затем друг другу, опять же «по русскому обычаю»[94].

Хотя Маргарета высоко ценила финские традиции, она не общалась со своими соотечественниками-финнами. На самом деле у нее не было близких друзей, которым она могла бы довериться. Некоторые из ее соотечественников, похоже, сильно ее недолюбливали. Сальберг описывал Маргарету как высокомерную, холодную и незаинтересованную и иронически называл ее «императрицей Ситки», «Ее Светлостью» или «Ее Высочеством». Он жаловался, что за ужином Маргарета пыталась общаться со всеми, но редко слушала то, что они говорили [Ibid.: 178, 197]. Сигнеус, со своей стороны, обнаружил, что особенно трудно было смириться с тем, что он назвал «высокомерием и капризным нравом» Маргареты, а также с тем фактом, что иногда «Ее Высочеству [было] приятно поговорить», но в других случаях, когда кто-то не соблюдал этикет, она молчала. Как и Сальберг, Сигнеус находил Маргарету холодной и равнодушной. Она говорила с ним

---

[93] Сигнеус — сестре Йоханне. Ситка. Зима 1840–1841 годов. 1 января.

[94] Цит. по: [O'Grady 2001: 181–182].

о погоде и подобных вещах, но их беседа очень редко длилась дольше пяти минут и редко выходила за рамки обмена банальными фразами. Тем не менее, хотя он находил ее высокомерной и назойливой, он признавал, что иногда она могла быть довольно *hygglig* — шведское слово, означающее «любезный» или «милый». Сигнеус понял, что отношение Маргареты к нему было обусловлено его репутацией и отзывами о нем Сальберга, который, по словам Сигнеуса, убедил Маргарету, что он «плохой человек»[95]. Франкенхойзер высказал о Маргарете более взвешенное мнение. Он был единственным из ее соотечественников, кто заметил, что ее чрезвычайная сдержанность в обществе стала более заметной после смерти сына. Другие обычно истолковывали ее сдержанность как равнодушие и высокомерие[96]. На самом деле, то, что Маргарета уделяла особое внимание форме и этикету, вполне могло быть характерной чертой ее сдержанной натуры.

Образование и опыт Маргареты дали ей определенную уверенность в себе и независимость по сравнению с другими женщинами ее времени. Но это также привело к разочарованию. Если бы она была мужчиной, она могла бы выставлять напоказ свои знания, но как добропорядочная христианка 1840-х годов она находила такое поведение неподобающим. Женщину с детства учили спокойно выполнять свои обязанности, а не преуспевать [Sandford 1842: 10, 145]. Она не должна стремиться блистать или вызывать восхищение, а должна нравиться. «Если, как гласит поговорка, у женщины "больше головы, чем сердца", она может быть очень умной, приятной личностью, но она не настоящая женщина», как выразилась одна женщина-педагог того времени [Mulock Craik 1858]. Считалось, что женщине не подобает спорить и возражать. Женщина должна быть скромной и любезной, услужливой по отношению к другим и довольной, какая бы доля ей ни выпала. Христианство позволяло следовать этому пути самоотречения, о чем Маргарета прекрасно знала [Sandford 1842:

---

[95] Сигнеус — матери, Йоханне Фредрике Сигнеус. Ситка. Сентябрь 1840 года; Сигнеус — сестре Йоханне. Зима 1840–1841 годов. 16 декабря.

[96] Франкенхойзер — сестре Натхен. Ситка. 8 мая 1842 года.

55—56, 61, 63, 72, 76, 82]. Франкенхойзер, который узнал Маргарету ближе в качестве врача, был впечатлен ее образованием и смирением, которое она проявляла к своему менее образованному мужу. Он находил достойным восхищения то, что в его присутствии она не выставляла напоказ свои знания о вещах, о которых он не знал, и очень редко вообще их проявляла. Никто из наблюдавших за Маргаретой, кажется, даже отдаленно не подозревал о черном отчаянии и бурях эмоций, которые скрывались за ее спокойным и правильным поведением.

Глава 4
Внутренняя жизнь жены губернатора

Мало кто в Ситке замечал глубокий разрыв между личной и общественной жизнью Маргареты Этолин. Большинству жителей она казалась весьма компетентной женой губернатора, которая серьезно относилась к своей цивилизаторской роли, давала образование креольским девочкам и осуществляла моральное лидерство. Некоторым она казалась чрезмерно ревностной в этих стремлениях, и они были склонны описывать ее как злую, высокомерную, капризную и властную женщину[97]. Однако ее дневник раскрывает очень чувствительную, сдержанную, одинокую и, прежде всего, глубоко несчастную молодую женщину, чья жизнь развалилась, когда умер ее маленький сын, и которая боролась с непреодолимым чувством вины перед мужем, матерью и Богом. В какой-то степени эта двойственность характера Маргареты была результатом контраста между женщиной, которой она хотела быть или считала, что должна быть, — зависимой, покорной, скромной, — и женщиной, которой она была на самом деле, — независимой, критичной, обладавшей высоким интеллектом, решительной и сильной. Жесткие требования, которые Маргарета предъявляла себе в личной жизни, были следствием ее религиозного воспитания и были связаны с ее представлением о том, чего от нее как от женщины ожидали и ее

---

97 См., напр., письма Уно Сигнеуса из Ситки. Национальный архив Финляндии. Коллекция Сигнеуса 1839–1845 годов и [Sahlberg 2007].

мать, и ее Бог. Чувство вины, которое она испытывала по отношению к Адольфу Этолину, возникло из ее чувства несоответствия роли хорошей жены.

Благочестие и покорность были добродетелями, центральными в предписывающей концепции женственности во времена юности Маргареты. Эта концепция была связана с евангельским христианским движением, которое в XIX веке распространилось по Европе и Америке. Маргарета была воспитана в этом духе[98]. Зависимость была в основе этого понятия женственности, и новым субъектом женского пола была благочестивая жена и мать. Ее миссия состояла в том, чтобы заботиться о своем муже и почитать его, воспитывать их детей и устраивать и поддерживать приятный и счастливый дом — уютное место отдыха, радости и комфорта [Welter 1976: 37–38; Davidoff, Hall 1987: 114][99]. Предполагалось, что она будет советчицей и другом своего мужа,

> …делая своим ежедневным занятием облегчение его забот, успокоение его печали и приумножение его радости… и своим благочестивым, усердным и благообразным поведением постоянно стремясь сделать его более добродетельным, более полезным… и более счастливым [Miller 1808: 255].

Маргарета находила невероятно трудным соответствовать этим требованиям. Еще до прибытия в Ситку ей было трудно соответствовать роли идеальной жены. Через три месяца после замужества она говорила себе, как ей повезло быть той, «кто любит и любима». Но она боялась, что она недостаточно хорошая жена для Адольфа[100]. Ей было трудно быть всегда терпеливой, доброй и всепрощающей, всегда говорить мягким тоном, «проявлять одну и ту же сердечность» во всем, что она делала, «ту же

---

[98] Английские книги с полезными советами читали в оригинале, но их также быстро переводили на шведский язык.

[99] Об этом же явлении в шведском контексте см. [Steinrud 2008: 139–140, 154; Rundquist 2001; Bjurman 1933]; источники того времени см. [Sandford 1842; Mulock Craik 1858].

[100] Дневник Маргарет Этолин. 29 сентября 1839 года.

самую нежность и изящность в движениях» и в целом быть «скромной, счастливой» [Sandford 1842: 56–61].

Чувство вины Маргареты перед мужем усилилось во время ее пребывания в Ситке. Когда она причастилась рядом с мужем в первый раз с момента прибытия в Новый Свет, она почувствовала себя очень счастливой. Тем не менее она винила себя за то, что была «такой слабой», и молила Бога дать ей силы бороться с «греховным желанием». Ей требовались силы, «чтобы постоянно желать чего-то правильного», а «ее сердце» было «слишком неправильным, чтобы осмелиться надеяться на то, что она сможет наслаждаться покоем, который дает чистая совесть». Снова и снова она возвращалась к своим прежним недостаткам и совершала новые проступки. Хотя Маргарета никогда не объясняла, что она имела в виду под своим «греховным желанием» или своими недостатками, скорее всего, она имела в виду свою слабую веру и «плохой» характер. Может ли Бог действительно простить такого порочного человека, спрашивала она себя:

> Какие заветные, святые обязательства Ты, Отец Небесный, не дал мне исполнить? Я жена. Скрасила ли я, как Ты повелел, дни мужа, которого Ты мне дал? Старалась ли я с нежностью и любовью сделать его дом тихим местом, где он мог бы забыть о неприятностях, тревогах, которые неизбежно влечет за собой внешняя жизнь; где он мог бы набраться сил для своего тяжелого труда и где он мог бы найти покой и мир после выполнения своих обязанностей? Сдержала ли я, как Ты повелел, слово, что не я была причиной минутного меланхоличного настроения, а оно возникло во мне само? Смиренно ли я приняла исправления и осталась ли я свободной от подозрений и обид? Как должна я, по совести, отвечать на эти и подобные вопросы?[101]

В годовщину помолвки Маргарета снова вернулась к теме своей несостоятельности как жены. Она знала, что ей не следует жаловаться, и говорила себе, как ей повезло выйти замуж за достойного человека. В отличие от многих женщин, которые

---

[101] Дневник Маргареты Этолин. 30 августа 1840 года.

вспоминали этот особенный день с горечью и гневом, она могла «с благодарной радостью благословить тот момент, который связал ее сердце и благополучие ее жизни с сердцем и благополучием благородного любимого мужа». И все же она чувствовала себя неспособной выразить ему свою любовь:

> Только дай мне... возможность быть для него такой, какой я должна быть, о чем я так горячо молилась в этот день два года назад... О, если бы я только могла с большим удовлетворением оглянуться на прошлое в следующем году, когда этот день наступит, сознавая, что лучше выполнила свои обязанности[102].

Несмотря на неуверенность в себе, которая наполняла ее дневник, Маргарета, похоже, на самом деле очень любила своего мужа. Когда Адольф уехал в свою первую инспекционную поездку по колониям, она села за письменный стол мужа в 9 часов вечера, чтобы написать ему любовное послание в своем дневнике в ответ на письмо, которое она получила от него тем же утром. Она начала свое письмо с рассказа о том, как поцеловала его письмо, потому что это было последнее, чего коснулись его губы. Она написала:

> Я хочу поговорить с тобой... Я хочу поблагодарить тебя за каждое доброе, каждое важное слово, содержащееся в твоем письме, а я не могу написать тебе ни одного письма, поэтому я выбрала такой способ выражения своих мыслей; возможно, ты когда-нибудь прочтешь эти строки — возможно, я сама не прочту — когда ты вернешься — у твоего сердца — в твоих объятиях — спасибо тебе, моя любовь, за все то счастье, которое ты подарил мне за эти два прошедших года; пусть тогда это несовершенное послание напомнит тебе о том, как тепло, как благодарно билось сердце твоей жены для тебя до последнего момента[103].

---

[102] Дневник Маргареты Этолин. 31/19 января 1841 года.

[103] Дневник Маргареты Этолин. 18/6 июня 1841 года. «В пятницу в 9 часов вечера за письменным столом моего мужа».

С отъездом Адольфа настроение Маргареты резко упало, и она почувствовала себя ужасно. Когда он отплывал, она наблюдала за его судном в бинокль, пока оно все дальше и дальше удалялось от нее. Мечтая о его возвращении, она написала в своем дневнике: «Как бы я была счастлива, если бы Бог даровал мне радость привезти тебе наших детей, здоровых и крепких». Она молилась ангелам, чтобы они защитили его и счастливо вернули домой к жене и детям. Ее единственным утешением была мысль о том, что Адольф, возможно, читает свои молитвы в то же самое время, что и она, и что их молитвы, хотя и исходящие из разных мест, одновременно возносятся на одни и те же небеса[104].

В дневнике Маргареты есть еще одно любовное послание Адольфу от 15 ноября 1842 года. В нем говорится о ее предчувствии того, что она вот-вот покинет эту землю и все и всех, кого она любила. Нет никаких объяснений, почему она так себя чувствовала, было ли это из-за физической болезни или душевной слабости. Примечательно, что запись в дневнике была сделана незадолго до годовщины смерти ее сына, в год, который был чрезвычайно трудным для Маргареты. Она писала:

> Адольф! Мой муж, мой друг, моя опора, Отец моих детей — неужели я покидаю тебя?! <...> Я так сильно любила тебя — так же сильно я буду любить тебя до последнего мгновения. Ты, который так долго скрашивал мою жизнь, — и когда-нибудь я буду любить тебя больше и теплее, там, наверху[105].

СМЕРТЬ ЭДВАРДА

Чувство неполноценности Маргареты резко усилилось после того, как ее первенец Эдвард, или Эда, неожиданно умер осенью 1841 года после непродолжительной болезни. Рассказ Маргареты о его последних часах звучит душераздирающе для любого родителя. На момент 25 октября Эда болел чуть больше недели. Мар-

---

[104] Там же.

[105] Дневник Маргареты Этолин. 15 ноября 1842 года.

гарета сидела у его кровати, ища силы и утешения в Библии. Разрываясь между надеждой и отчаянием, она пыталась истолковать ее смысл. Наткнувшись на отрывок о необходимости полной уверенности в Боге, о необходимости держаться веры и не бояться, она почувствовала надежду. Она верила, что слышит голос Бога, говорящий ей напрямую, что «мое дорогое дитя не умрет, что его не отнимут у меня, и какие блаженные слезы я пролила при этой мысли». В то же время она отметила, насколько она была готова «истолковывать слова и обетования Божьи согласно желаниям... собственного слабого сердца». Читая дальше, она наткнулась на отрывок о том, как спасение продвигалось через выносливость в скорбях, что постоянное процветание делало людей высокомерными и отвращало их от истинной веры.

В своем дневнике Маргарета переписала «слова Божьи», которые стали для нее столь важными: «То, что я дал, я могу забрать обратно... То, что я дал, мое, и, когда я заберу это обратно, я не возьму того, что принадлежит тебе». Читая этот отрывок, она была поражена ужасным осознанием того, что ее Эда может умереть, и она отрезала прядь его волос и положила в Библию, пока он продолжал спать. Затем она написала: «...меня пронзила холодная мысль, что, возможно, это последний локон, который ты когда-либо срежешь с головы живого мальчика». Она быстро отрезала еще одну прядь,

> ...но затем он проснулся, потому что моя рука дрожала, и, возможно, слеза упала на его маленькую головку. «Мамочка», — сказал он тихим жалобным голосом и протянул мне свою тонкую, изможденную ручку — и его слабый взгляд все еще выражал нежность — но вскоре он закрыл глаза...[106]

Маргарета молилась, чтобы Бог смилостивился над ее бедным малышом, и неразборчиво написала: «Боже мой! Боже мой, прости меня!»[107] На этом этапе отчаяние Маргареты можно

---

[106] Дневник Маргареты Этолин. 21/7 ноября 1841 года.

[107] Там же.

прочитать в ее почерке, поскольку она больше не могла контролировать форму своих букв и слов. Когда рассказ Маргареты о смерти Эды достигает своей кульминации, ее почерк становится неуверенным и несдержанным, пока ее отчаяние буквально не кричит, выплескиваясь наружу в форме размашистых крупных букв, которые покрывают всю страницу, заходя на поля[108].

Долгое время горе Маргареты по поводу смерти сына затмевало все. Тем не менее ее горе не приняло форму публичного проявления эмоций, что было обычной практикой в XIX веке [Stearns 2006: 58]. Она горевала в одиночестве и ушла в себя. Прежде всего, она боролась с конфликтом между своей материнской любовью и Божьей волей, конфликтом, который был сосредоточен на ее праве на собственного ребенка и ее праве скорбеть о своей утрате. Маргарета была воспитана с верой в то, что дети были всего лишь одолжением, что Бог забирает их обратно, когда ему угодно. Но когда это случилось с ней, она почувствовала, что Бог предал ее и отнял у нее сына. И все же она едва ли могла признаться в этом чувстве даже самой себе. Поскольку Бог не мог нести ответственности, она возложила всю вину на себя — вину за смерть Эдварда и вину за свою неспособность оправиться от своей потери. Она пришла к мысли, что ее слабость, ее неспособность следовать правильному пути и жить согласно своей вере побудили Бога наказать ее. Ее собственная слабость сделала ее несовершенной матерью, и поэтому Бог забрал Эду «из-под моей опеки ради опеки лучшей»[109]. Ее воспитание заставило ее поверить, что ее страдания были «справедливым испытанием». От нее ожидалось, что она будет благодарить Бога «за рану от боли и утраты, из-за которой Ты позволил моему сердцу истекать кровью», но она не могла чувствовать ни благодарности, ни надежды. Как истинная христианка, она не имела права так сильно унывать или испытывать такое сильное горе. Поэтому она не имела права просить о помощи. Она ошиблась в своей вере, и Бог наказал ее. Маргарета ушла в себя и впала в тяжелую депрессию.

---

[108] Там же.

[109] Дневник Маргареты Этолин. 31/19 января 1842 года.

Поскольку ее чувства были социально неприемлемы, а в Ситке ей никто не мог помочь, она использовала свой дневник как инструмент терапии — так же, как и тысячи других женщин в то время[110].

Франкенхойзер, который был лечащим врачом, написал своей сестре, что как лечащий врач он никогда не испытывал такой тяжелой недели, как та, когда Эда был болен. И он молился, чтобы ему больше никогда не пришлось стать свидетелем таких трагических сцен. В последние дни жизни Эды Франкенхойзер едва мог выходить из дома, потому что Маргарета «почти лишилась рассудка»[111]. Тем не менее Франкенхойзер не оказывал Маргарете никакой помощи и не давал ей никаких советов. Он делал это не по злому умыслу или бессердечию. В 1840-х годах горе не считалось медицинским показанием и, следовательно, не предполагало никакого лечения.

Сама Маргарета не просила о помощи, но тосковала по матери, которая могла бы утешить ее в трудное время. Однако, находясь в глубокой скорби, Маргарета также чувствовала себя виноватой перед матерью за то, что она ее подвела. Мать научила ее, как найти путь к спасению. Хотя она часто отклонялась от этого пути, «спотыкалась и роптала на пути», ей не нужно было «искать истину и свет во тьме неверия и сомнений». Следовательно, это не вина матери, если «дочь — бесполезная служанка Господа». Неспособность Маргареты справиться со смертью Эды как подобает истинной христианке означала, что она пошла против воли Господа и тем самым против воли своей матери, которая научила ее любить Бога[112]. Таким образом, ее слабеющая вера также ослабила ее эмоциональную связь с матерью и лишила ее важного способа утешения и поддержки. Теперь она была совершенно одна.

Детская смертность в Европе XIX века была высокой, а принадлежность к среднему и высшему классам не была гарантией от

---

[110] О том, как и зачем писались дневники, см. введение.

[111] Франкенхойзер — сестре Натхен. Ситка. 8 мая 1842 года. Написано поэтапно в течение весны.

[112] Дневник Маргареты Этолин. 31/19 января 1842 года.

потери детей. Тем не менее, несмотря на то что это было обычным явлением, родители того времени оплакивали своих детей не меньше, чем современные родители [Harris 1993: 54]. Смерть ребенка была высшим испытанием христианской веры. Религиозные писания того времени описывали смерть ребенка как духовный вызов, который мог очистить души родителей и научить их подчиняться Божьей воле. Исследования П. Джалланд детской смертности в британских семьях среднего и высшего классов в XIX веке показали, что женщины лучше мужчин подчинялись Божьей воле и что они принимали смерть ребенка быстрее, чем мужчины [Jalland 2002: 71]. Было высказано предположение, что причина этой разницы может быть найдена в религиозном и социальном воспитании, которое учило женщин подчиняться Божьей воле, а также воле своего отца и мужа [Jalland 1996: 13, 119–142]. Матери научились таким добродетелям, как благочестивое смирение, терпение и послушание. Отцам, которые не усвоили эти предписанные «женские добродетели», было гораздо труднее принять свою утрату и смириться с Божьей волей. Они также были менее общительны и более склонны подавлять свое горе [Jalland 2002: 71, 138–139][113]. Кэтрин Тейт олицетворяет идеал матери-христианки XIX века. Когда пятеро ее детей умерли от скарлатины, она написала: «Я обратила свои страдания в молитву — молитву о том, чтобы Бог утешил нас во всей нашей скорби и укрепил нас, чтобы мы могли вынести и выстрадать все по Его воле»[114]. Шарлотта Саттор — еще один пример женщины, которая после недолгой борьбы за то, чтобы подчиниться Божьей воле, смирилась и пришла к выводу, что «живые требуют моей заботы, и было бы эгоистично с моей стороны предаваться печали, которая помешает мне выполнять мои обязанности»[115]. Однако важно помнить, что эти записи выражают идеал и что женщины часто сознательно представляли себя благочестивыми и по-

---

[113] От матерей ожидалось, что они будут терпеливо сносить свои страдания [Welter 1976].

[114] Цит. по: [Jalland 2002: 138].

[115] Дневник Шарлотты Саттор. Цит. по: [Jalland 2002: 78].

корными именно потому, что от них этого ожидали. Рассказы Тейт и Саттор были написаны постфактум и предназначались для прочтения другими, хотя и немногочисленными родственниками и близкими друзьями. Христианка XIX века, которая переносила свое горе со смирением и покорностью, обнаруживала, что «горести представляются ей смягчающими, облегчающими и преходящими» [Mulock Craik 1858: 107, 112]. В «Письмах матерям» миссис Сигурни утверждала, что

> ...представителям нашего пола до́лжно прилагать постоянные усилия к тому, чтобы с терпеливой улыбкой сносить беды и горести, которые могут быть нам уготованы. Кажется, этого и следует ожидать от нас, поскольку пассивные и непреходящие добродетели нам непосредственно присущи [Sigourney 1945: 252].

В ее поучительной истории мы узнаем о матери, понесшей тяжелую утрату, которая, испытывая адские муки из-за смерти своего ребенка, услышала внутренний голос, который сказал ей: «Господь любит радостного дарителя», после чего она поцеловала землю и произнесла: «Да будет моя воля Твоей» [Ibid.: 273]. Многие писатели того времени считали, что религия помогает женщинам пережить ужасные трагедии. По словам миссис Дж. Сэндфорд, «религия поистине возвышенна, когда она учит женщину в тишине больничной палаты склонять голову в терпеливом смирении и переносить выпавшие на ее долю испытания с христианской стойкостью и верой» [Sandford 1842: 42].

Тем не менее глубоко религиозным женщинам, таким как Маргарета Этолин, было порой тоже непросто смириться с потерей своих детей. В письмах и дневниках, которые женщины писали в этот период, смерть ребенка неизменно представляется им самым тяжелым испытанием и причиной бо́льших страданий и мятежных мыслей, чем любое другое событие в их жизни[116]. Как и Этолин, им было трудно смириться с постигшей их траге-

---

[116] См. сноску 53 в [Welter 1976: 30].

дией, и они колебались в своей вере [Jalland 2000: 119–142, 265–283, 318–338]. Например, Энн Хиггинс усомнилась в Божьем замысле отнять жизнь у ее невинного сына именно в момент их благополучного прибытия в Австралию, когда долгое и опасное путешествие было позади. В письме мужу она призналась, что чувствовала неспособность «восхвалять Бога». Другая австралийка, Гертруда Дрю, пребывала в таком потрясении, когда ее сын умирал, что даже не могла оставаться в его комнате. Оставив его на попечение медсестры, она ходила взад-вперед по коридору и горько плакала [Jalland 2002: 25, 26, 80–81].

Реакция на смерть детей в протестантских семьях XIX века определялась не только полом, но и уровнем образования человека, религиозной социализацией и привычкой к независимому мышлению. В ходе исследования детской смертности в Австралии выяснилось, что многие из мужчин, которые не признавали, что Бог имеет право забрать их ребенка, на самом деле были священнослужителями, которые обладали образовательными и интеллектуальными способностями подвергать сомнению Божий замысел. Маргарета тоже обладала такой способностью, и, несомненно, это было важной причиной, по которой ей было так трудно принять Божью волю. Другой причиной были ее одиночество и изоляция. Протестантская концепция «доброй смерти» была индивидуалистичной и, следовательно, зависела от поддержки семьи. Отсутствие поддержки семьи в Ситке, а также тот факт, что в далекой русской колонии было гораздо сложнее соблюдать траурные обычаи и ритуалы, чем в ее родной Финляндии, безусловно, негативно влияли на процесс горевания [Ibid.: 68; Rundquist 2001: 134]. Также было особенно тяжело оставлять маленького ребенка в таком отдаленном регионе, куда семья больше никогда не вернется. Елизавета и Фердинанд Врангель чувствовали то же самое, что и европейские женщины в далеких британских поселениях Компании Гудзонова залива. Опыт Маргареты в Ситке, таким образом, можно сравнить не только с опытом Елизаветы Врангель, но и с опытом британских женщин в столь же отдаленных поселениях Гудзонова залива [Kirk 1980: 198]. Эллен Барнстон, жена главного агента Джорджа Барнстона, служившего в округе Олбани, была так расстроена смертью двух своих дочерей, что ее муж опасался за ее рассудок [Ibid.: 138]. Летиция Харгрейв, которая была замужем за главным торговцем Джеймсом Харгрейвом, долго горевала о смерти своего второго ребенка в Йорк-Фэктори в декабре 1842 года. Прошло почти четыре месяца, прежде чем она достаточно оправилась, чтобы написать своей матери об этом печальном событии. По ее собственным словам (или, предположительно, по словам врача), однажды у нее случился «приступ нервных болей», из-за которого она пролежала 36 часов без движения. Это ее состояние продолжалось в течение месяца и постепенно прошло, но спустя четыре месяца она все еще постоянно думала о смерти своего ребенка [Macleod 1947: 136–137]. Другой пример — миссис Симпсон, жена Джорджа Симпсона, руководителя Компании Гудзонова залива, которая ужасно страдала после смерти своего новорожденного ребенка весной 1832 года [Kirk 1980: 198–199]. Физическая слабость обычно указывалась как причина, по которой она так и не оправилась после родов и в конечном итоге была вынуждена вернуться в Европу, но ее трудности с принятием смерти ребенка, вероятно, также повлияли на это решение [Simpson F. 1953–1954].

Родители XIX века, потерявшие своих детей, могли обратиться за утешением к специальной христианской литературе, которая пыталась сделать их потерю осмысленной и терпимой. Согласно этой литературе, родители должны были находить утешение в мысли о том, что их ребенок был спасен от страданий и греховного мира, будучи приведенным к Богу и ангелам на небесах, где жизнь его была намного лучше, чем она могла быть прожита на земле. Еще одним понятием, которое должно было утешить скорбящих родителей, была концепция воссоединения на небесах. Отцы и матери могли надеяться на воссоединение со своим умершим ребенком на небесах. Если родители жили праведной жизнью на земле, они бы воссоединились со своими детьми на небесах [Ibid.: 122–124][117]. Однако в христианском учении были

---

[117] См. также [Ulvros 1996].

элементы, которые осложняли процесс горевания. Трудность в объяснении того, как справедливый Бог мог причинить такие страдания и хотеть смерти, особенно смерти невинного ребенка, беспокоила многих. Подобно Маргарете, некоторые верующие были убеждены, что смерть их ребенка была Божьим наказанием за их собственные грехи, что добавляло огромное бремя вины к тому сильному горю, которое они уже испытывали. Сказывалось и общепринятое в христианстве мнение, что гнев и уныние представляют собой бунт против Божьей воли. Для скорбящих христиан, которые не могли радоваться раннему уходу своих детей на небеса, их глубокая печаль была признаком слабости веры [Jalland 2000: 265–266, 278–279]. Дина Мария Мьюлок, автор проповеднических произведений, которые Маргарета иногда цитировала, в то время она была популярна среди читательниц-женщин, писала, что горе дается нам не для того, чтобы мы его избегали:

> Это Божье наказание, которое не должно причинять боль только на короткое время, но должно быть частью нашего внутреннего «я», обладая очищающей, освящающей и изначально поглощающей силой. Женщина должна встречать настоящее несчастье с мужеством, бороться с ним, пока возможно сопротивление; и наконец, будучи побежденной, — терпеливо покориться и дождаться окончания бури, а когда тучи рассеются — встать и взглянуть на области покоя и света, которые никогда надолго не остаются скрытыми для чистых сердцем [Mulock Craik 1858: 102–103][118].

Она предостерегала от случаев, когда в душе рождалась горечь, которая «противодействует скорби согласно Божьему разумению». Горечь «заставляет нас держаться за горе, как за сокровище» [Ibid.: 110].

Маргарета прекрасно осознавала эту опасность. Фактически она использовала те же самые слова, что и Мьюлок[119]. Она знала,

---

[118] В оригинале с. 279.

[119] Несколько книг Мьюлок были переведены на шведский язык.

что ее продолжительное глубокое горе не было принято обществом. Требования женского самоотречения и тихого и стойкого мужества, столь важные для христианской литературы XIX века, усугубили ситуацию для Маргареты, которая была вынуждена скрывать свою боль и держать ее в себе. Она описывала ее как «зло, которое не могли устранить никакие лекарства, никакие холодные ванны... оно живет там, скрытое от всех, кроме Него, чей взгляд "проникает в сердца"». Больше всего она боялась, что, «возможно, Он наблюдает за этой болью с недовольством!»[120] Потребность Маргареты скрывать свое горе может показаться противоречащей образу романтического эмоционального XIX века, когда людей поощряли давать полную волю своим чувствам, а в семье складывались более теплые эмоциональные отношения. Согласно исследованиям, в то время в европейских семьях среднего класса было приемлемо проявлять сильные эмоции в связи со смертью ребенка. Даже евангелистов поощряли открыто плакать и скорбеть вместе, не чувствуя стыда [Stone 1979: 149; Jalland 2002: 4; Newsome 1961]. Однако это не означает, что длительная скорбь была приемлемой, особенно если она подразумевала обвинения в адрес Бога.

В своем дневнике Маргарета ясно дала понять, что не получает никакой помощи, кроме веры. Она была наедине со своим горем и не делилась им ни с кем, кроме мужа. Даже Адольф не знал всей степени ее отчаяния. Только Бог знал об этом в полной мере. Тот факт, что Маргарета была так далеко от дома и семьи, естественно, негативно влиял на нее. Больше всего она страдала оттого, что рядом не было матери. Адольф, похоже, не очень ей помогал, и он часто уезжал в длительные инспекционные поездки. Мысль о воссоединении на небесах приносила лишь слабое утешение. Такое воссоединение было слишком далеким. Более того, Маргарета сомневалась, что сможет оставаться хорошей христианкой теперь, когда она потеряла Эду, и поэтому она не

---

[120] Дневник Маргареты Этолин. 11/29 июля 1842 года. Понедельник. День Петра и Павла.

могла быть уверена, что когда-нибудь присоединится к нему на небесах. Даже мысль о том, что он теперь с Иисусом и наслаждается вечным блаженством, не приносила ей утешения[121].

ЖИЗНЬ ПОСЛЕ СМЕРТИ ЭДЫ

После смерти сына Маргарета почувствовала, что в жизни больше нет ничего безопасного. Она больше не чувствовала, что контролирует собственную жизнь. Колония казалась ей еще более чуждой и изолированной, чем раньше. Она постоянно беспокоилась, что что-то случится с ее вторым ребенком, или с Адольфом, когда он был в море, или с ее семьей в Финляндии. Запись в дневнике в канун нового, 1841 года отражает беспокойство, которое Маргарета чувствовала в преддверии предстоящего года. Теперь, когда произошло самое худшее, что она могла себе представить, могло случиться все что угодно. Она даже не была уверена в собственных реакциях и в том, что с ней станет. Какие моменты боли и радости принесет новый год? Она написала в своем дневнике: «Что останется мне в конце, из всего, что сейчас дорого моему сердцу, будь оно близко ко мне или далеко?! Что будет со мной и какой я тогда буду?!»[122]

Тревога и неуверенность, которые чувствовала Маргарета, повлияли на отлучение от груди ее младшего сына Александра, которому было всего шесть месяцев на момент смерти Эды, в октябре 1841 года. Когда Александру было девять месяцев, пришло время отлучать его от груди в соответствии с обычаями белых представителей среднего и высшего классов того времени. Но Маргарете было трудно терять эти моменты близости с сыном. Это было трудное время, писала она в своем дневнике, «для нас обоих, мой драгоценный малыш!» Она скучала по тому, что не могла видеть его светлую маленькую головку у своей груди. «О, мой дорогой! Твоя боль, возможно, сильнее, и твои слезы льются обильнее, но только одному Богу известно, кто из нас двоих

---

[121] Дневник Маргареты Этолин. 25/13 октября 1842 года.

[122] Дневник Маргареты Этолин. 12 января/31 декабря 1841/1842 годов.

больше страдает». Маргарете пришлось бороться как с желаниями Александра, так и со своим собственным. Только убежденность в том, что она причинит боль «еще одному невинному существу», могла удержать ее от того, чтобы поддаться слезам Александра и собственному желанию. Здесь ее чувство вины снова вышло на первый план, как это постоянно происходит на протяжении всего дневника. Она боялась, что Эдвард умер по ее вине; что она, отдав ему слишком много любви, или из-за эгоизма и слабости, причинила ему боль и что Бог поэтому забрал его у нее. Только страх причинить Александру такую же боль заставил ее отказаться от грудного вскармливания. Для нее грудное вскармливание было гораздо большим, чем просто «желание». Это было сильное чувство, которое трудно выразить словами, «потому что слова не могут точно выразить язык материнского сердца»[123].

В конце июня 1842 года Адольф отправился в очередную инспекционную поездку по колониям, и Маргарета снова впала в уныние. Она не хотела оставаться одна в Ситке. Адольф пытался утешить ее и показал себя романтичным человеком. За день до отъезда они с Маргаретой пошли на прогулку. Адольф нарвал цветов и подарил ей в знак своей любви. Вечером они пошли в его комнату и помолились вместе, но Адольф мало что мог сделать, чтобы утешить Маргарету. Она была одинока, напугана и безмерно страдала от чувства вины, связанного с ее религиозностью. Она боялась того, что могло случиться во время отсутствия Адольфа, и это заставляло ее еще сильнее желать его возвращения. Она боялась остаться наедине со своими страхами и несчастьем. После отъезда мужа единственным человеком, с которым она чувствовала близость, был ее маленький сын Александр. Но всякий раз, когда она смотрела на него, она вспоминала, что, как и Эдварда, его могут забрать у нее в любой момент. И если бы Бог забрал его, она не имела бы права жаловаться, потому что она не стала лучше, несмотря на суровое наказание, которое Он ей назначил и от которого ее сердце «все еще кровоточило». Она все еще не смирилась со смертью Эдварда и поэтому не могла «принять Бога». Ее вера была все еще слаба. Молитва

---

[123] Дневник Маргареты Этолин. 4 февраля/23 января 1842 года.

приносила ей лишь кратковременное облегчение, прежде чем ею овладевали мирские мысли. Она знала, какой путь ей следовало избрать, но не могла заставить себя следовать ему. Таким образом, не было похоже, что она сомневалась в поисках света. Бог позволил ей увидеть свет мира, и, несмотря на свою глубокую депрессию, она держалась за свою веру. Это делало ее вдвойне виноватой: «Я вижу истинный путь, который ведет к свету и спасению, — писала она, — ...и все же не иду по нему»[124].

День отъезда Адольфа Маргарета провела в саду с 14-месячным Александром, который был очень добрым и покладистым ребенком. Проведение времени с ним приносило ей утешение. Она даже могла разделить с ним свою тоску, потому что он скучал по отцу так же, как она скучала по мужу. Каждый вечер они вместе целовали оставленную Адольфом шапочку и желали ему спокойной ночи. Затем Александр вздыхал и произносил: «Папочка». Несмотря на такие приятные моменты, в доме губернатора не все было хорошо. Отсутствие Адольфа и время, проводимое Маргаретой наедине с сыном, напоминали ей о предыдущем лете, когда она была наедине с Эдой, которому тогда было примерно столько же лет, сколько теперь было Александру. Каждое движение, каждый слог, произнесенный Александром, вызывали воспоминания об «ушедшем Ангеле». Она снова почувствовала, что ее материнская любовь вступает в противоречие с Божьей волей. «Если бы мое горе было в согласии с Божьим замыслом, — написала она в своем дневнике, — то воспоминания об Эде не были бы такими мучительными»[125]. Она просила прощения за этот грех, но не смогла удержаться и добавила: «Эда! Мой Эда! Как же сладко было видеть его сияющие глаза, слышать его любимый голос!» Написав это, она сразу же испытала чувство вины. Она упрекала себя в эгоизме, в том, что любит только себя и ищет радости для себя. В конце концов, что значили ее забота и нежность «в сравнении с тем, чему он радуется перед Сердцем Спасителя?»[126]

---

124 Дневник Маргареты Этолин. 3/11 июля 1842 года.

125 Здесь Маргарета использует ту же фразу, что и Д. Мьюлок.

126 Дневник Маргареты Этолин. 11/29 июля 1842 года.

Эта запись в дневнике также свидетельствует о том, что идея воссоединения на небесах не принесла Маргарете никакого утешения. Читая Библию, она наткнулась на историю воссоединения Иосифа с отцом и братьями. Это навело ее на мысли об Эдварде, но не об их счастливом воссоединении на небесах. Вместо этого она думала о том, что «никогда больше на этой земле» она не возьмет на руки своего сына, «которого я видела опускаемым в темное чрево земли; сына, который первым научил меня испытывать блаженство материнства — то самое высокое, самое чистое, что Бог дал человеку»[127]. Маргарета не могла понять, как материнская любовь может быть высшей и самой чистой формой любви и в то же время чем-то греховным[128]. Став матерью, Маргарета все больше думала о своей собственной матери, по которой она так сильно скучала. Тем не менее она обнаружила, что за все лето не смогла написать своей матери ни слова. Она боялась, что не сможет справиться со своей тоской по дому и своим горем, потому что «необъяснимая печаль охватывает меня, как только я собираюсь начать эти дорогие письма, и мысли, чувства, бесчисленные и горькие, переполняют меня — я не могу!»[129] Она также беспокоилась, что Бог призовет ее мать к Себе, прежде чем она вернется в Финляндию.

Несмотря на то что, по-видимому, они с мужем любили друг друга, Маргарета не полностью делилась своим горем с мужем. Из доступных источников не ясно, в какой степени он понимал, через что ей пришлось пройти. Маргарета была очень скрытным человеком, но она также знала, что ее чувства греховны в глазах Бога и что они выражают ее неспособность выполнять свой супружеский долг. Тем не менее Адольф действительно пытался утешить ее. В годовщину смерти Эдварда они вместе навестили могилу своего сына. Маргарета принесла бессмертники — любимые цветы Эды. Но Адольф показал ей, что на его могиле растут гораздо более здоровые и красивые цветы, и сказал: «Видишь,

---

[127] Там же.

[128] Дневник Маргареты Этолин. 11/29 июля 1842 года.

[129] Дневник Маргареты Этолин. 18/6 августа 1842 года.

ему не нужны наши цветы, у него самого есть гораздо более красивые цветы, и он дарит их тебе»[130]. Адольф, по-видимому, понимал потребность Маргареты чувствовать связь с Эдой, и идея о том, что их ребенок приносит утешение с той стороны могилы, была попыткой установить эту связь.

Хотя Адольф не мог сделать Маргарету счастливой, она испытала огромное облегчение, когда летом 1842 года он неожиданно вернулся домой после всего лишь пятинедельного отсутствия. Для Маргареты это были пять очень долгих недель дождей и холода. Подавленная тревогой и страхом, что она столкнется с новыми несчастьями, болезнями и смертью, она испытала облегчение оттого, что семья снова была вместе, в целости и сохранности[131]. Тем не менее ее горе и сопутствующее ему чувство вины не покидали ее всю осень и повлияли на ее жизнь в Ситке.

Спустя год после смерти сына Маргарета все еще была разочарована в себе из-за того, что Божья кара не научила ее тому, как стать лучше. Почему чаша страданий, которую дал испить ей Бог, не сделала ее более терпеливой, более любящей или более удовлетворенной? Молитва, которую она произносила в слезах и отчаянии, не помогала ее сердцу. Бог не услышал ее, но, как добрая финская лютеранка, она винила в этом себя. Она не могла противостоять злым мыслям и своему слабому сердцу. Она не могла принять Божью милость и найти утешение в словах «грехи твои прощены. Наберись мужества». В результате она чувствовала себя отделенной от истинной, вечной любви Бога. Она обращалась к Иисусу, ибо Он истинно говорит: «...о чем ни попросите Отца во имя Мое, даст вам». Христос был всепрощающим, и именно «Его любящим сердцем» ее ребенок, ее первенец, упокоился и наслаждался «вечным блаженством». Но она не могла быть уверена даже в прощении Христа и в конце концов обратилась к своему сыну: «О мой дорогой! Мое милое, дорогое дитя, молись за свою мать!!!»[132] Только на краткие мгновения

---

[130] Дневник Маргареты Этолин. 27 октября 1842 года.

[131] Дневник Маргареты Этолин. 18/6 августа 1842 года.

[132] Дневник Маргареты Этолин. 25/13 октября 1842 года.

«небесное утешение проникало» в ее сердце. Ее душа «едва могла подняться над земной болью, потерей и горем», пока они не отягощали ее и «не заключали в темницу»[133]. Хорошо понимая, что «мрачная мысль о том, что Бог в своем гневе наказал меня», было ложным и что истинная цель Бога — очистить и освятить ее душу, она все еще не могла найти достаточно утешения в своей религии. Проблема была в том, что она на самом деле не доверяла Богу, его способности или готовности дать утешение. В своем дневнике она отмечает: «О Боже, сомневаюсь ли я в Твоем всемогуществе или Твоем милосердии, когда я, испытывая глубокую горькую боль, чувствую, что в моем сердце нет покоя?»[134] Но в какой-то степени она не хотела отпускать свои горе и утрату. Она еще не была готова смириться с тем, что потеряла ребенка. В то же время она боялась, что будет недостойна находиться рядом с ним, когда придет ее время[135].

Тот факт, что ей не удалось стать лучше (то есть более терпеливой, любящей и удовлетворенной), повлиял на отношения Маргареты с жителями Ситки. Прежде всего, она чувствовала вину перед мужем. Женщины ее времени, особенно лютеранки, были воспитаны так, что считали себя недостойными своих мужей. Маргарета всегда чувствовала, что она недостаточно хорошая жена для Адольфа, но эти чувства стали намного сильнее после смерти Эды. В 1842 году она призналась в своем дневнике, что, хотя она действительно любила мужа и будет продолжать любить его до последнего момента, она не показывала ему достаточно любви. Раньше она убеждала себя стать более достойной женой. Теперь она чувствовала себя неспособной что-либо с этим сделать. Она могла только пообещать, что будет любить его сильнее и теплее, когда они будут на небесах[136]. Ее трудности с проявлением любви и привязанности сохранялись в течение многих лет. Каждую годовщину свадьбы ее мучали угрызения

---

[133] Дневник Маргареты Этолин. 27 октября 1842 года.

[134] Дневник Маргареты Этолин. 1 ноября 1843 года.

[135] Дневник Маргареты Этолин. 27 октября 1842 года.

[136] Дневник Маргареты Этолин. 15 ноября 1843 года.

совести из-за того, что она не та женщина, на которой женился ее муж. В первый день нового, 1845 года она все еще не была удовлетворена своим поведением в качестве жены Адольфа и молила Бога помочь ей стать ему достойной супругой. Она спрашивала себя:

> Почему я должна чувствовать, что я все еще не такая? Неужели он не заслужил жену, сердце которой без боли и упреков полностью принадлежало бы ему, чья совесть не была изранена? Видно, мне не суждено было исполнять обязанности жены.

Мнение Маргареты о себе было настолько низким, что она не считала себя достойной какого-либо домашнего счастья: «Я не стою такого счастья», — писала она в своем дневнике. Она знала, что ее муж был прав, когда сказал ей, что может дать ей все, кроме одного — «и это единственное, что принесет счастье нам обоим — мира с самой собой»[137]. Вопреки тому, во что Маргарета верила в то время, она в конце концов обрела покой. Переписка между ней и Адольфом в последующие годы показывает, что у них сложились любящие отношения и что Маргарета наконец смогла почувствовать, что она «достойная жена»[138].

Но в 1842 году в Ситке чувство вины Маргареты начало сказываться на ее общественной жизни. В своей дневниковой записи от июня 1842 года она впервые заявила, что хочет «обеспечить счастьем всех, кто ее окружал»[139]. В следующем году она упрекала себя за то, что вышла из себя: «Мое сердце, снедаемое глубокой, неизлечимой болью, все еще так легко ранимо; мой дух озлобляется по самым незначительным, жалким причинам — в этом я часто признаюсь со стыдом и печалью»[140]. Несмотря на усилия Маргареты, дом губернатора не был счастливым, приятным до-

---

[137] Дневник Маргареты Этолин. 9 января 1845 года.

[138] Письма из частной коллекции.

[139] Дневник Маргареты Этолин. 18/6 июня 1842 года.

[140] Дневник Маргареты Этолин. 1 ноября 1843 года.

мом. Светские мероприятия часто воспринимались как чопорные и скучные [Sahlberg 2007: 177, 197][141]. Вознесенский был не единственным, кто «пообеда[л] у губернатора и прише[л] домой от скуки»[142]. Когда зимой 1842–1843 годов на маленьком озере образовался лед, многие воспользовались возможностью не ходить в дом губернатора по воскресеньям вечером и вместо этого проводили время, катаясь на коньках[143]. Атмосфера в резиденции часто была напряженной. Сигнеус описал один вечер, когда в гостиной сидело 14 или 15 женщин. Было так тихо, что можно было услышать, как по полу бежит мышь. Они просидели так с пяти часов до половины девятого. «Гости винят высокомерную хозяйку, она, должно быть, винит глупых гостей». Сигнеус считал, что «личность Ее Высочества, отмеченная этикетом и приличиями, ее учительское наблюдение и шпионаж» вызывали всеобщее недовольство как мужчин, так и женщин, и, по его мнению, «не без оснований»[144].

Через несколько недель после этого злополучного вечера в доме губернатора отмечали канун летнего солнцестояния. Гости играли в саду, и, судя по всему, вечер был довольно приятным. Но Сигнеус написал своей сестре, что этот вечер, как и другие развлечения в Ситке, характеризовался притворной веселостью. Все старались выглядеть счастливыми и довольными, но, когда он наблюдал за тем, как развлекается общество Ситки, они напоминали ему механические фигуры. «Дух истинной радости отсутствует»[145]. Таким образом, атмосфера значительно изменилась с тех пор, как они отпраздновали свое первое Рождество в Новом Свете.

---

[141] См. также: Сигнеус — сестре Йоханне. Ситка. 8 мая 1844 года; Франкенхойзер — сестре Натхен. Ситка. 8 мая 1842 года; 15 мая 1843 года.

[142] Дневник И. Г. Вознесенского. 25 февраля 1845 года. Цит. по: [Алексеев 1977: 80; Alekseev 1987: 60].

[143] Франкенхойзер — сестре Натхен. Ситка. 15 мая 1843 года. См. также [Sahlberg 2007: 197].

[144] Сигнеус — сестре Йоханне. Ситка. 8 мая 1844 года.

[145] Сигнеус — сестре Йоханне. Ситка. 13 июля 1844 года.

ЕЩЕ ОДНА СМЕРТЬ

Осенью 1843 года Маргарета перенесла еще один страшный удар, который добавил ей страданий. Она узнала, что ее любимая мать умерла от чахотки больше года назад, 24 июня 1842 года, в возрасте 57 лет. Один из самых больших страхов Маргареты за прошедший трудный год сбылся. Она больше никогда не увидит свою мать, а ее мать никогда не встретится со своими внуками. Маргарета была в отчаянии. «Три долгих года тоски! — а когда я разобью эти годы на дни, часы!..» Смерть ее матери также добавила ей чувства вины. Это сделало прошлое «безвозвратным». Теперь у нее не будет никакой возможности искупить преступление, которое она совершила, отвернувшись от Бога, по отношению к «ней — самой милой, самой благородной матери». Она уже не надеялась обрести покой[146].

27 апреля 1844 года Александру исполнилось три года. Это должно было стать радостным событием. Вместо этого Маргарете вспомнился предыдущий год, о котором она писала: «...я все еще верила, что Ее глаза увидят моих детей, что Ее благословенная рука будет покоиться на их головах!»[147] Это понятное разочарование заставило Маргарету снова упрекнуть себя в том, что она не сосредоточилась на своих женских обязанностях — быть любящей, терпеливой и удовлетворенной, распространять вокруг себя радость и любовь, превращая свой дом в пристанище мира и радости. Маргарете казалось, что ее мать преуспела в этом гораздо больше, излучая любовь вокруг себя. Маргарета, напротив, чувствовала, что ее сердце «так иссушено и опустошено», что она задавалась вопросом, сможет ли она когда-нибудь еще полюбить кого-то. Она определенно не чувствовала любви к себе. «О нет!» — восклицала она. Как она могла любить себя, когда она была настолько несовершенной и как жена, и как мать, и как дочь?[148]

---

[146] Дневник Маргареты Этолин. 1 ноября 1843 года. На самом деле прошло четыре года с тех пор, как Маргарета в последний раз видела свою мать.

[147] Дневник Маргареты Этолин. 9 мая 1844 года.

[148] Дневник Маргареты Этолин. 9 мая 1844 года.

Каждый вечер, перед тем как Александр ложился спать, она читала ему вечерние молитвы. В какой-то момент она поняла, что молитва, которую она читала, была первой, которую она сама узнала от своей матери. Это воспоминание вызвало волну грусти, потому что ни Александр, ни его младший брат Карл Вильгельм, родившийся в декабре 1842 года, никогда не произнесут дорогое имя своей бабушки в своих молитвах[149]. Более того, если бы Эда был жив, это была бы самая первая молитва, которой она научила бы его. Теперь у «его неполноценной матери» никогда не будет возможности научить его «славить Бога на светском языке». Каждую ночь Маргарета читала молитву, которой ее научила мать, и каждый раз ее переполняли эмоции, а глаза наполнялись слезами[150]. В эти трудные времена Адольф пытался утешить свою жену, но, похоже, он не до конца осознавал степень ее горя, ее тяжелую борьбу и внутреннее беспокойство. В письме к Софии и Луизе Лангенскёлд Адольф рассказывал им, что он часто утешал Маргарету в тишине ночи любящими словами и искренними молитвами. Но он также восхвалял смирение и сдержанность своей жены, пережившей этот тяжелый удар — смерть матери [Gulin 1943: 27].

После смерти матери и первенца Маргарета непрестанно беспокоилась об оставшихся близких. Она молила Бога забрать у нее все, что она все еще любила на земле, если она не могла «владеть этим без опасности потерять это навечно»[151]. Ей постоянно напоминали о смертности ее семьи. Например, в день рождения Александра они вместе посадили бессмертник, и Александр поливал его из маленькой чашки. Сначала Маргарета с радостью смотрела и думала о том, как будет здорово, когда он будет рвать с него цветы, но затем ее внезапно поразила мысль, что, возможно, эти цветы вместо этого украсят его могилу[152].

---

[149] Согласно лютеранской церковной практике, в вечерних молитвах упоминались только живые люди.

[150] Дневник Маргареты Этолин. 9 мая 1844 года.

[151] Дневник Маргареты Этолин. 13 октября 1843 года.

[152] Дневник Маргареты Этолин. 9 мая 1844 года.

В начале июля 1844 года Адольф отправился в очередную инспекционную поездку по колониям. Он написал утешительное письмо своей жене, из которого видно, что он хорошо знал о тревогах и беспокойствах Маргареты. Пытаясь успокоить ее, он написал: «Тоскуй! Но не скорби: уповай на всемилостивого Бога... Теперь я оставляю тебя и наших дорогих мальчиков на Его попечение и надеюсь с Его помощью вернуться в твои объятия целым и невредимым»[153]. Каким бы утешительным ни было это письмо, вскоре это утешение исчезло. Однажды августовским вечером, сидя за своим письменным столом в доме губернатора и делая записи в дневнике, Маргарета внезапно ощутила страх, что с Александром и Карлом случится какое-нибудь несчастье и она не сможет снова поприветствовать их утром. Она поспешно вошла в их комнату и посмотрела на спящих детей, чье «легкое дыхание мне было дороже самой сладкой музыки». «Если Бог милостив, я могу надеяться снова увидеть тебя завтра, — написала она в своем дневнике, — но Адольф, но София, когда же наступит то утро, которое вернет вас ко мне, а меня к вам?!..»[154] Судя по тому, что Маргарета упоминала также свою кузину Софию Лангенскёлд, она также беспокоилась о родственниках и друзьях в Финляндии. Ей снились кошмары, в которых ее кузина София была серьезно больна и ужасно страдала, а Маргарета не могла ей помочь. Ей также приснилось, что она получила письмо, в котором говорилось, что София умерла. Когда она проснулась, то не могла отделаться от мысли, что этот сон на самом деле может быть правдой[155].

Во время отсутствия Адольфа Маргарета учила Александра, или Алле, как его называли члены семьи, молиться у своей постели каждый вечер, говоря: «Боже, защити и благослови моего доброго дорогого отца». Услышав это, его младший брат Карл, или Вилле, которому было около двух лет и который умел говорить только

---

[153] Адольф Этолин — Маргарете Этолин. 4 июля 1844 года. Письмо хранится у родственников.

[154] Дневник Маргареты Этолин. 13/1 августа 1844 года. Вероятно, упоминая Софию, она имела в виду Софию Лангенскёлд, свою лучшую подругу и кузину.

[155] Там же.

несколько слов, сложил руки на груди и пролепетал: "gu goa pappa", что примерно означало «Боже, дорогой папочка». Однако Маргарета, как всегда, сомневалась, что Бог защитит Адольфа. На самом деле она не была уверена, что Он хоть немного прислушается к ее тревогам. Поэтому она попросила свою мать на небесах воззвать к Божьей милости для них всех[156]. И снова становится очевидным, как мало она чувствовала уверенности в себе, живя в колонии. Она пыталась заставить себя почувствовать себя лучше, говоря себе, что независимо от того, что решил сделать Бог, она не имеет права жаловаться. Она верила, что все, что бы ни случилось, произошло по Его воле и всегда будет для ее же блага[157].

Позже, летом 1844 года, Маргарета слушала, как Йоханнес, мальчик-слуга, читал из «Робинзона Крузо»[158] о преимуществах умения ждать и проявлять терпение. В этом отрывке явно звучали пуританские принципы, которые подействовали на Маргарету до такой степени, что ее глаза наполнились слезами. Мораль заключалась в том, что все люди должны привыкать с детства отказываться от долгожданных удовольствий без нетерпения или ропота. Только так люди могли переносить многочисленные лишения, которые были частью жизни каждого человека, и терпеливо ждать момента, когда Господь сочтет нужным услышать их пылкие молитвы и развеять сомнения и страхи, которые грозили омрачить их души[159]. Эти слова заставили Маргарету расплакаться. Она чувствовала, что Он обращается непосредственно к ней. Она так долго боролась с чувством вины и сомневалась, что Бог когда-нибудь услышит ее молитвы. Трудность принятия потери

---

[156] Дневник Маргареты Этолин. 3 ноября 1844 года.

[157] Дневник Маргареты Этолин. 13/1 августа 1844 года.

[158] Имеется в виду роман Д. Дефо «Робинзон Крузо» (1719). Полное название — «Жизнь, необыкновенные и удивительные приключения Робинзона Крузо, моряка из Йорка, прожившего 28 лет в полном одиночестве на необитаемом острове у берегов Америки близ устьев реки Ориноко, куда он был выброшен кораблекрушением, во время которого весь экипаж корабля, кроме него, погиб; с изложением его неожиданного освобождения пиратами, написанные им самим». Роман содержит элементы пуританской морали. — *Примеч. ред.*

[159] Дневник Маргареты Этолин. 13/1 августа 1844 года.

своего самого драгоценного сокровища и нежелание получить избавление лежали в основе ее конфликта с Богом.

В то время Маргарета постоянно думала о вине, долге и самоотречении, и все, что она читала или слышала, было связано с этой темой. В дневниковой записи от 16 августа 1844 года она пересказала дневную проповедь, которую сочла очень поучительной. Сигнеус сказал прихожанам, что проявлять смирение равносильно тому, чтобы ставить волю Божью выше своей собственной: «...терпеливо и верно следовать за Иисусом на пути страданий, нести крест, который Бог возложил на нас, не жалуясь; и всегда жить согласно изречению: "Да будет не моя, а Твоя воля"»[160] Это был девиз, следовать которому Маргарете было так трудно. Согласно записи в дневнике, проповедь заставила ее осознать, что подчинению противостоит ее собственная сильная воля. Основная часть ее проблем была связана с ее неспособностью или нежеланием унизить себя. Подчиниться воле Божьей было равносильно самоуничижению, потому что это означало бы, что она пошла против своей собственной воли и, прежде всего, против того, что она считала правильным. И все же в этот момент, спустя три года после смерти Эды, она начала видеть проблеск надежды. Если бы только она могла вернуться домой к своей матери, то есть к ее могиле, появился бы шанс на спасение. «О! если бы я могла скорее преклонить колени у Твоей могилы, милая, небесная Мать! Разве не очистилась бы я там от некоторых пороков, которые теперь причиняют мне так много горькой боли?»[161]

РАЗМЫШЛЕНИЯ МАРГАРЕТЫ О СВОИХ НЕДОСТАТКАХ И ИЗЪЯНАХ КАК ЖЕНЩИНЫ

Через три года после смерти Эдварда Маргарета сделала запись в своем дневнике, которая вновь раскрывает ее глубокое чувство несостоятельности и неудачи. Запись касалась книги, которую читала Маргарета. Анонимная публикация на немецком языке

---

[160] Там же.

[161] Там же.

под названием «Душевный покой и сборник духовных размышлений для образованных женщин», которую Маргарета прочитала в шведском переводе, объясняла, что путь к душевному покою лежит через самоотречение. Такие врожденные качества, как скромность, кротость, покорность и склонность к тихой и спокойной радости, сделали женщин хорошо подготовленными к достижению покоя через самоотречение[162]. Однако, как говорилось в книге, некоторые женщины могут сталкиваться с препятствиями на своем пути, которые возникают из-за их темперамента и склонностей. Маргарета нашла эту книгу увлекательной, так как она дала ей терминологию для анализа многих недостатков, которые она замечала в себе. Рассуждения Маргареты о «душевном покое» помогают нам ясно увидеть внутреннюю жизнь глубоко религиозной женщины XIX века, которая была чрезвычайно критична к себе. Запись в дневнике также многое рассказывает о том, что значило быть белой женщиной из высшего класса и как женщины должны были вести свою жизнь в тот период времени.

В книге «Душевный покой» описывается основной тип женского характера, называемый «живой нрав». Хотя Маргарета не считала себя обладательницей «живого нрава», она тем не менее была убеждена, что обладает всеми недостатками, присущими этому типу характера, включая тщеславие, легкомыслие, стремление к отдыху и нетерпение. Судя по ее дневнику, Маргарета была совершенно не похожа на легкомысленного человека, желающего отдыхать. Однако она чувствовала, что ей не хватает настойчивости, что в ее время считалось признаком легкомыслия. Более того, отдых означал не только балы и званые обеды, но и любое пренебрежение обязанностями в угоду удовольствиям, таким как удовольствие от чтения, например. И, конечно, многие авторы проповеднических произведений критиковали чрезмерное увлечение женщин чтением. Маргарету, которая беспрестанно читала, чтобы отвлечься от реальности своей одинокой

---

162 См.: [Om sjalens frid 1833]. См. также обзор на финском языке в: Ecclesiastikt intelligensblad till Åbo tidningar. 1839. № 6.

жизни в далекой Ситке, это задело за живое. Теперь она убедилась, что чтение книг привело ее к пренебрежению домашними обязанностями. Невинное удовольствие от чтения теперь предстало грехом, мешающим ей выполнять свои обязанности жены, матери и хозяйки дома губернатора[163].

«Вспыльчивый нрав» — еще один тип женского характера, упомянутый в книге «Душевный покой», — также вызывал тревогу. Маргарета знала, что у нее дурной нрав, и чувствовала, что слишком легко впадает в гнев и становится раздражительной. По своей натуре Маргарета не могла видеть, что обладает какими-либо положительными качествами вспыльчивой женщины, такими как твердая воля или «настойчивость». Как всегда, она могла видеть только свою неспособность жить в соответствии с предписанными идеалами, свою неспособность быть терпеливой и сдержанной и свою склонность давать волю своему гневу или спорить.

Учитывая, что Маргарета считала, что ее ум «легко приводится в чрезмерное движение», ей не следовало признавать в себе никаких недостатков, присущих женскому «медлительному нраву», таких как бездеятельность и стремление к комфорту. Но она, конечно же, обнаружила, что обладает обеими этими отрицательными чертами. На самом деле критическое обсуждение автором женщин, которые отстранились от мира, казалось, было направлено на нее саму. Концепция «ложного убеждения» имела особый смысл. Это было представление о том, что лучше посвятить свою жизнь «внутренним размышлениям и преданности», чем «внешней деятельности». Но, как ясно дал понять автор, «ложное убеждение» было лишь предлогом для ухода от мира и пренебрежения женскими обязанностями. Внешняя деятельность была частью Божьей воли, даже несмотря на то что она отвлекала внимание от Него, «ибо тогда мы жертвуем всем ради послушания Его воле, даже сладостным удовольствием от сосредоточения наших мыслей на Боге». Таким образом, религиозные размышления рассматривались как бегство от реальности

---

[163] Дневник Маргареты Этолин. 30 октября 1844 года.

и как ложный путь. Автор заставил Маргарету осознать, что она часто страдала от «ложного убеждения». В моменты беспокойства и раскаяния она уходила во внутренний мир, где искала общения с Богом и ответ на свои вопросы о потере и отчаянии, вместо того чтобы сосредоточиться на практических обязательствах в своей жизни. Автор теперь ясно дал понять, что это ложный путь и отклонение от истинного пути к Богу[164]. На самом деле, рассуждала Маргарета, «мы всегда соединены с Богом в нашем сердце — даже когда выполняем различные задачи в нашей внешней жизни — до тех пор, пока остаемся на пути долга»[165].

Последним персонажем, обсуждаемым в книге, была женщина «мрачного нрава». Маргарета хорошо знала, что именно на этот тип она похожа больше всего, и без труда обнаружила в себе список отрицательных черт характера, относящихся к этому типу женщин. Прежде всего, она обнаружила, что страдает от «трудности обретения истинного успокоения», а также от чрезмерной «озабоченности результатами внешней жизни и ее духовным смыслом». С тех пор как умер Эдвард, она осознавала, что ее надежды и ее вера, несмотря на ее истовую религиозность, не были такими, какими они должны были быть. «Я не знаю, когда и как в моей душе воссияет истинный свет; когда и как рассеются сомнения, которые теперь так часто отбрасывают мрачные тени на настоящее и будущее»[166].

Завершив длинный список своих недостатков, Маргарета составила правила, которые отныне будут служить руководством для ее будущего поведения. Эти правила должны были наилучшим образом искоренить ее недостатки и сделать ее способной жить в соответствии с установленным идеалом женственности. Первое правило заключалось в том, чтобы справиться с недостаточной настойчивостью и неспособностью выполнять свои обязательства. Этого она добивалась, взваливая на себя все более сложные и обременительные задачи, уделяя им больше времени и внимания

---

[164] Там же.

[165] Там же.

[166] Там же.

и прилагая больше усилий, чем раньше. Второе правило заключалось в том, чтобы научиться справляться со своим нетерпением. Этого можно было добиться, заставляя себя не спешить и спокойно выполнять свои задачи. Ежедневное чтение серьезных и религиозных материалов помогло бы ей оставаться на верном пути. Но она должна была соблюдать свои обязательства и помнить, что в каждый момент у нее были свои обязанности. Она также должна была бережно относиться к своему времени и использовать его правильно. «Не спи долго, не ешь долго и чрезмерно, откажись от всех удобств, вызванных слабостью», — увещевала она себя. И все же работать больше и усерднее было недостаточно. Ей также нужно было практиковать самообладание, отказывая себе в удовольствиях, даже таких невинных, которые были приемлемы для христианки и просто честной женщины.

Третье правило заключалось в том, чтобы научиться сдерживать свой темперамент. Гнев, который в то время обычно связывали с гордыней, рассматривался как пагубная страсть, которая была очень неприятна в женщине [Davidoff, Hall 1987: 414]. Вспоминая проповедь Сигнеуса о смирении, Маргарета решила, что больше всего ей нужно было практиковать смирение. Смирение и кротость стали бы естественными, если бы она проводила больше времени, размышляя о собственных слабостях и несовершенстве, что читатель ее дневника вряд ли сочтет возможным. Ей следовало стараться подавлять самые праведные обиды, храня молчание всякий раз, когда ее провоцировали. Если она не могла взять себя в руки, лучшим решением было удалиться. Кроме того, ей следовало опасаться заблуждения, что снисходительность и всепрощение являются признаками слабости. Чтобы было легче простить и преодолеть раздражение, ей следовало пытаться подавлять свое недовольство, думая о том, как мало ей подобает предаваться таким мыслям. Однако важно было не только прощать, но и забывать, чтобы спастись от «столь лестного для вашей гордыни сравнения между вашим великодушным прощением и слабостями и недостатками других людей»[167]. Если

---

[167] Дневник Маргареты Этолин. 31 октября 1844 года.

кто-то обижал ее, она не должна была отвечать недоброжелательностью, сухостью и безразличием — тем, на что очень часто жаловались некоторые финские господа, общавшиеся с ней. Такое поведение, сказала себе Маргарета, проистекает из себялюбия, из-за того, что она слишком много думает о несправедливости, от которой страдала. На самом деле, заключила она, ее чувства нежелания, безразличия и отсутствия любви исходят из ее собственного «дурного характера». «Другим легко обидеть и ранить нас из-за беспечности, но часто наша собственная недоброжелательность является причиной их [недоброжелательности], поскольку сердце влияет на сердце». Таким образом,

> ...если недостатки наших собратьев сделали нас равнодушными, неудовлетворенными и обидчивыми, особенно если нам причинили какой-либо дискомфорт или огорчение, мы должны рассматривать это как внезапное проявление нашей неукротимой натуры[168].

Анализ Маргаретой собственного характера и выработка ею правил, которые она установила для своего будущего поведения, повлияли на ее подход к различным социальным ролям. В своей роли первой леди общества Ситки она советовала себе быть максимально открытой при общении с другими людьми. Маргарета писала, что обида — признак себялюбия.

> Вместо того чтобы из-за боязни вызвать недовольство наших соседей впадать в состояние беспокойства и принимать что-то вынужденное в своих манерах, мы должны открыто говорить то, что думаем и чувствуем, потому что наше молчание тогда только усилит наше недовольство, что неизбежно приведет к недовольству других. Поэтому нужно стремиться быть открытыми, счастливыми и умиротворенными без своеволия и чрезмерной чувствительности. Тогда будет легче общаться с другими[169].

---

168 Дневник Маргареты Этолин. 1 ноября 1844 года.

169 Там же.

Сочетание сдержанного характера, высоких стандартов и изрядной доли гордости сделало жизнь в колониях очень трудной для Маргареты. Оглядываясь назад на годы, проведенные в доме губернатора, она поняла, что страх совершить ошибку парализовал ее душу и помешал ей любить других людей. «Мы не должны отчаиваться из-за наших недостатков и изъянов», — писала она. Вместо этого мы должны «смириться перед Богом и воссоединиться с Ним, ибо Он один способен восстановить и утешить нас». Себялюбие заставляло нас стремиться к совершенству, и мы разочаровывались в себе, когда нам не удавалось достичь его. Недовольные собой, мы становимся нетерпимыми и недовольны также и другими. Здесь Маргарета, кажется, поняла нечто важное о себе: ей было трудно быть дружелюбной с другими людьми, и причиной этого было ее разочарование в себе, которое сделало ее нетерпимой к другим. Но это понимание не означало, что проблема теперь была решена. Новое отношение к себе требовало постоянной работы. Маргарета писала об опасности позволить обиде укорениться в наших сердцах, когда мы сталкиваемся с равнодушием и неблагодарностью там, где ожидали любви, сочувствия и признательности.

> Нельзя допустить, чтобы наше стремление к благополучию других людей остыло, и чтобы предотвратить это, мы должны стремиться находить все хорошее и благородное в наших ближних — то, что составляет лучшую сторону их личности.

В последующие годы Маргарета, похоже, овладела этой способностью. В Санкт-Петербурге и усадьбе Хямеенкюля она прославилась гостеприимством и добротой. Двери ее дома были всегда открыты для родственников и друзей, особенно для тех, кто так или иначе страдал. Эрик Рудбек, учитель ее сына Александра, писал о ней, что у нее «необычайно ясный ум, который легко все схватывает, а также много знаний». Кроме того, продолжал он: «Она необычайно хорошая женщина, добрая и внимательная к каждому человеку» [Gulin 1943: 44]. Однако современники Маргареты в Ситке, жаловавшиеся на ее холодность и недружелюбие, возможно, были не так уж далеки от истины.

Чего они не осознавали, так это борьбы, которая происходила внутри нее, и того факта, что недружелюбие Маргареты было симптомом ее неспособности нравиться самой себе.

Осенью 1844 года Маргарета, похоже, также смогла разобраться в своих чувствах к покойной матери. С тех пор как умер Эдвард, она чувствовала вину перед матерью за то, что не жила в соответствии с верой, в которой была воспитана. Она так сильно переживала из-за этого, что в качестве наказания накрыла портрет матери куском ткани. Она не считала себя достойной лицезреть любимые черты своей матери. В это время скорби, когда она больше всего нуждалась в матери, она отказывала себе в утешении ее любовью. Каждый день Маргарета молила Бога, чтобы снова стать достойной встретиться взглядом со своей матерью. 3 ноября 1844 года, через три года после смерти сына, она наконец сняла покрывало — но не потому, что теперь чувствовала себя достойной своей матери, а потому, что ее молитвы больше не сопровождались отчаянием. «Я... почувствовала, как растущая вера в благодать и милосердие моего Спасителя укрепляет мою ранее отчаявшуюся душу»[170], — написала она в своем дневнике. Она начинала понимать, что ей предстоит исполнить важную роль в своей жизни — научить своих детей «по-настоящему бояться и чтить имя Господа и научить их исполнять Его волю»[171]. Ее готовность определить и взять на себя такую важную задачу показывает, что Маргарета начала вновь обретать уверенность в себе. Ранее она не чувствовала себя способной справиться с такой задачей из-за своей слабости и конфликта с Богом. Теперь она чувствовала, что не только способна воспитать своих детей в «истинной вере», но и искренне желает этого. Взяв на себя роль религиозного воспитателя, Маргарета пошла по стопам своей матери. Это укрепило чувство общности, что было особенно важно теперь, когда ее матери больше не было в живых и ей уже никогда не было суждено увидеть своих внуков[172].

---

[170] Дневник Маргареты Этолин. 3 ноября 1844 года.

[171] Дневник Маргареты Этолин. 15 декабря 1844 года.

[172] Там же.

В одной из последних дневниковых записей из Ситки Маргарета писала о праздновании дня рождения маленького Вильгельма. Это было 3 декабря 1844 года, и госпожа Оман и Хенрика приготовили в детской стол для кофейной вечеринки и украсили его маленькой рождественской елкой со свечами. Маргарета наблюдала за маленьким мальчиком, который с явным удовольствием подавал гостям кофе и угощался имбирным печеньем, «хотя [его старший брат] Александр лучше знал, как наслаждаться вечеринкой». Она не могла поверить, что с рождения Вилле прошло уже два года: «Как же мое сердце не состарилось за это время!»[173]

ДОЛГАЯ ДОРОГА ДОМОЙ

Пять месяцев спустя, в мае 1845 года, семья Этолин покинула Ситку. Первый этап их путешествия домой был на корабле до Охотска, а оттуда они проехали через всю Сибирь и вернулись в Санкт-Петербург. В Охотске семья пережила еще один страшный удар. Двухлетний Вильгельм заболел и умер 2 августа после трех недель болезни. 14 августа в палатке у лесного ручья в 200 милях от Охотска Маргарета написала своим кузенам Лангенскёлд:

> Наш дорогой малыш Вилле заболел на следующий день после нашего прибытия сюда… После трех долгих недель страданий его невинные глаза закрылись для земного света. Второго августа он в последний раз сложил свои тоненькие ручки в молитве.

Останки Вилле были доставлены в греко-православную часовню в Охотске, где была подготовлена комната для последнего упокоения ребенка. В отсутствие лютеранского священника похороны провел священник Русской православной церкви отец Михаил. Маргарета желала, чтобы Вилле был похоронен в Ситке рядом с Эдвардом, но власти отклонили ее желание. Это безмер-

---

[173] Там же.

но ее огорчило. Но, по ее собственным словам, боль, которую она испытывала, была не такой сильной, как когда умер Эдвард. Отчасти это было связано с покорностью, которую она теперь чувствовала перед Богом, а отчасти с тем, что ее боль смягчалась осознанием того, что дух ее ребенка теперь соединился с духом ее матери [Ibid.: 27–28]. Смерть Вильгельма означала, что Маргарета и Адольф потеряли двух любимых детей далеко в чужих странах, в которые, они были почти уверены, они никогда не вернутся. Они возвратились в Россию и Финляндию со своим единственным оставшимся сыном Александром.

В начале 1846 года семья наконец прибыла в Санкт-Петербург, где поселилась в доме на фешенебельной набережной реки Мойки. Вскоре после их возвращения Адольф купил усадьбу Хямеенкюля (*швед.* Тавастбю), в Элимяки, где семья проводила лето [Varjola 1990: 24]. Здесь Маргарета продолжила свою образовательную и благотворительную деятельность. На территории усадьбы они основали начальную школу и приют для сирот и детей, которые по разным причинам не могли жить со своими родителями. После окончания учебы этим детям обычно предлагали работу в усадьбе или направляли в другие подходящие места [Gulin 1943: 37–38]. В Санкт-Петербурге Маргарета также занималась благотворительной и образовательной деятельностью. Супруги Этолин стали членами Шведского лютеранского прихода церкви Святой Екатерины. Маргарета пыталась убедить членов прихода открыть свои дома для сирот и финских детей из бедных семей, которые нуждались в приюте, образовании и заботе. В результате этой деятельности недалеко от города был построен приходской дом со школой для сирот. Маргарета создала благотворительную организацию вместе с женщинами из прихода Святой Марии и также участвовала в работе приходских школ. Она была особенно предана делу улучшения женского образования [Enckell 2003: 97]. Маргарета передала свое желание творить добро своим дочерям, которые выросли и стали истовыми христианками. Карин вступила в Армию спасения, а Луиза в Ассоциацию молодых женщин-христианок (YWCA). Таким образом, она выполнила то, что намеревалась сделать перед тем, как покинула Ситку. Тем временем Адольф стал членом Совета директоров Российско-Американской компании и оставался им вплоть до 1859 года. В 1856 году он был посвящен в рыцари. Когда Адольф вышел в отставку, семья вернулась в Финляндию и поселилась в усадьбе Хямеенкюля [Varjola 1990: 24].

После возвращения в Санкт-Петербург и Финляндию Маргарета родила еще четверых детей, двух мальчиков и двух девочек, но несчастья продолжали преследовать семью. Карл Адольф умер в 1848 году в возрасте полутора лет. Следующими родились две девочки: Катарина Маргарета София, которую в семье называли Карин, и Хедвиг Мария Ловиса, которую называли Луизой. Обе дожили до старости. Осенью 1852 года Маргарета родила своего последнего ребенка, мальчика по имени Эдвард, который умер в возрасте двух лет. Таким образом, из семи детей Маргарете и Адольфу Бог оставил только троих. Справилась ли Маргарета со своим горем из-за потери Эды? Есть основания полагать, что нет. Похоже, она была очень близка со своим единственным оставшимся сыном на протяжении всей своей жизни. Александр стал морским офицером, служил на Тихоокеанском флоте, и Маргарета регулярно переписывалась с ним[174]. Ее младшая дочь, Луиза, вспоминала, как мать отказалась праздновать ее именины, поскольку ее брат был в море. Это произошло в 1866 году, когда Александру было 25 лет, что дает нам представление о глубокой привязанности Маргареты к нему [Gulin 1943: 37–38]. Более того, когда Луиза позже потеряла своего ребенка, дочь Ингрид, стало ясно, что Маргарета так до конца и не смирилась со смертью своих детей, особенно своего первенца. В письме со словами утешения в адрес Луизы, отправленном из Ментоны в Провансе, где она жила со своей старшей дочерью Карин, Маргарета писала:

> Моя дорогая, мое сердце обливается кровью из-за того, что тебе пришлось пройти через это испытание болью, которая ранила и мое сердце так, что я все еще могу чувствовать ее спустя почти полвека [Ibid.: 108].

---

[174] Переписка хранится у родственников.

Часть III

АННА
ФУРУГЕЛЬМ

Анна и Хампус Фуругельм. Дрезден. 1859. Фото представлено
с разрешения Анни Констанс Кристенсен

Когда Анна Фуругельм, молодая жена губернатора Российско-Американской компании Хампуса Фуругельма, прибыла в Ситку, она была потрясена «безнравственностью», с которой она столкнулась.

> Это было поистине болезненным откровением — приехать сюда прямо из счастливого невинного Дома, куда не проникало ничего порочного или непристойного, о существовании которого я даже не подозревала, в это место, где невозможно не видеть, не слышать и не знать многого, что не может не шокировать и не причинять боль[1].

Она пришла к выводу, что грех был повсюду, «но все же вы увидите стремление к тому, что правильно... и нигде не сможете так тесно соприкоснуться со Злом, как в таком маленьком местечке, как Ситка, и особенно в колонии»[2]. В письме своей кузине Вильгельмине Анна писала, что

> ...здесь так много зла, так много грустного, так мало страха перед Богом или понимания того, что правильно и неправильно, и так мало возможности помочь. Ужасно жить среди людей, у которых часто отсутствует какое-либо представление о честности и порядочности[3].

«О мама! — восклицала она в письме к матери, — жизнь, которую ведут эти мужчины и женщины, потрясла бы тебя... она влияет на твое сердце и душу»[4].

---

[1] Анна Фуругельм — Вильгельмине Грипенберг. Ситка. 28 сентября/10 октября 1861 года. Библиотека Академии Або. Коллекция рукописей. Анна иногда использовала как юлианский, так и григорианский календари.

[2] Там же.

[3] Анна Фуругельм — Вильгельмине Грипенберг. Ситка. 28 сентября/10 октября 1861 года. Библиотека Академии Або. Коллекция рукописей.

[4] Анна Фуругельм — матери. Ситка. 2 февраля 1860 года; 24/12 июля 1860 года.

Глава 5
Идеальная жена в дикой глуши

Когда Анна Фуругельм (1836–1894) отправилась в путешествие в Ситку, она была одновременно чрезвычайно космополитичной и в то же время удивительно наивной молодой леди. Она говорила на английском, немецком, французском и шведском языках. Ее мать, Энн Корделия фон Шульц, урожденная Кэмпбелл, родилась в Калькутте в семье шотландцев, но в возрасте пяти лет была отправлена обратно в Великобританию, чтобы учиться в школе. Однако ее разлука с семьей продлилась недолго. Когда в 1821 году умер отец Энн, работавший в Ост-Индской компании, ее мать Мэри вернулась в Великобританию со своей младшей дочерью, которую тоже звали Мэри. Все они поселились в Эдинбурге. Когда Энн было 13 лет, семья отправилась на континент, чтобы улучшить образование девочек и, возможно, также в целях экономии. Они прожили два года в Генте, а затем продолжили путь на юг, оказавшись во Флоренции, когда Энн исполнилось 18 лет. Там она встретила Нильса Густава фон Шульца, отца Анны.

Нильс принадлежал к шведскому дворянству Финляндии, хотя его ветвь семьи переехала в Швецию, после того как в 1809 году Финляндия стала частью Российской империи. Фон Шульц стал офицером шведской армии, но через несколько лет вышел в отставку (вероятно, из-за карточных долгов). Согласно семейному преданию, в 1831 году он отправился в Польшу, чтобы присоединиться к восстанию против российской власти[1]. Он был схвачен, но сумел бежать во Францию, где вступил в Иностранный легион и служил в Северной Африке. Разочаровавшись [в военной карьере], он вскоре покинул Легион и отправился во Флоренцию, чтобы увидеть свою семью. Они поселились в Тоскане, чтобы его сестра Йоханна могла продолжить карьеру певицы. Именно Йоханна представила своего брата Энн Кэмпбелл, с которой она познакомилась на музыкальных вечерах мадам де Валабрег. Нильс и Энн поженились и поселились в Карлскруне, военно-морском порту на юге Швеции. Своего первого ребенка, дочь Флоранс, они назвали в честь романтического города, где впервые встретились. Чуть больше года спустя у них родилась вторая дочь Анна.

Когда Анне было всего несколько месяцев, ее отец бросил семью и больше никогда не возвращался. Нильс изобрел красную краску и отправился в Англию, чтобы найти инвесторов, заинтересованных в разработке этого продукта. Когда краска оказалась нестойкой, а его бизнес-план провалился, приятель-швед предложил ему поехать в Америку. Нильс принял предложение, не сообщив об этом своей жене или ее родственникам в Англии. Через год после отъезда в Америку он написал Энн письмо, в котором сообщил, что скоро пришлет ей крупную сумму денег. По-видимому, он разработал усовершенствованный способ добычи соли и ждал выдачи патента. Это была последняя весточка от него перед его безвременной кончиной. Во время своего пребывания в Америке Нильс был вовлечен в канадское восстание против британцев и принял участие в нападении на город Прескотт в Верхней Канаде[2]. Из-за ряда неудач мятежники были

---

[1] Имеется в виду Польское восстание (в польской историографии — Ноябрьское восстание, Русско-польская война) 1830–1831 годов — восстание против российской власти на территории Царства Польского, распространившееся на ряд западных губерний Российской империи. — *Примеч. ред.*

[2] Имеются в виду республиканские восстания в Нижней и Верхней Канаде против британского колониального правления в 1837–1838 годах. Восстание в Нижней Канаде в 1837–1838 годах вошло в историю под названием «Восстание патриотов», а пятидневный бой близ города Прескотт в ноябре

в меньшинстве по сравнению с британцами и были вынуждены сдаться, продержавшись пять дней. Нильс фон Шульц был приговорен к смертной казни и повешен в Форт-Генри 8 декабря 1838 года в возрасте 31 года.

Энн фон Шульц с дочерьми оставалась в Швеции в течение четырех лет, прежде чем переехать в Германию. Там они три года прожили в Гейдельберге, а затем поселились в Дармштадте. Таким образом, дети получили немецкое образование, но дома говорили по-английски. В конце концов история о Нильсе и его семье дошла до их финских родственников, и кузен Нильса, Константин, пригласил их в Великое княжество Финляндское, входившее в состав Российской империи. Энн согласилась и впервые отправилась в Финляндию с дочерьми в 1856 году. Оказанный им теплый прием, вероятно, повлиял на ее решение переехать с семьей на постоянное жительство в Финляндию год спустя после того, как она оправилась от тяжелой болезни. Ее дочерям было уже немного за двадцать, и Энн беспокоилась об их будущем. Семья фон Шульц переехала в пятикомнатную квартиру на Мякелянкату, 27 в центре Хельсинки [Furuhjelm 1932: 115]. Вскоре после этого Анна, которой только что исполнился 21 год, была выбрана семьей в качестве подходящей жены для Хампуса Фуругельма, морского офицера, который был на 15 лет старше ее. Незадолго до этого он был назначен губернатором Русской Америки. Поскольку правила Российско-Американской компании предписывали губернатору жениться до отъезда из Европы, Хампус торопился найти жену [Pipping 1967].

На момент своего назначения Хампус был командиром Аянского порта на восточном побережье Сибири. Описывая светскую жизнь в этом мрачном месте, он писал:

1838 года известен как «Битва за ветряную мельницу». В этом бою в качестве командира одного из повстанческих отрядов участвовал Нильс фон Шульц. Его отряд занимал оборонительную позицию на каменной ветряной мельнице, которая впоследствии была захвачена британскими войсками, а сам Шульц попал в плен и по приговору британского военного трибунала был приговорен к смертной казни и повешен 8 декабря 1838 года. — *Примеч. ред.*

> За исключением трех женатых бухгалтеров, одного такого
> же священника и одного такого же младшего офицера, на
> Аяне живут только рабочие со своими женами. Тем не менее
> я время от времени устраивал танцы для местных щеголей.
> Они энергично танцуют со своими женами и женами друг
> друга — единственными дамами в Аяне[3].

Другими словами, Аян едва ли был тем местом, где можно было найти женщину для женитьбы, особенно финку, которую предпочел бы Хампус. Поэтому он попросил родственников и друзей в Хельсинки найти ему подходящую пару для брака, чтобы он мог жениться, когда вернется из Сибири для получения инструкций от главного правления РАК в Санкт-Петербурге.

Анна фон Шульц состояла в родстве с благодетелем Хампуса, бывшим губернатором Аляски Адольфом Этолином, через его жену Маргарету, которая была кузиной отца Анны. Эти отношения, вероятно, способствовали тому, что ее избрали супругой для Хампуса. Летом 1858 года Анна провела некоторое время в усадьбе Этолина Хямеенкюля. Здесь ей рассказывали истории о Русской Америке, а также о протеже Адольфа, Хампусе Фуругельме. Поэтому, когда Хампус незадолго до Рождества прибыл в Хельсинки, она уже была о нем наслышана [Christensen 2006: 12]. Поскольку новый губернатор должен был обосноваться в Америке со своей женой до конца июня, времени оставалось не так много. Рождественский бал был спешно организован в доме другого родственника отца Анны. Там они впервые встретились и, казалось, были счастливы в обществе друг друга. 10 января они обручились. Три недели спустя они поженились. Тот факт, что они испытывали чувства друг к другу, был важен, поскольку браки в XIX веке должны были основываться на взаимной привязанности, а молодые дамы должны были выбирать себе мужей исходя из своих чувств [Phegley 2012: 9–10].

Начиная с первой брачной ночи, Анна постоянно писала матери, пока в Ситку не пришло печальное известие о ее смерти. Она также вела дневник и писала письма друзьям и родственни-

---

[3] Цит. по: [Christensen 2006: 10].

кам[4]. Эти записи наполнены эмоциональными размышлениями о жизни замужней женщины и жены губернатора. У Анны были большие ожидания от этой жизни, а также от самой себя. Она искренне надеялась, что сможет соответствовать требованиям, предъявляемым к ней в новой роли жены, матери и жены губернатора. Эти требования были сформированы предписывающими представлениями об истинной женственности, связанными с типичным для того времени культом домашнего очага, о котором говорилось ранее. Представления о женщинах как домоседках — скромных, набожных и чистых — сформировали взгляды Анны на брак и материнство и повлияли на ее осмысление своего пребывания в Русской Америке.

Одна из самых поразительных особенностей писем Анны — это то, что она опустила. Современный читатель ожидает, что путешествие через полмира станет поводом для волнения и причиной появления длинных и подробных описаний экзотических мест и народов. Но Анна очень мало писала о своих встречах с народами, культурами и местами. Она также не писала много о Ситке или Русской Америке в целом. В основном ее письма были посвящены размышлениям о браке, материнстве и отношениях с собственной матерью. В начале путешествия Анна полагалась на свою сестру, которая писала матери о пейзажах и местах, которые они посетили. «Я оставляю все описания Флоранс, которая так хороша в этом деле», — писала она из Варшавы[5]. Но, по правде говоря, ее, похоже, не особенно интересовал ни окружающий мир, ни колонии, ни обширная империя, которую она представляла как жена губернатора. Она в своем отсутствии интереса к окружающему миру резко контрастирует как с Маргаретой Этолин, так и с Елизаветой Врангель, которые проявляли больший интерес к империи и ее колониям. В то время как Елизавета является наиболее очевидным примером

---

[4] Письма и дневник хранятся в Коллекции рукописей Библиотеки Академии Або в Финляндии. Большинство писем Анны к матери опубликованы, см. [Christensen 2006].

[5] Анна Фуругельм — матери. Варшава. 4 марта 1859 года.

«инкорпорированной жены», которая считала управление колониями семейным бизнесом, Анна, похоже, не имела подобного представления о том, что значит быть женой губернатора[6].

То, что Анна писала в своем дневнике, было очень похоже на то, что она писала в своих письмах. Единственное реальное различие заключается в том, что в дневнике она иногда выражала чувство неудовлетворенности, которое никогда не отражалось в ее письмах, поскольку это чувство вызывало в ней чувство вины. Она также больше говорила о своих недостатках в дневнике, чем в письмах матери. Это может быть признаком того, что образ идеальной жены и матери, который Анна создавала в своих письмах, не всегда соответствовал ее реальному опыту.

СВЯЗЬ МЕЖДУ МАТЕРЬЮ И ДОЧЕРЬЮ

Анна и Хампус отпраздновали свою свадьбу обедом на 60 гостей в доме Марии и Фабиана Лангенскёлд, родственников отца Анны. Сразу после обеда Анна и Хампус отправились в долгое путешествие в Ситку, которое проходило через Санкт-Петербург, Дрезден, Лондон, Панаму и Сан-Франциско. Новый маршрут в Русскую Америку через Панаму был намного удобнее, чем путешествие морем через Рио-де-Жанейро, а затем вокруг мыса Горн, но и дороже. На первом этапе пути к паре присоединилась старшая сестра Анны, Флоранс, которую пригласили сопровождать их в Лондон. Таким образом, мать Анны осталась в Хельсинки одна. К счастью, с ней были ее горничная, немка Бабетта Фишер и племянник Ормели, родители которого жили в Индии.

Помимо радостных ожиданий, Анна чувствовала глубокую печаль оттого, что ей пришлось расстаться с матерью, которая так много для нее значила. В середине XIX века прочные связи между белыми матерями и дочерьми из среднего и высшего классов были нормой. Связь матери и дочери изображалась как отношения, в которых дочь всегда доверяла своей матери, которая, в свою очередь, была ее наставницей во всех вопросах. Де-

---

[6] См. [Callan, Ardener 1984; Langmore 1989: 85].

вочки из семей среднего и высшего классов воспитывались и обучались дома под присмотром матери, которая часто выступала и в качестве учителя. Близкие отношения, которые устанавливались таким образом, означали, что дочери часто отождествляли себя со своей матерью и принимали ее взгляды и ценности [Gorham 1982: 48]. Религиозное образование, которое матери давали своим дочерям, также способствовало формированию прочных связей между ними [Ulvros 1996: 86; Bjurman 1933]. Нередко молодые женщины среднего и высшего классов в XIX веке переживали период истовой религиозности. Для многих из этих женщин самым важным опытом до вступления в брак было стать христианкой[7]. Это был опыт, который они разделяли со своей матерью, которая помогала им впервые познакомиться с религией. В случае Анны их общая вера установила особую связь между Анной и ее матерью, точно так же как вера сформировала прочную связь между Маргаретой Этолин и ее матерью. Однако их близкие отношения были также обусловлены тем, что Анна росла без отца. Когда Нильс Густав исчез, дети стали для Энн смыслом жизни, и она считала их воспитание своим главным долгом. Анна, судя по ее письмам матери, осознавала ее преданность своим детям[8].

Тесная связь, возникавшая между матерями и дочерьми, приводила к тому, что дочери тяжело переживали расставание с матерями после замужества [Rundquist 2001]. Для Анны Фуругельм, как и для Маргареты Этолин, этот момент был особенно трудным. Замужество означало разлуку с ее дорогой матерью на шесть долгих лет, и было неизвестно, встретятся ли они когда-нибудь снова; это также означало расставание с друзьями и семьей, и, по сути, с целым континентом. Брак с Хампусом означал,

---

[7] См. [Welter 1976: 17–18; Ulvros 1996; Bjurman 1933; Rundquist 2001].

[8] Интересно отметить, что мать Анны участвовала в переводе романа Фредрики Бремер "Hemmet, eller, familje-sorger och fröjder", опубликованного в издательстве *Harper's*. В русском переводе — «Семейство, или Домашние радости и огорчения». Печатался в журнале «Современник» в 1842–1843 годах. См. [Бремер 1842]. — *Примеч. ред.*

что ей придется отправиться на другой конец света, в место, о котором она ничего не знала и где никто не знал ее, с мужчиной, с которым она была едва знакома. Это также означало взять на себя обязанности жены губернатора в Русской Америке.

В короткой записке, которую Анна написала матери в первую брачную ночь, она пыталась убедить и себя, и мать, что они не расстанутся надолго. «Я никогда не забуду, как ты смотрела на меня... когда мы расставались, — писала она, — [но] не навсегда, только на короткое время. О, Мама!»[9] Радость замужества, таким образом, смешивалась с печалью от разлуки с любимой матерью. Два года спустя, уже в Ситке, она вспоминала этот момент расставания и возникшие у нее противоречивые эмоции. Анна была приглашена на прием по случаю помолвки Софии Клинковстрём и заметила, что и невеста, и ее мать выглядели исключительно грустными. «Я хорошо помню, как это было со мной, — писала она матери, — но это было только тогда, когда мы были [с тобой] одни, перед Хампусом я не показывала свою грусть... Ему было бы больно видеть, как я плачу».

«Кроме того, — признавалась она, — я *действительно* чувствовала радость в своем сердце и такую глубокую благодарность». Она спрашивала с тревогой: «Это было неправильно с моей стороны, мама, или это ранило или огорчило тебя?»[10]

В письмах Анна по-разному выражала свою привязанность к матери. Ее первые письма были полны тоски и пространных рассказов о том, как сильно она по ней скучает. Она знала, что теперь ее место рядом с Хампусом, и была очень счастлива быть его женой. Но она также хотела, чтобы ее мать была рядом с ней и стала свидетельницей ее счастья. Как будто счастье Анны было неполным, если она не делилась им с матерью. «Я невыразимо счастлива, — писала она в гостинице в первую брачную ночь, — и надеюсь сделать тебя такой же»[11]. В письме из Санкт-Петербурга, написанном несколько дней спустя, она снова выражала

---

9   Анна Фуругельм — матери. Хенриксдаль. 2 февраля 1859 года.

10   Анна Фуругельм — матери. Ситка. 1861 год. Новый год.

11   Анна Фуругельм — матери. Хенриксдаль. 2 февраля 1859 года.

свое желание разделить свое супружеское счастье с матерью. «В самом деле, Мамочка моя родная! Я бы хотела, чтобы ты увидела, как абсолютно счастлив твой ребенок»[12]. Хампус снял частные апартаменты на фешенебельной Большой Морской улице. По приезде их встретили прекрасные цветы от Маргареты Этолин, а Викстрём, слуга из Хельсинки, который должен был сопровождать их в Ситку, уже был там [Furuhjelm 1932: 119]. Анна была рада, что теперь у них будет собственный дом, пусть и всего на три недели. Она очень хотела, чтобы мать увидела ее новый дом и как она счастлива. «Ты и представить себе не можешь, какое это было восхитительное чувство — приехать сюда, в свой собственный дом, — писала она ей. — Как бы я хотела, чтобы ты увидела нас и наш милый маленький дом»[13]. Анна, казалось, почти отчаянно пыталась убедить мать, что ее супружеское счастье действительно реально. «Я только хочу, чтобы ты могла увидеть нас и сама оценить наше счастье», — писала она позже из Сан-Франциско[14].

Письма Анны ясно показывают, что это желание разделить свое счастье с матерью выражало потребность в одобрении ее новой жизни и желание вступить в новый этап их отношений. Отныне они будут на равных. До того как она вышла замуж и стала матерью, женщина оставалась дочерью, еще не осознавшей себя взрослой женщиной [Hammer 1976: 4]. Теперь Анна хотела, чтобы ее мать знала, что она повзрослела и что она осознала, что в прошлом часто была легкомысленной и неблагодарной.

> О, мама! Я никогда, никогда не смогу быть достаточно благодарной Богу за Его несказанную милость, за то, что Он даровал мне такую Мать! Какой недостойной я была и сколько горя я часто причиняла тебе. Прости меня, прости меня, Мамочка моя родная[15].

---

[12] Анна Фуругельм — матери. Санкт-Петербург. 9 февраля 1859 года.

[13] Анна Фуругельм — матери. Санкт-Петербург. 6 февраля 1859 года.

[14] Анна Фуругельм — матери. Сан-Франциско. 18 мая 1859 года.

[15] Анна Фуругельм — матери. Санкт-Петербург. 6 февраля 1859 года.

Разлучившись с матерью и вступив в супружескую жизнь, Анна впервые смогла по-настоящему оценить и осознать ценность всего, чему ее научила мать. Теперь началась настоящая жизнь, и именно к этой супружеской жизни ее мать так хорошо ее подготовила:

> О, мама! Теперь я так глубоко чувствую, сколь многим тебе обязана, — теперь, когда я вдали от тебя и замужем за тем, кого я больше всего желаю сделать настолько счастливым, насколько это вообще возможно для человека. Я так благодарна тебе за то, что ты научила меня [понимать], что такое Жизнь... и какова наша цель как обитателей этого мира. Теперь перед моей душой открывается целый новый мир — кажется, началась настоящая жизнь, и я могу только... молить Бога... чтобы Он милостиво научил меня исполнять свой долг[16].

Религиозное воспитание, которое Анна получила от своей матери, составило важную часть ее подготовки к супружеской жизни. Теперь Анна по-настоящему ценила то, что мать указала ей правильный путь и научила ее служить Богу. Потому что «с истинной и живой Верой даже мрачные и мучительные дни, когда они приходят, могут стать светлыми и безмятежными»[17].

Сильная привязанность Анны к матери также выражалась в ее религиозной и культурной идентичности. Во время долгого путешествия и на протяжении всего пребывания на Аляске религия была важным связующим звеном между Анной и ее матерью. В Санкт-Петербурге Анна вместе с Хампусом посетила англиканскую церковь. Когда она вошла и услышала хорошо знакомые звуки англиканского гимна, ее сердце наполнилось восторгом. «Как я думала о тебе, Мамочка моя родная!» — написала она позже[18]. Посещение пресвитерианской церкви в Сан-Франциско также вызвало у нее воспоминания о матери. Хотя Анна ясно

---

[16] Анна Фуругельм — матери. Варшава. 4 марта 1859 года.

[17] Анна Фуругельм — матери. Варшава. 4 марта 1859 года.

[18] Анна Фуругельм — матери. Санкт-Петербург. 6 февраля 1859 года.

дала понять, что не признает «никакой другой формы богослужения, кроме как в Англиканской церкви», ей нравился проповедник, преподобный мистер Скотт, и она находила утешение и просветление в его проповедях. Они напоминали ей о семье, которая осталась дома, и ее глаза наполнялись слезами, когда она думала о «странной, далекой стране», в которой они находились. Но потом она поняла, что «мы все объединены одной Верой, одной Надеждой — одной Любовью», и она почувствовала себя безмерно счастливой. «Я, казалось, была ближе к тебе. Мы были все вместе!»[19] Прошло два года, прежде чем она снова посетила англиканскую церковь. На этот раз она отправилась в путешествие за 1460 миль (около 2400 км) из Ситки в Сан-Франциско, чтобы посетить дантиста. Одна, без своего дорогого мужа, она чувствовала себя несчастной. Но, как она писала матери, принятие Святого Причастия в англиканской церкви и из рук английских священнослужителей утешило ее и согрело ее сердце[20].

Анна переняла не только религиозную идентичность своей матери. Она также переняла ее культурную идентичность. Несмотря на то что она никогда не жила в Англии и ее мать имела шотландское происхождение, Анна всегда говорила об Англии, а не о Британии, и чувствовала, что именно там ее родина. Поэтому она была чрезвычайно рада, когда английские офицеры, посетившие Ситку, сказали ей, что она выглядит «совсем как англичанка». Еще более лестным было их мнение о ее акценте, или, скорее, об отсутствии акцента[21]. Для Анны Англия была самой лучшей, самой прогрессивной, самой цивилизованной страной в мире — это мнение она охотно высказывала по разным поводам. Больше всего ее поражало то, сколь важную роль в Англии играла религия. Она считала, что нигде в целом мире нельзя было найти места, где люди были бы столь набожны и изучали Библию так усердно, как в Англии. Англия «всегда больше, чем какая-либо другая страна, стремилась следовать за

---

19 Анна Фуругельм — матери. Сан-Франциско. 29 мая 1859 года.

20 Анна Фуругельм — матери. Сан-Франциско. 2 февраля 1862 года.

21 Анна Фуругельм — матери. Ситка. 18 сентября 1860 года.

своим Создателем и соблюдать Его заповеди». Вот почему Англия была «благословенной и избранной страной»[22]. Таким образом, Англия — англичане, английская культура, английские институты и английский язык — стала еще одним связующим звеном между Анной и ее матерью. Англиканские церкви в Санкт-Петербурге и Сан-Франциско были важны для Анны не только из-за ее веры, но и из-за их культурного значения.

ЖИЗНЬ В БРАКЕ

Хотя брак означал разлуку между матерью и дочерью, он также привел к формированию другой, но прочной связи между ними. Брак был опытом, который мать и дочь разделяли и могли обсуждать как взрослые женщины. Анна явно хотела поделиться своими взглядами на брак с матерью с самого начала, даже когда ее личный опыт в отношении этого института был ограничен. На ее представление о браке повлияли предписывающие концепции об идеальной жене, а также понятие романтической любви. Проповеднические произведения XVIII века часто предупреждали своих читателей об опасностях страсти. Здравый смысл и рассудительность идеализировались, в то время как необузданные чувства и страсть сбивали людей с истинного пути. В XIX веке это мнение изменилось [Fowler 1982: 23–24; Hawkins 1793]. Симпатия и привязанность по-прежнему оставались важнейшими основами брака, но постепенно любовь становилась достойной причиной для выбора брачного партнера, поощряя новый взгляд на брак, в котором привязанности между мужем и женой были так же важны, как и их экономические и репродуктивные обязательства друг перед другом. Это развитие понятия «брак» было связано со снижением рождаемости и практикой регулирования половой жизни среди супружеских пар. Романтическая любовь теперь считалась лучшим объединяющим чувством, самой надежной основой для построения домашнего счастья[23]. Это из-

---

[22] Дом губернатора. Ситка. 13/25 сентября 1861 года.

[23] См. [Sandford 1842: 120; Lystra 1989; D'Emilio, Freedman 1997: 41, 73].

менение нашло отражение в записях Анны. Любовь не только стала занимать более видное место по сравнению с дневниковыми записями предыдущих жен губернаторов, рассмотренными в этой книге. Анна пишет более страстно и гораздо более эмоционально открыта, чем Маргарета и в особенности Елизавета. Записи Анны подтверждают недавние исследования, свидетельствующие о том, что браки представителей среднего и высшего классов Викторианской эпохи не были такими жесткими и ограниченными, как представляется согласно распространенным стереотипам. Частная жизнь рассматривалась как место, свободное от общепринятого этикета и сдержанности, и женщины ожидали от мужа большего, чем доброты и долга. Большинство пар теперь осознали, что взаимные права и обязанности супругов включают эмоциональное и сексуальное удовольствие. И любовь, и близость приобретали все большее значение. Проявления супружеской удовлетворенности, любви и счастья после нескольких лет брака опровергают распространенную ассоциацию брака XIX века с формальностью и дистанцированием. Не следует игнорировать тот факт, что брак по любви был предписанным идеалом. Тем не менее имеющиеся данные свидетельствуют о том, что многие браки были теплыми, открытыми и полными любви [Lystra 1989: 38, 42–43, 205, 214; D'Emilio, Freedman 1997: 41, 56].

Анна придерживалась типично романтического взгляда на брак, что нашло отражение, например, в ее аргументах в пользу раннего замужества. Она считала, что молодые люди должны вступать в брак, когда их чувства еще не остыли и до того, как у них появится слишком много «сердечных друзей», что сделает их пресыщенными в сердечных делах. Естественно, молодой человек должен иметь достаточный доход, чтобы содержать семью, но, как она утверждала, богатство может прийти с возрастом[24]. Будучи женщиной, недавно вышедшей замуж, Анна, очевидно, очень интересовалась институтом брака и выражала о нем свое твердое мнение. Центральное место в ее представлении о браке занимала вера в то, что он представляет собой священные

---

[24] Анна Фуругельм — матери. Ситка. 2 сентября 1861 года.

узы между мужем и женой, которые объединяют их навечно. Более того, поскольку брак священен, он становится более счастливым, если основан на общей вере. Анна была уверена, что не была бы так счастлива, если бы та же вера не объединила ее душу с душой Хампуса. Интересно отметить, что Анна, по-видимому, не придавала большого значения различиям между своей англиканской конфессией и лютеранством Хампуса[25].

Таким образом, для Анны вера представляла собой жизненно важную связь между мужем и женой, так же, как и между матерью и дочерью. Но она также считала, что важно иметь схожее происхождение с точки зрения класса, образования и культуры. Эта точка зрения позже побудила ее выступить против браков между русскими и креолами в Ситке. Анна также придерживалась романтического идеала влюбленных мужчин и женщин как двух личностей, объединенных в единое существо [Lystra 1989: 38, 43–44]. Она, судя по всему, была убеждена, что они с Хампусом на самом деле «стали одним целым» благодаря браку. Иначе почему же они чувствовали себя так, словно знают друг друга всю свою жизнь? Просто как муж и жена они стали настолько близки, что им обоим было трудно даже представить, что было время, когда они не принадлежали друг другу[26]. В письме своей подруге и родственнице Вильгельмине Грипенберг, или Мине, Анна писала, что чувствовала себя так, словно всегда была женой Хампуса, и не могла себе представить, что не знала его и не принадлежала ему.

> Так что, Мина, муж и жена становятся *единым* целым. Это удивительно красивая, непостижимая, священная связь; никто, кроме Бога, не может скрепить ее, и никто, кроме Бога, не может ее расторгнуть. И когда Бог призовет нас, мы по-прежнему будем принадлежать друг другу и навсегда[27].

---

[25] Анна Фуругельм — матери. Ситка. 4 декабря 1859 года.

[26] Анна Фуругельм — матери. Ситка. 1 января 1861 года.

[27] Анна Фуругельм — Вильгельмине Грипенберг. Ситка. 3 февраля, 22 января 1861 года. Письма написаны на шведском языке. на английский язык переведены автором.

Письмо сестры Хампуса Людмилы своей младшей сестре Констанс, которая приехала погостить к супругам Фуругельм в Ситку, дало Анне возможность высказать матери свое мнение о браке. Слушая, как Констанс читает письмо вслух, Анна была потрясена тем, что Людмила, всего через два месяца после замужества, жаловалась на одиночество, потому что «есть так много вещей, которые можно рассказать сестре, но не мужу». Анна, которая считала, что нет никого, с кем жена могла бы говорить так откровенно, как со своим мужем, восприняла слова Людмилы как доказательство того, что ее невестка несчастлива в браке. Жена должна чувствовать, что может рассказать своему мужу все, утверждала она.

> Чувствовать, что ты полностью и всецело доверяешь мужу, как и он тебе, — это такое счастье, такая Радость, что лишиться ее означало бы лишиться фундамента, на котором строится счастье в супружеской жизни[28].

Анна выразила свои взгляды на брак и в другой раз, когда написала о разговоре, который состоялся у нее в Ситке с российским статским советником и молодым поляком. Разговор шел о пожилых супругах, которые никогда не хотели расставаться друг с другом. Оба мужчины сочли это глупым и забавным. Женщина, о которой шла речь, была стара и слаба здоровьем. Статский советник утверждал, что любая жена сочла бы унизительным, если бы ее муж был всегда влюблен в нее, и что женщины любят перемены. Слушая этих мужчин, Анна была очень расстроена безнравственностью министра и отсутствием у него чистых и благородных чувств. Позже она пожалела, что не вмешалась, а слушала молча. Больше всего ее оскорбляло то, что статский советник не понимал, что брак — это священные узы. Для него жена представляла интерес только тогда, когда была молодой и здоровой. Состарившись, «она ничего не стоила и ее можно было выбросить, как старую пыльную книгу, хотя она была матерью его детей»[29].

---

[28] Анна Фуругельм — матери. Ситка. 5 мая 1860 года.

[29] Анна Фуругельм — матери. Ситка. 7 декабря 1860 года.

К счастью, в глазах Анны Хампус был полной противоположностью статского советника. Он был лучшим из мужей. У него был чистый и благородный характер и нежное сердце. Он был честен, скромен и непритязателен. Образ Хампуса, который описывала Анна, идеально соответствовал ее романтическому представлению о браке, основанному на любви. Ее описание Хампуса на самом деле поразительно напоминало образы идеального мужа, представленные в литературе того времени, — до такой степени, что можно было процитировать главу и абзац одного из посланий миссис Сэндфорд[30]. Образ Хампуса как идеального мужа постоянно присутствует в письмах Анны. Нигде это не было так очевидно, как в письме, которое Анна написала своей матери, когда Хампус впервые оставил ее одну. Она писала:

> О, мама! Если бы ты знала, какой Хампус муж! Что за драгоценность, самоцвет его сердце — это большое, чистое, благородное сердце — это любящее, нежное, ласковое сердце! Истинно и с благодарностью я говорю это — я благословлена быть его женой[31].

Уже в своих самых первых письмах матери Анна писала: «Он *такой* хороший. О! Как я счастлива быть его женой»[32]. Месяц спустя она заявила: «Бог был безмерно милостив, дав мне такого мужа! <...> Его принципы, его взгляды и мысли самые честные, справедливые и благородные»[33]. Больше всего она ценила его благородное сердце, затем его сострадание и заботу[34]. Анна продолжала описывать Хампуса таким образом на протя-

---

[30] См. высказывания миссис Джон Сэндфорд. Цит. по: [Welter 1976: 28; Gordon 1960].

[31] Анна Фуругельм — матери. Ситка. 4 декабря, 22 ноября 1859 года; Анна Фуругельм — сестре Вильгельмине. Ситка. 30 мая 1860 года.

[32] Анна Фуругельм — матери. Санкт-Петербург. 9 февраля 1859 года.

[33] Анна Фуругельм — матери. Лондон. 19 марта 1859 года. Частный отель «Эдвардс». Джордж-стрит, 12. Ганновер-сквер.

[34] Анна Фуругельм — матери. Челтенхэм. 21 марта 1859 года.

жении всей своей переписки с матерью. Конечно, сейчас невозможно узнать, действительно ли она верила, что Хампус такой замечательный, как она утверждала. Интересно здесь то, как она представила его своей матери. Постоянные похвалы Анны в адрес мужа показывают, насколько важным для нее было одобрение Хампуса матерью.

Судя по ее письмам, у Анны был идеальный брак и идеальный муж. Больше всего она хотела сыграть свою роль, став идеальной женой. Но идеальной жене нужен был дом, в котором она могла бы выполнять свои обязанности, и Анне пришлось долго ждать, прежде чем она смогла приступить к выполнению своих домашних обязанностей. Уже в Лондоне, когда они были еще в начале своего путешествия, она стала сильно уставать от постоянной упаковки и распаковки вещей и жаждала оказаться в Ситке.

> Наше пребывание здесь и всюду было чрезвычайно приятным, но все же мы оба хотим иметь свой собственный дом и с нетерпением ждем того дня, когда нам больше не придется паковать и распаковывать вещи[35].

На борту судна, направлявшегося в Сент-Томас на Подветренных островах, тоска по Ситке и дому стала еще сильнее. Проведя чуть больше недели в Атлантике, Анна написала: «Мне не терпится поскорее добраться до Ситки и приступить к своим обязанностям *Hausfrau* [домохозяйки]». Представляя свое прибытие в колонию, она впервые назвала Ситку домом: «Как восхитительно будет приехать домой — я имею в виду, в Ситку. Я не могу выразить, как я жажду этого дня»[36]. Затем, во время их пребывания в Сан-Франциско, она снова выразила эту «тоску по дому». «Я тоскую только по Ситке! по нашему собственному, собственному дому», — написала она матери, сообщая ей, что больше не интересуется балами и вечеринками, как раньше. Эта жизнь утратила все свое былое очарование.

---

35 Анна Фуругельм — матери. Лондон. 19 марта 1859 года. Частный отель «Эдвардс». 10 часов вечера.

36 Анна Фуругельм — матери. Судно «Магдалена». 13 апреля 1859 года.

> Удивительно, как замужество меняет многие из твоих прежних вкусов. Сейчас балы и вечеринки волнуют меня не больше, чем если бы их никогда не было, хотя в юности они мне часто сильно нравились[37].

Конечно, трудно сказать, был ли этот рассказ направлен на то, чтобы заслужить одобрение ее матери, или он выражал подлинное чувство. Но это желание определенно не было чем-то сиюминутным. После того как Анна стала матерью, она стала делать эти утверждения еще более настойчиво.

Хотя Анна постоянно говорила матери, как прекрасно быть замужем и как она счастлива, она беспокоилась о том, что не сможет оправдать свои ожидания быть идеальной женой. Эта обеспокоенность своей ролью жены — еще одна повторяющаяся тема в письмах Анны. Больше всего она боялась, что Хампус разочаруется в ней:

> О, я надеюсь, что он сможет быть очень счастлив — и верю, что Бог даст мне силы, волю и желание всегда с радостью и воодушевлением выполнять свои обязанности по отношению к нему как его жена... Я так счастлива, так благодарна, что он выбрал меня, и у меня есть только одно желание, одно чаяние — чтобы он никогда, никогда не разочаровался во мне[38].

Анна боялась, что у Хампуса сложилось слишком положительное представление о ней. Она писала:

> Он слышал, как меня хвалили и хвалили совершенно незаслуженно. Станет ли для него неприятным открытием, если он увидит, как я ошибусь, что рано или поздно должно случиться, ведь я прекрасно знаю, как много, много ужасных недостатков у меня есть и как они дадут о себе знать в скором времени. Конечно, он никогда не думал, что я совер-

---

37 Анна Фуругельм — матери. Сан-Франциско. 29 мая 1859 года. Воскресенье, после обеда.

38 Анна Фуругельм — письмо матери. Санкт-Петербург. 6 февраля 1859 года.

шеннее других... но все же я вижу, что он слишком высокого мнения обо мне... О! как счастлива я была бы, если бы могла соответствовать его идеалу[39].

Тот факт, что Хампус был идеальным мужем, ко многому обязывал Анну, чтобы она была достойна быть его женой[40]. Она часто повторяла в письмах, что боится, что она его не заслуживает. «О! такой драгоценный, дорогой муж, как мой родной Хампус! Я никогда не заслуживала его»[41]. Этот страх заставлял ее еще больше беспокоиться о его счастье. Она жаждала быть для него всем и сделать его по-настоящему счастливым.

Я могу только сказать, что с каждым днем я все больше признательна Ему, который дал мне такого мужа, и с каждым днем я все более горячо молюсь, чтобы иметь возможность быть всем для него, который есть и всегда будет всем для меня...[42]

Это желание присутствует почти в каждом письме, которое она писала в начале своего замужества, и оно оставалось неизменным несколько лет спустя. Анна никогда не сомневалась, что Хампус заслуживает счастья, но не была уверена, что она действительно заслуживает такого хорошего мужа. «О! если бы я всегда была для него дорогой, любящей Женой — утешением и Радостью»[43]. Она была рада видеть его улыбку и слышать, как он говорит о своем счастье, но ей было трудно поверить, что причиной этого была она. По крайней мере, в ее письмах домой жизнь Анны, кажется, полностью вращается вокруг Хампуса и его потребностей до такой степени, что ее собственное счастье может быть лишь отражением его. «Наблюдать за счастьем того,

<hr>

39 Анна Фуругельм — письмо матери. Санкт-Петербург. 13 февраля 1859 года.

40 Анна Фуругельм — письмо матери. Санкт-Петербург. 6 февраля 1859 года.

41 Дневник Анны Фуругельм. Воскресенье. 24 июля 1860 года.

42 Анна Фуругельм — матери. Санкт-Петербург. 9 февраля 1859 года; см. также: Анна Фуругельм — матери. Судно «Магдалена». 13 апреля 1859 года.

43 Анна Фуругельм — матери. Дрезден. 7 марта 1859 года.

кого любишь, — что может быть прекраснее, — размышляла Анна, — и, по правде говоря, я думаю, что могу смиренно сказать: "Хампус счастлив" — его глаза и его улыбка такие яркие, такие милые, что это наполняет все мое сердце внутренней Радостью и благодарностью»[44].

Судя по тому, что Анна писала о своей роли жены, она, кажется, была хорошо знакома с современными ей представлениями о женственности и женских ролях. Действительно, ее письма иногда воспринимаются как реклама культа домашнего очага. Представление о счастье мужа как единственной цели его жены — лишь один из примеров такого мышления. Как сказано в одном руководстве, улыбка жены должна «радовать его сердце и рассеивать тучи, которые сгущаются на его челе» [Sandford 1842: 6]. С этой идеей связано высказанное ранее мнение о том, что любовь женщины должна принимать форму благодарности, что она должна любить, потому что уже любима тем, кто заслуживает ее уважения. В середине XIX века подобные идеи были доступны в книгах на нескольких языках. Мы знаем, что Анна читала о воспитании детей и браке как на английском, так и на французском языках. Однако, поскольку она в основном читала по-английски и была больше знакома с английской протестантской культурой, мы можем предположить, что бóльшую часть своих идей о браке она почерпнула из английских романов и проповеднической литературы.

ЖЕНА ГУБЕРНАТОРА

В то время как Анна беспокоилась о том, чтобы соответствовать образу идеальной супруги Хампуса, ее не так беспокоила роль жены губернатора, по крайней мере, в начале ее супружеской жизни. Маргарета Этолин рассказала о ее обязанностях, когда они встретились в Санкт-Петербурге, и это заставило ее несколько обеспокоиться по поводу своего будущего. Но в основном она находила идею стать женой губернатора на Аляске захватываю-

---

[44] Анна Фуругельм — матери. Лондон. 19 марта 1859 года.

щей и невероятной. Она хорошо осознавала свое моральное обязательство «улучшать» жизнь коренных народов и, в частности, местных женщин, но не могла представить, что будет делать это сама. Она также не питала особого желания улучшить мир, как это часто делали жены миссионеров. На самом деле, только после разговора с Маргаретой она действительно задумалась о своей собственной роли в колониях.

> Я была очень рада возможности поговорить с *Tante* [тетей] М. о Ситке и о многих важных вещах и все больше и больше чувствовала, какая большая *ответственность* ляжет на меня и как я должна во всем подавать хороший пример, видя, что все, что я делаю, говорю или чем занимаюсь, будет замечено и, скорее всего, послужит примером. Мое самое искреннее желание — с Божьей помощью иметь возможность делать добро тем, с кем я общаюсь, и во всем поступать согласно своим словам. Но я чувствую себя такой слабой и полной недостатков, и боюсь не сделать того, что должна[45].

Анна явно была не рада такой ответственности и боялась, что Хампус разочаруется в ней. Но по большей части она отмахивалась от этих мыслей и просто наслаждалась мыслью о том, что она жена губернатора.

Судя по письмам Анны, встреча с Хампусом превратила всю ее жизнь в сказку. Хотя иногда она беспокоилась, что может разочаровать его, быть замужем, и притом за губернатором Русской Америки, было прежде всего очень волнительно. Когда читаешь рассказы Анны об их первых неделях в качестве мужа и жены, она предстает почти ребенком, играющим в жену, примеряющим наряды замужней женщины. Когда она примеряла чепец замужней женщины, который Хампус купил для нее в Санкт-Петербурге, она почувствовала, что «выглядит как идеальная маленькая жена»[46]. То же самое произошло, когда

---

[45] Анна Фуругельм, письмо матери, Санкт-Петербург, 13 февраля 1859 года.

[46] Анна Фуругельм, письмо матери, Санкт-Петербург, 11 февраля 1859 года, вечер пятницы.

Адольф и Маргарета Этолин пришли на чай. Анна надела свое черное платье и розовый чепец не для того, чтобы *быть* хозяйкой, а «чтобы выглядеть как хозяйка». Хотя она не чувствовала себя замужней женщиной, ей нравилась ее новая роль. «Вы не представляете, как приятно было быть хозяйкой, и как странно звучало в моих ушах, когда меня благодарили за приятный вечер и дети целовали мне руки»[47].

Наряду с тем, что ее замужество казалось неожиданным и чудесным, быть женой губернатора и путешествовать через полмира было похоже на фантастический сон. Когда в газете *Helsingfors Tidningar* появилась лестная статья о ее замужестве и предстоящем путешествии, Анна была поражена, но в то же время очень довольна. Она с гордостью признала, что

> ...не каждый день Хампус Фуругельм, человек с такой хорошей репутацией... приезжает в Г[ельсинг]ф[орс], чтобы утром вступить в брак, а вечером того же дня отправиться в путешествие через полмира! — для Гельсингфорса это был *événement* [событие][48].

Анне, по-видимому, нравилась мысль о том, что все в Санкт-Петербурге знают, кто они такие, что их принимают достойно и с особым вниманием. Однажды вечером правление РАК угостило их роскошным ужином. Компания даже пригласила ее сестру Флоранс. Анна была поражена суммой денег, которая была на них потрачена: «15 р[ублей] с[еребром] за стол, и это без вина!» Компания также позволяла им путешествовать с шиком. Покидая Санкт-Петербург, Анна с гордостью сообщила матери, что РАК предоставила в их распоряжение дилижанс с шестью лошадьми, кондуктором и кучером. Как единственные пассажиры, они могли останавливаться, когда и где пожелают[49]. Им также предоставили самые лучшие каюты на кораблях, на которых

---

47 Анна Фуругельм — матери. Санкт-Петербург. 21 февраля 1859 года.

48 Анна Фуругельм — матери. Санкт-Петербург. 11 февраля 1859 года.

49 Анна Фуругельм — матери. Санкт-Петербург. 13 февраля 1859 года.

они пересекли Атлантику и через Сент-Томас и Панаму прибыли в Сан-Франциско. И им отвели лучшие места за капитанским столом.

ПУТЕШЕСТВИЕ

Утром 25 февраля 1859 года, прежде чем покинуть российскую столицу, Анна написала прощальное письмо своей матери.

> Я была так счастлива здесь. Моя Дорогая! Прощай-прощай! И [да] благословит тебя Господь и сохранит тебя Своей милостью, и да сопутствует нам Его благословение в этом долгом-предолгом путешествии![50]

Их первой остановкой был Дрезден, но дорога туда заняла больше времени, чем ожидала Анна. Им часто приходилось ждать лошадей, а на земле лежал глубокий снег. Поэтому продвижение было медленным, а путешествие — довольно неудобным. Они часто ехали всю ночь или поздно приезжали в гостиницу, вставая рано, чтобы продолжить путь на следующий день. Однако, оказавшись в Дрездене, все были в приподнятом настроении. Анна встретила свою старую подругу — миссис Хоторн, а Флоранс — своего *fiancé* [жениха] Карла фон Шульца. Хампус по этому случаю купил Флоранс шелковое платье. Его заботливость произвела на Анну большое впечатление, что неудивительно. В Дрездене они наняли кухарку и горничную, «которые разбираются в ведении домашнего хозяйства и во всем, что касается леди». В Англии, куда они направлялись дальше, нанять прислугу было дороже, и Анна не очень уважала русских слуг. Они также запаслись знаменитым дрезденским [кружевным] бельем для своего дома в Ситке, купив полотенца, простыни, скатерти, салфетки, а также кое-какую одежду. Остальные принадлежности были закуплены в Лондоне. Анна перечислила

---

[50] Анна Фуругельм — матери. Санкт-Петербург. 25 февраля 1859 года. Вечер пятницы.

каждую купленную ими вещь и сколько она стоила, чтобы ее мать могла одобрить ее покупки[51].

После девятичасового путешествия на корабле в шторм через Ла-Манш, во время которого даже Хампус, опытный моряк и вообще сверхчеловек, страдал от морской болезни, они наконец добрались до любимой Анной Англии. Уже в поезде по пути в Лондон они встретили кого-то, кого она назвала настоящим английским джентльменом. Видимо, он помог им уладить какое-то недоразумение. Хампус и Анна остановились в отеле «Эдвардс» на Ганновер-сквер, где они платили по гинее в день за три очень комфортабельных номера. Флоранс остановилась у родственников. В Лондоне они сделали последние покупки и приготовления к долгому путешествию в Русскую Америку. Они купили столовые приборы, чайник и кофейник, две сахарницы, сливочник, ложечки для сахара, горчичницу, солонки, ложки, ножи для рыбы и хлебницу — все из серебра. Они также купили две дюжины вилок и ложек из позолоченного серебра. Хампус преподнес Анне особый подарок — несессер с гравированной серебряной крышкой, который она восприняла как еще одно доказательство его доброго и благородного сердца. Анна была потрясена и спрашивала себя: «Чем я заслужила такого мужа? Он такой благородный, такой милый и нежный. О, мама! Я люблю его всем сердцем и надеюсь, что смогу сделать его очень-очень счастливым»[52].

Одной из самых важных покупок в Лондоне был рояль. С помощью Мэри Коутли, одной из родственниц ее матери, Анна выбрала рояль за 100 фунтов стерлингов. Его упаковали в жестяной ящик и отправили на корабле в Ситку, куда он прибыл девять месяцев спустя, во время первых родов Анны. Вечером они все вместе поужинали: Анна, Хампус, Мэри, ее муж и Флоранс. Ужин был восхитительным, с большим количеством шампанского. Это было похоже на сказку, писала мечтательная Анна своей матери. «Разве это не сказка — представлять, как твоя дочь с комфортом живет в [*sic*] отеле в Лондоне и может

---

[51] Анна Фуругельм — матери. Дрезден. Воскресенье. 13 мая 1859 года.

[52] Анна Фуругельм — матери. Челтенхем. 21 марта 1859 года.

видеться со своими друзьями и радоваться вместе с ними?» Но это было еще не все. В том же письме Анна рассказала матери о великолепных легких платьях, которые были сшиты для нее для путешествия по тропикам. Затем ее внезапно осенило, что через несколько дней она действительно уедет. И снова она хотела, чтобы мать гордилась удачей своей дочери: «Представляешь, твоя Энни отправляется в Вест-Индию?»[53] Через несколько дней Анна написала матери последнее прощальное письмо перед тем, как покинуть Европу. Она была в своей каюте на борту судна, отплывающего из Саутгемптона, и снова удивлялась тому, как хорошо все устроилось. Оглядываясь назад, она вспомнила, как вместе с матерью посетила один из больших пароходов Ост-Индской компании и как сильно она им восхищалась. «Кто бы мог тогда подумать, что я так скоро окажусь на подобном, и не только как зритель, но и как пассажир на пути в Сент-Томас — Перемены! Странные перемены!»[54]

В беззаботной сказке Анны о супружеском счастье были свои серьезные моменты. Уже в Дрездене, когда она прощалась со своей дорогой миссис Хоторн, Анна прочувствовала всю серьезность момента. Накануне отъезда из Дрездена Анна и миссис Хоторн вместе молились, чтобы Бог был с ними в их долгом путешествии. Целью молитвы было помочь Анне почувствовать себя лучше, но вместо этого она вспомнила о своей матери и о том, как они в последний раз все вместе молились в одном доме. «Пожалуйста, Боже, пусть это будет не в последний раз!» — умоляла она. Перед отъездом из Европы эти опасения были намного сильнее. Ей уже пришлось расстаться со своей матерью, а теперь придется расстаться и с сестрой. За несколько дней до их запланированного отъезда из Саутгемптона Анна и Хампус сопровождали Флоранс в деревню Неттледен в Хартфордшире, где она должна была остановиться у Мэри Коутли. Анна и представить

---

[53] Анна Фуругельм — матери. Лондон. 27 марта 1859 года. Воскресенье. 10 часов вечера. Отель «Эдвардс».

[54] Анна Фуругельм — матери. Окрестности Саутгемптона. В субботу днем. 2 апреля 1859 года.

себе не могла, насколько тяжело ей будет расстаться с сестрой. Она была слишком занята своим браком и предстоящим путешествием. Теперь Анна чувствовала, что Флоранс была единственной ниточкой, связывающей ее с матерью, домом и детством. Расставание с ней также означало расставание с ее прежней беззаботной жизнью.

> Мне становится довольно тяжело на сердце, когда я смотрю на нее и думаю о тебе, о моем старом доме и обо всех счастливых днях моего детства, и о серьезной Жизни, которая передо мной сейчас открывается[55].

Отъезд из Европы был шагом в неизвестность. Несмотря на то что Анна была «так совершенно, абсолютно счастлива», она не могла не почувствовать укол грусти, расставаясь со всеми и всем, кого и что она знала и любила: «Прощай, Европа! — театрально воскликнула она. — Прощай, дорогая страна, где живет моя драгоценная Мама. О, Боже! Храни их во веки веков! Аминь»[56]. С момента последнего письма матери прошло три недели. По мере того как приближалось время отъезда, Анна беспокоилась, что ей придется покинуть Англию, не получив ни единой строчки от матери. Затем могли пройти месяцы, прежде чем она получит письмо из Финляндии. Внезапно ее поразила мысль о том, что она никогда больше не увидит свою мать или Флоранс: беспокойство, которое оказалось оправданным. Тем не менее она уповала на Бога и надеялась, что на то есть Божья воля, чтобы семья воссоединилась через несколько лет[57].

Через четыре месяца после свадьбы, на борту судна «Магдалена», направлявшегося в Сент-Томас, Анна поняла, что беременна. Хотя она рассматривала свое замужество как повод для общей радости, она надеялась, что ее беременность сделает ее мать еще счастливее. Когда она станет матерью, они смогут разделить этот

---

55 Анна Фуругельм — матери. Лондон. 27 марта 1859 года.

56 Там же.

57 Там же; Анна Фуругельм — матери. Вудсайд. 1 апреля 1859 года.

особенный опыт. Более того, Анна могла бы дать что-то взамен своей матери, что сделало бы ее в высшей степени счастливой: внука или внучку, величайший дар, который дочь может преподнести своей матери. Беременность изменила Анну еще больше, чем брак. Она была счастлива и благодарна, но больше всего ее переполняла серьезность происходящего. Она чувствовала себя неподготовленной и молилась Богу, чтобы Он подготовил ее к этой большой ответственности. Довериться матери было бы для нее огромной поддержкой. Сообщив ей эту новость, Анна написала:

> Мама! Я думаю, у меня есть все основания верить, что нас ждет великое-превеликое Благословение! И, о, моя Мама! как много я думала о тебе, как сильно я жаждала поговорить с тобой об этом.

Видимо, она рассказала матери о беременности на раннем сроке, чтобы дать Энн время послать всевозможные инструкции и советы, «какие может дать только любящая Мать, от которой мне так приятно их получать»[58]. Но, как выяснилось позже, ее мать была далеко не так воодушевлена, как надеялась Анна.

Беременность не сильно повлияла на физическое состояние Анны. Только в первые недели морского путешествия она жаловалась на плохое самочувствие, то из-за морской болезни, то из-за утренней тошноты. Однако, когда они достигли тропиков, она почувствовала себя намного лучше и смогла насладиться их невероятной красотой. Мягкие теплые ночи, когда золотая луна поднималась высоко в небо и ее свет отражался на темной поверхности океана, очаровывали ее. «Мне все это кажется чудесным сном! — писала она матери в Хельсинки. — В тропиках! Почему я никогда не думала, что увижу их?»[59] Ощущение, что она живет как во сне, вернулось к ней снова, когда она сошла на берег острова Сент-Томас и лицом к лицу столкнулась с экзотикой.

---

[58] Анна Фуругельм — матери. Судно «Магдалена». 13 апреля 1859 года.

[59] Там же.

> Я едва могла осознать, что это действительно я высаживаюсь
> на остров в [*sic*] Вест-Индии, где вокруг нас толпятся негры
> и негритянки, а над нашими головами колышется большой
> лист кокосовой пальмы[60].

Судя по ее письму с острова Сент-Томас, Анна восхищалась всем, что видела на острове, но, похоже, не особенно хотела узнать что-либо об этом месте, его культуре или людях. В любом случае, за исключением приведенного ранее предложения, она ничего не писала об острове и не размышляла об условиях жизни его чернокожего населения. Она просто описала их отель и прокомментировала мнение о незначительном размере дома губернатора. По сравнению с изображениями дома губернатора в Ситке, которые она видела, отель был маленьким и невыразительным. «Наш дом в Ситке гораздо больше и красивее, — удовлетворенно заключила она, — хотя само место меньше». Оставшаяся часть письма была посвящена сплетням о некой мисс Когхилл из Англии и молодом американце, который путешествовал с ними на судне[61]. На острове Сент-Томас они сели на другой пароход, который доставил их в город Колон в современной Панаме через Картахену в Колумбии. Из Колона они отправились поездом через перешеек в Панама-Сити, поездка заняла около пяти часов. В Панаме Анна написала несколько строк о городе, но опять же не очень много. Она была очарована тропической природой и прекрасным видом на Тихий океан, открывавшимся с городских стен и из общественных садов. Сам город она описала как жалкое место с узкими грязными улочками и высокими зданиями[62].

Всего за девять лет до этого, когда англичанин Фрэнк Марриет отправился в Сан-Франциско через Панаму, все было совсем иначе. Железная дорога еще не была построена, и путешественники пересекали Панамский перешеек на мулах. Рассказ Маррие-

---

[60] Анна Фуругельм — матери. Судно «Трент». 25 апреля 1859 года.

[61] Там же.

[62] Анна Фуругельм — матери. Панама. Аспинволл-Хаус. 29 апреля 1859 года. Пятница. 10° с.ш.

та был написан в годы золотой лихорадки в Калифорнии, и первое, что он увидел, когда добрался до Панама-Сити, был большой американский лагерь за городскими воротами, где люди, которые хотели избежать городской суеты, жили в палатках. В городе все койки были заняты. Улицы были переполнены днем и ночью, несколько тысяч эмигрантов ждали отъезда в Калифорнию. Это было опасное место для ночевки. На улицах стояли огромные рекламные щиты, а на каждом доме висел американский флаг. Когда Анна и Хампус прибыли туда в 1859 году, Панама уже не была местом отдыха на полпути для эмигрантов из Калифорнии. Однако одно не изменилось — это звон церковных колоколов, который будил посетителей каждое утро на рассвете «концертом жестяных горшков и кастрюль» [Marryat 2009: 8–9].

Хотя Фрэнк Марриет, похоже, видел Панаму иначе, чем Анна, он сделал похожие наблюдения о ее бедности. Как и Анна, он приписывал бедность Панамы лени коренного населения, заявляя, что «центральноамериканцы — инертная раса» и что «жители Новой Гранады, в жилах которых течет испанская кровь… слишком ленивы, чтобы зарабатывать деньги, когда это можно сделать очень быстро и с небольшими затратами». «Следовательно, — продолжал он, — преимущества калифорнийской эмиграции полностью пожинают иностранцы» [Ibid.: 9]. Когда Анна была на экскурсии по общественным садам, ей сказали, что «ленивые жители» были причиной того, что страна была такой бедной, несмотря на благоприятный климат, который создавал идеальные условия для выращивания фруктов и овощей. Она разделяла расовые предрассудки своего времени и поэтому приписывала бедность, которую видела вокруг себя в Панаме, лени туземцев[63].

Хампус и Анна пробыли в Панаме всего несколько дней, прежде чем сесть на судно до Сан-Франциско. «Золотой век» был очень элегантным четырехэтажным судном, которое могло вместить 1300 пассажиров. Анна была очень впечатлена количеством еды,

---

[63] Анна Фуругельм — матери. Панама. 29 апреля 1859 года.

потребляемой пассажирами. Каждый день подавалось пять завтраков, пять обедов и пять ужинов, и это только для пассажиров кают. Ежедневно забивали трех быков, трех овец и три дюжины кур; использовали 1600 фунтов (около 730 кг) картофеля. Хотя губернатору и его жене была предоставлена самая лучшая каюта, расположенная в самой прохладной части судна, в течение первой недели жара была невыносимой. «Если вы пошевелите мизинцем, вы покроетесь потом». Единственной приятной частью дня был ужин. Сидя рядом с капитаном во главе стола, Анна ловила ветерок, дующий в паруса. Однако, когда наступила перемена погоды, они не были к ней готовы. Последние пять дней путешествия были довольно холодными, перемена была настолько внезапной, что Анна сильно простудилась[64].

16 мая 1859 года они прибыли в Сан-Франциско, город, который удивительно быстро изменился за последние 10 лет. Повсюду появились театры. Здесь были концерты и балы, благотворительные базары, пикники, загородные виллы и гостиницы, библиотеки и дискуссионные клубы, женщины и дети, и приятное общество [Ibid.: 229–230]. Неудивительно, что Анна сразу же влюбилась в этот город. Однако, как и многим другим европейским путешественникам того времени, ей было трудно проникнуться симпатией к американцам. Уже в Панаме она описывала американцев как вульгарных и грубых. На борту «Золотого века» она еще больше укрепилась в своем неодобрении, написав:

> Я не могу сказать много хорошего об американцах. Я их терпеть не могу — они самые неблагородные, вульгарные и, как мне кажется, необразованные люди, которых я знаю, что касается жевания и плевания! Я никогда не видела ничего подобного, они превзошли шведов, финнов и немцев[65].

Она находила их английский ужасным и жаловалась, что они говорили *was* вместо *were* и *is* вместо *are*. Женщины носили

---

[64] Анна Фуругельм — матери. Сан-Франциско. Среда. 18 мая 1859 года.
[65] Анна Фуругельм — матери. Сан-Франциско. Среда. 18 мая 1859 года.

кольца с бриллиантами, но ели курицу и свиные отбивные руками, ели с ножа и клали локти на стол за ужином. Анна просто не могла их понять. Больше всего ее интересовало, считались ли эти «вульгарные» и «грубые» женщины в Америке леди или нет (то есть использовали ли американцы иные критерии, чем европейцы, при разделении людей на социальные классы)[66]. Приглашение на бал в Сан-Франциско дало Анне больше оснований для критики американской вульгарности. Неуверенная во многих вещах, Анна обладала хорошим вкусом и знала, что уместно в различных обстоятельствах. Она не сомневалась, что ее собственный наряд был самым изысканным в бальном зале, потому что «у американцев нет вкуса — они надевают на себя все с головы до ног и считают это великолепным»[67].

В Сан-Франциско Анна и Хампус остановились в доме российского вице-консула Петра Степановича Костромитинова, который был старым другом Хампуса и, что более важно, жена которого говорила по-английски. Это позволило Анне почувствовать себя как дома. Еще одним аспектом жизни в Сан-Франциско, который заставил ее почувствовать себя как дома, была широко распространенная религиозность. Как уже упоминалось, посещение Анной пресвитерианской церкви помогло ей почувствовать себя ближе к матери и сестре[68]. Это чувство близости к тем, кто был дома, усиливалось тем фактом, что в Сан-Франциско Ситка больше не казалась такой уж далекой. Там все знали о Ситке — что это такое и где она находится. Например, у госпожи Костромитиновой в Ситке была сестра, которой она время от времени посылала разные вещи. Она пообещала сделать то же самое для Анны, если понадобится.

В Сан-Франциско Анна снова ощутила, насколько фантастична и сюрреалистична жизнь. Она вспомнила, что за год до этого она была в Хямеенкюле и разговаривала с Маргаретой

---

[66] Там же.

[67] Анна Фуругельм — матери. Сан-Франциско. Среда. 29 мая 1859 года. Воскресенье, после обеда.

[68] Там же.

Этолин о своей жизни в Русской Америке. «О! как чудесно, как чудесно! Кто бы мог подумать, что в годовщину *тех событий* я окажусь там?»[69]

ПРИБЫТИЕ: ОЖИДАНИЯ И ВСТРЕЧА С КОЛОНИЕЙ

После долгого и трудного путешествия, 2 июля 1859 года, ровно через пять месяцев после их свадьбы и разлуки с семьей и друзьями, супруги Фуругельм прибыли в Ситку. В 8 утра Анна вышла на палубу и увидела высокие заснеженные горы, многочисленные разбросанные по заливу острова.

> …все было более или менее скрыто туманом… Но все равно это было великолепно — это намного превосходило все мои ожидания… Море было похоже на один большой лист стекла, и я впервые увидела спину кита.

Анна спустилась вниз, позавтракать и одеться, чтобы быть готовой сойти на берег, как только за ними придет пароход. Поскольку их должны были принять «со всей торжественностью», она надела черное шелковое платье, такого же цвета плащ и розовый чепец, чтобы выглядеть «как леди, прогуливающаяся по бульварам Парижа, а не находящаяся на краю света». Но в колониях, как хорошо знала Анна, внешний вид был жизненно важен. Хампус также выглядел наилучшим образом, надев расшитый золотом камзол, треуголку и шпагу. Палуба была надраена, все медные украшения отполированы, а императорский флаг, извещающий о том, что на борту губернатор, поднят[70]. Когда прибыл пароход, они, к своему величайшему удивлению, обнаружили, что на борту находится брат Хампуса Яльмар. Горный инженер Яльмар Фуругельм находился на службе РАК с 1854 года. Он занимался добычей угля на берегу Английской бухты на полуострове Кенай до 1862 года. К сожалению для Яльмара, попытки продавать уголь

---

[69] Там же.

[70] Анна Фуругельм — матери. Ситка. 3 июля 1859 года. Воскресенье.

не увенчались успехом. Качество было плохим, рынки были слишком далеки, и существовала жесткая конкуренция со стороны угольных шахт, расположенных ближе к Калифорнии[71]. Хампус не видел своего брата восемь лет, и воссоединение было столь же счастливым, сколь и неожиданным. Они выпили за здоровье друг друга, и Анна почувствовала, что «было так приятно встретить его в этом странном мире». Она была рада услышать, что, в то время как Хампус нашел Яльмара старым и больным, Яльмар отметил, что Хампус поправился, помолодел и выглядел более счастливым. Несомненно, это все было ее рук дело[72].

Когда Ситка наконец показалась из тумана, Анна была совершенно ошеломлена. «Я не могу выразить своего изумления Красотой пейзажа, который никто не описывал мне как такой великолепный, каким он является на самом деле». Она с тревогой искала глазами дом губернатора, который должен был стать их домом на следующие пять лет, их первым настоящим домом в качестве мужа и жены. Его было нетрудно заметить: он располагался высоко на скале над городом — двухэтажное строение, выкрашенное желтой краской, с большими окнами, выходящими на море. Дом был обнесен деревянной стеной, в которой местами были проделаны амбразуры для пушек, готовых к использованию в случае нападения тлинкитов[73].

К этому времени население Ситки составляло 2500 человек, из которых 400 были «русскими», то есть гражданами России, но не обязательно этническими русскими. Город состоял из небольших деревянных домиков, православного собора, дома архиерея, церкви для крещенных колошей, лютеранской часовни, клуба, основанного Адольфом Этолином, с бильярдной и танцевальным

---

[71] В сентябре 1859 года Яльмар выкупил из рабства у тлинкитов пятилетнюю девочку Тсамо, заплатив за нее значительную сумму денег. Она была отдана в семью в Ситке, но когда Яльмар отправился домой в Финляндию в 1862 году, то взял ее с собой и устроил в школу в Хельсинки. Она умерла в 1868 году [Гринев 2009б: 562].

[72] Анна Фуругельм — матери. Ситка. 3 июля 1859 года.

[73] Там же. См. также: Письмо № 16. 27 ноября (9 декабря) 1860 года. Остр. Ситка, Ново-Архангельск [Головин 1863а: 178].

салоном, лазарета и четырех школ. Вдоль главной [и единственной в Ситке. — *Примеч. ред.*] узкой улицы тянулись одноэтажные и двухэтажные дома. В Ситке не было уличного освещения, и зимними вечерами жители ходили с фонарями. «Как постоянные дожди, льющие здесь в течение трех четвертей года», разводили «непроходимую грязь, то по всей улице, по середине, положены доски» [Головин 1863а: 178; Golovin 1983: 81–83]. Там также были верфь, склады и мастерские. С одной стороны вдоль берега располагались домики для сотрудников РАК. Частокол с блокгаузами отделял русское поселение от соседнего селения тлинкитов, и пушки постоянно стреляли во время «экзерциций» в направлении селения. Из-за беспорядков всего за четыре года до этого, в 1855 году, «русские» жители в основном держались в пределах поселения. Тлинкитов не пускали в Ситку, но им разрешалось торговать каждое утро на выделенном участке под строгим надзором. Губернаторской чете был оказан торжественный прием. Покидающий свой пост губернатор Степан Васильевич Воеводский встретил их на ступенях, ведущих от набережной, при полном параде. Когда они поднялись по ступеням, все присутствующие сняли головные уборы. Втроем они прошли сквозь толпу, оба губернатора раскланивались направо и налево. Полк, расквартированный в Ситке со времен Крымской войны, был выстроен в шеренгу, офицеры и солдаты по мере прохождения салютовали оружием. День был прекрасный, и Анна чувствовала себя счастливой, благодарной и совершенно особенной. Она жаждала увидеть их новый дом, но они прошли мимо и направились туда, где теперь жили Воеводские и куда их пригласили на ужин. Когда они приблизились к дому, их встретила жена нынешнего губернатора Анна Васильевна, которая прибежала по дорожке и поприветствовала их самым нежным образом, поцеловав и обняв Анну, как будто она была ее близкой подругой. Это теплое приветствие от совершенно незнакомого человека надолго осталось в памяти Анны, хотя она нашла поведение госпожи Воеводской несколько преувеличенным. После ужина Анна и Хампус сгорали от нетерпения увидеть свой новый дом и уехали при первой же возможности.

Когда Анна прибыла в Ситку, она была взволнована и полна больших ожиданий. Однако Новый Свет, с которым она столкнулась, не вызвал у нее особого восторга. Скорее, ее волнение было связано с предвкушением нового дома, который она теперь сможет обустроить для своего Хампуса после многих месяцев путешествия; отсюда ее страстное желание осмотреть дом губернатора. Когда они наконец переехали, она нашла особняк очень уютным, и конечно, ей было особенно приятно видеть, как сильно Хампусу там понравилось. «Это было такое восхитительное чувство, когда он вернулся домой вчера вечером, и я пошла встретить его у двери — он сказал: "О, как приятно вернуться домой к своей жене"», — написала Анна, цитируя Хампуса по-шведски. Однако Анна была далеко не удовлетворена тем, как содержалась резиденция предыдущей хозяйкой, и обвинила госпожу Воеводскую в том, что она неряшливая хозяйка, которая не может содержать дом в чистоте и порядке.

> Все свидетельствует о том, что ни одна леди, ни одна *Hausfrau* не следила за своим домом до нас, и вы знаете, даже наш опыт общения с русскими слугами в Финляндии показал, что они не отличаются чистоплотностью[74].

Анна была воспитана в убеждении, что неопрятный дом — признак плохого ведения хозяйства и что это следствие лени его хозяйки. Госпожа Воеводская в результате упала в ее глазах[75]. Она не пыталась скрыть свои предубеждения в отношении русских, заявив, что «супруга бывшего губернатора, похоже, была настоящей русской [*sic*], не любящей и не ценящей ни чистоту, ни то, что существенно способствует ее поддержанию, — *свежий воздух*!» Как и многие ее современники, Анна была одержима свежим воздухом и считала его основой хорошего здоровья. Поэтому она расстроилась, когда заметила, что все окна были герметично закрыты, «как будто мы живем в Арктике, а не в месте, где, как

---

[74] Анна Фуругельм — матери. 9/21 сентября 1859 года.

[75] О том, что хорошая хозяйка должна поддерживать порядок в доме, см. [Mulock Craik 1858: 109].

все мне говорят, зимы почти не бывает»[76]. Как она вскоре узнала, то, что все ей говорили, было не совсем правдой.

Помимо состояния дома губернатора, Анна изначально была в восторге от всего, с чем она сталкивалась: ей нравился ее новый дом с его фантастическими видами в разных направлениях. В одном из своих ранних писем она дала описание дома, как внутри, так и снаружи. Внизу слева был кабинет губернатора с четырьмя окнами, затем комната Анны, также с четырьмя окнами, длинная и узкая столовая с двумя окнами, за которой шла проходная комната с комнатой горничной Иды, ванная, еще один проход, а затем большая кухня и комната слуги. Напротив комнаты Иды была большая детская. Наверху были четыре большие комнаты для приемов. Слева — бильярдная с четырьмя окнами и алой мебелью из мериноса, карточная комната с четырьмя окнами, большими зелеными растениями, столами, стульями и музыкальными часами по стенам, бальный зал с красновато-коричневой мебелью, пятью большими окнами, двумя музыкальными часами и огромной шарманкой, люстрой и ветвями по всей стене. Рядом с бальным залом были буфет и сервировочная. Между двумя раздвижными дверями, ведущими в приемную Анны, которая была прекрасно обставлена французской мебелью синего цвета, множеством цветов, музыкальными часами, диваном и кушетками, а также зеркальными столиками, висел портрет правящего императора Александра II в полный рост.

К резиденции примыкало несколько хозяйственных построек: баня, моечная и комната для разделки мяса, голубятня, курятник и свинарник, а также ледник. С трех сторон дома стояли пушки, с четырех — башни, также была аллея с тенистыми деревьями. Наконец, там был разбит небольшой зеленый сад со скамейками, столами и красивыми беседками, которые очень понравились Анне. «Сад — это действительно большое удовольствие; все, что там растет, имеет самый яркий, свежий зеленый цвет, напоминающий тропические растения», — писала она матери[77].

---

[76] Анна Фуругельм — матери. Ситка. 5 июля 1859 года.

[77] Анна Фуругельм — матери. Ситка, 3 июля 1859 года.

Было лето, и стояла теплая погода. Колибри высасывали нектар из каждого цветка. Двойные окна в спальне и гостиной, которую Анна использовала как свою собственную комнату, были убраны, и «везде был свежий воздух». Хампус подарил ей три бархатных ковра, которые придавали ее комнате очень уютный вид. У окна стоял письменный стол. Он выглядел очень красиво с семейной Библией и молитвенником с одной стороны, резной складной подставкой для книг с другой, красивой чернильницей посередине и подсвечниками с обеих сторон. Анна писала своей матери:

> Хотя здесь одиноко и приходится многим жертвовать, приехав сюда, здесь можно быть совершенно счастливой — твои желания во всех отношениях исполняются, как будто ты король или королева[78].

Для губернатора было припасено все самое лучшее. Там была самая лучшая рыба в любом количестве, молоко в изобилии, столько слуг, сколько пожелаете, «платя им только столько-то в месяц на кофе, сахар и чай», две прачки, дрова, восковые свечи, садовник, черный хлеб для слуг и многое другое. По мнению Анны, Хампус иногда поступал слишком праведно, отказываясь воспользоваться своим положением. Позже она написала в своем дневнике, что как губернатор он имел полное право нанимать людей для своих собственных нужд. Например, он не должен был стесняться использовать своих людей в качестве курьеров для своей личной корреспонденции во время путешествий[79]. Для Анны сказочная жизнь, начавшаяся с ее неожиданной помолвки, теперь продолжалась в Ситке в качестве жены губернатора. Она никак не могла привыкнуть к тому, что Хампус, главный правитель Русской Америки и к тому же такой хороший человек, выбрал ее в жены. Она, которая до недавнего времени была «маленькой незаметной *Fröken* [юной леди]», теперь стала «такой гранд-дамой в глазах всех», и к ней относились с большим почте-

---

78 Там же.

79 Дневник Анны Фуругельм. 29 июня 1860 года.

нием. Люди кланялись ей и расступались, когда она проходила. На самом деле, Анна с гордостью рассказывала матери, что она была "la reigne [*sic*] des Colonies"[80].

Тем не менее, несмотря на то что Анна жила как королева в величественном доме губернатора на холме, она начала беспокоиться о своей роли жены губернатора, особенно по отношению к тлинкитам. Она прекрасно понимала, что «цивилизовывать» туземцев — это не только задача губернатора, но и ее «обязанность». Каждый день она и Хампус молились, чтобы Бог даровал им просветление и готовность

> ...праведно исполнять наши многочисленные обязанности, чтобы мы могли быть благословением для людей — и могли помогать тем, кто в этом нуждается, чтобы мы могли быть добрыми и милосердными и чтобы, если на то будет Его Воля, их сердца также могли обратиться к праведности... чтобы этих бедных диких индейцев можно было обучить и привести к познанию Христа и Царства Его[81].

Анна была потрясена, узнав, что так мало тлинкитов приняли христианство, что они по-прежнему сжигают своих мертвецов и что миссионеры не выучили их язык[82]. Капитан-лейтенант П. Н. Головин и действительный статский советник С. А. Костливцов, прибывшие в Ситку на следующий год для инспекции колоний, также прокомментировали неспособность миссионеров обратить тлинкитов в христианство. Головин в определенной степени согласился с Анной, сказав, что «убежден, что при благоразумных мерах можно было легко приучить колошей к нашим [русским] обычаям, тем более что они не скитаются с места на место, а живут оседло» [Golovin 1983: 90][83]. Однако Костливцов

---

[80] la reigne des Colonies — *фр.* королева Колоний. — *Примеч. пер.* Анна Фуругельм — матери. Ситка. 20/4 октября 1859 года.

[81] Анна Фуругельм — матери. Ситка. 3 июля 1859 года.

[82] Там же.

[83] Письмо от 5 (17) декабря 1860 года. Ситка. Ново-Архангельск [Головин 1863б: 278].

был менее критичен, чем Анна, утверждая, что обращению туземцев препятствовали «сама неразвитость и свойства некоторых туземцев и сроднившееся... с ними суеверие». Тем не менее в своем отчете он признал, что «недостаток знания миссионерами туземных наречий... недостаточность подготовления их к благовествованию слова Божия и наконец... неимение духовных лиц собственно из колошей» были дополнительными препятствиями для обращения туземцев в христианство [Тихменев 1861–1863, 2: 266].

В то время как Головин был очарован тлинкитами, которых он называл диким и воинственным и при этом бойким народом [Головин 1863а: 181], Анна, казалось, боялась их, особенно после того как ей сказали, что город только недавно подвергся нападению[84]. Тлинкиты никогда не принимали посягательства русских колонизаторов на их земли и присвоение ими местных ресурсов. Головин был впечатлен силой, энергией и гордостью тлинкитов, которых противопоставлял «мирным, спокойным» алеутам [Там же: 180]. Анна ценила миролюбие и кротость алеутов, «совершенно непохожих на колошей, которые теперь так же дики, как и прежде»[85]. Головин восхищался тлинкитами: «...бронзовые лица, черные, блестящие как уголь глаза, широкие плечи, мускулистые члены — все доказывало в них энергию и силу» [Golovin 1983: 84–85, 96, 99, 106–107][86]. Анна боялась их «отвратительно раскрашенных лиц», «свирепых физиономий» и «хитрого взгляда», а также отсутствия уважения, которое они должны были оказывать губернатору и его жене.

> Они не выказывают никакого почтения Губернатору — они
> не признают его своим Начальником, и в то время как
> каждый мужчина и ребенок встают и снимают шапку, когда

---

[84] Анна Фуругельм — матери. Ситка. 3 июля 1859 года. Это нападение произошло в 1855 году.

[85] Анна Фуругельм — матери. Кадьяк. 8/20 июня 1860 года. Общее устаревшее русское название индейцев-тлинкитов — «колоши». Сугпиатов, живших на Кадьяке и говоривших на языке алютиик, называли «алеутами».

[86] Письмо от 17 (29) декабря 1860 года. Ново-Архангельск [Головин 1863б: 283].

вы проходите, а женщины вежливо кланяются, Галоши [Колоши] продолжают сидеть на корточках с совершенно устрашающим видом, смеются и выкрикивают остроты вам вслед, когда вы проходите — я бы ни за что на свете не пошла туда одна[87].

По словам брата Хампуса Яльмара, в сложившейся ситуации виноват был прежний русский губернатор. Воеводский потакал тлинкитам, потому что боялся их. Он дал им больше свободы, чем Яльмар считал нужным, и вследствие его слабости европейцы не могли чувствовать себя в Ситке в безопасности. Анна постоянно беспокоилась об этих «диких индейцах», которые были «великими воинами». Единственная прекрасная прогулка в Ситке была испорчена из-за тлинкитов, писала Анна своей матери. Раньше им не разрешалось приближаться, но бывший губернатор был слишком напуган, чтобы прогнать их. «У нас есть батарея, пушки и сторож за стеной, которая отделяет их деревню и лес от Ситки, — но все равно они, так сказать, наши ближайшие соседи»[88]. Как и Анна, Головин считал, что «некоторые из прежних главных правителей очень [тлинкитов] побаивались, и это придало [им] много самоуверенности». Если бы русские были строже, тлинкитов «можно было бы давно привести... в полное повиновение». Но «все предпринимавшиеся до сего времени меры были неполны, нерешительны, и *Ново-Архангельск постоянно находится в осадном положении*» [Головин 1863а: 181; Golovin 1983: 84–85]. Излишне говорить, что Хампус не испытывал страха. Анна писала матери, что он гораздо лучше прежнего губернатора знал, как следует обращаться с тлинкитами. Прежде всего, писала она, европейцы не могли дать тлинкитам понять, что они их боятся. Главное было четко им показать, кто здесь главный. Здесь и Анна, и Головин выражали расистские взгляды, которые широко разделялись европейцами того времени. Настоящей причиной напряженных отношений между тлинкитами

---

[87] Анна Фуругельм — матери. Ситка. 3 июля 1859 года.

[88] Там же.

и русскими была не снисходительность предыдущих губернаторов, а то, как русские колонизаторы пытались подчинить тлинкитов, уничтожая при этом их культуру и традиции.

В глазах Анны Хампус был не только лучшим мужем в мире, но и самым идеальным губернатором. Хотя сам он испытывал беспокойство, Анна была убеждена, что с Хампусом в качестве главного правителя в колониях все станет лучше. Будучи губернатором, Фуругельм действительно улучшил отношения между тлинкитами и русскими, которые были напряженными во время пребывания Воеводского на посту губернатора, хотя Ситка по-настоящему никогда не находилась «в осадном положении». Фуругельм принимал тойонов в доме губернатора и отправлялся в инспекционные поездки в сопровождении только толмача и туземных гребцов.

РОЛЬ ЖЕНЫ ГУБЕРНАТОРА

Как уже обсуждалось, у жены губернатора была особая обязанность нести европейскую цивилизацию и христианство туземным девушкам. В этом отношении ее роль не сильно отличалась от роли жен миссионеров XIX века, которые должны были помогать своим мужьям в цивилизаторской миссии, обучая женщин и прививая им христианскую мораль и религиозную культуру как наставлениями, так и личным примером. Реформа семьи считалась ключом к цивилизованному местному обществу, и именно жены и матери из числа коренных народов, находящиеся в центре хорошо организованной семьи, были выбраны в качестве движущей силы возрождения. Узнав о европейском значении брака, домашнего очага и материнства, местная женщина затем могла повлиять на своего мужа и детей, и в конечном итоге на всю общину [Grimshaw 2004: 264; Grimshaw 1989: 160–161]. Но перед Анной стояла более сложная задача, чем перед женами миссионеров. У нее не было религиозного рвения, которое поддерживало многих из этих женщин, несмотря на то что они ставили перед собой трудную задачу — выполнять как домашнюю, так и миссионерскую работу. У нее также не было педагогического опыта, который был у многих из них. Еще одной трудностью была Православная церковь, которая не позволяла ей как протестантке оказывать какое-либо влияние на религиозные вопросы.

Ее образцом для подражания в качестве жены губернатора была Маргарета Этолин, которая, несмотря на свою лютеранскую веру, сумела оказать значительное влияние на образование женщин. Когда они встретились в Финляндии, Маргарета произвела на Анну глубокое впечатление. А когда Анна прибыла в Сан-Франциско, ей рассказали много хорошего о Маргарете и ее пребывании в Ситке. Анна надеялась, что ее будут любить так же, как и Маргарету. Интересно, что ни одно из негативных мнений о Маргарете, которых придерживались некоторые ее финские современники, похоже, не дошло до Анны. Она писала своей матери:

> Как бы я хотела, чтобы меня любили так же, как тетю Маргарету. Все вспоминают ее с величайшей любовью и привязанностью. Она сделала так много хорошего и была так добра ко всем. Молю Бога, чтобы я могла сделать все возможное, чтобы те, с кем я буду общаться, полюбили меня и чтобы я могла подать им хороший пример[89].

Маргарета рассказала ей о своей работе в школе для девочек. Поэтому Анна также хотела «творить добро» там. Однако, судя по тому, что она писала матери, она понятия не имела, как это делать. Она представляла себе посещение школы в качестве своего рода наблюдателя, представляя, как приятно было бы «посетить школу и посмотреть на успехи детей». Она также с нетерпением ждала возможности «распространять среди них Библии и хорошие книги», не осознавая, что православные священники могут ей этого не позволить[90].

Еще одним «цивилизаторским» поступком, который она надеялась совершить, было научить своих служанок-креолок христианской морали. Конечно, было проблемой то, что она не говорила на их языке. «Ах, если бы я знала русский язык, — жало-

---

[89] Анна Фуругельм — матери. Сан-Франциско. 18 мая 1859 года.

[90] Там же.

валась она, — но это, боюсь, было бы трудной задачей, хотя я уже понимаю очень много слов»[91]. Фактически к ноябрю она научилась объясняться со слугами. Однако, как она впоследствии заметила, авторитет не обязательно зависит от знания языка[92].

Роль Анны как жены губернатора была сосредоточена не только на местных девушках. Она также была первой леди общества Ситки; это была роль, в которой она никогда не чувствовала себя по-настоящему комфортно. Она проводила ряд общественных мероприятий, как больших, так и малых. На верхнем этаже дома губернатора находилась большая приемная, куда ежедневно приходили на обед к губернатору некоторые служащие, офицеры и чиновники. Эта комната имела передвижные стены и могла трансформироваться в бальный зал. В доме губернатора регулярно устраивались балы. Среди гостей-мужчин были должностные лица и чиновники РАК, служащие в Компании капитаны судов и их помощники, два врача, учителя, священники, офицеры гарнизона и пара отставных офицеров. В числе приглашенных дам были жены служащих в Компании офицеров, капитанов, местные женщины, акушерки и учительница местной школы для девочек [Pierce 1986; Головин 1863б: 279; Golovin 1983: 82]. Первый прием Анны в качестве жены губернатора состоялся 6 июля. Она пригласила лучших дам Ситки и очень волновалась и стеснялась. И снова на первый план вышло ее желание нравиться, но также и те ожидания, которые она на себя возлагала, чтобы творить добро. «О! Как я молю Бога о силе и Его Божественном руководстве, чтобы я могла делать все доброе, что могу, пока я среди них, и чтобы я им нравилась»[93].

Четыре приглашенные дамы пришли в восторг от комнаты Анны, которую она сама обустроила. Они также отметили свежий воздух в доме. Это понравилось Анне, и она прониклась к ним симпатией. Она нашла жену русского священника особенно приятной. Анна даже оценила комплименты, которые получила от госпожи Воеводской за ее хороший вкус, несмотря на свое

---

[91] Анна Фуругельм — матери. Сан-Франциско. 18 мая 1859 года.

[92] Анна Фуругельм — матери. Ситка. 20/4 октября 1859 года.

[93] Анна Фуругельм — матери. Ситка. 3 июля 1859 года.

пренебрежительное отношение к ней как к домохозяйке, и Анна с гордостью рассказала об этом матери. И все же ей, самой молодой из них, было странно принимать «их знаки внимания и нижайшего почтения». Но она надеялась, что произвела на них хорошее впечатление. Все вспоминали Маргарету Этолин с любовью и дружескими чувствами и говорили Анне, как добра была Маргарета к бедным и как она делала все возможное, чтобы людям было комфортно. Постоянное сравнение с более опытной, образованной и уверенной в себе Маргаретой, должно быть, тяжело давалось Анне. Она пыталась подражать Маргарете разными способами, например, когда они праздновали день рождения ее отсутствующей матери. После завтрака Анна по очереди вызвала слуг и предложила им торт и шоколад, которые напомнили ей об усадьбе Хямеенкюля и о «тамошней милой хозяйке, на которую [она] хотела быть похожей»[94].

Через несколько месяцев первоначальный оптимизм Анны начал угасать, и стало очевидно, что дела обстоят не совсем хорошо. Она оказалась совершенно не готова к чужому миру, с которым столкнулась в Ситке. Все было для нее чужим: тлинкиты, креолы, русские, Православная церковь, ландшафт, климат и дикая природа. Трудности возросли, когда к ним неожиданно приехала жить сестра Хампуса Констанс. Она жила со своей старшей сестрой Людмилой в восточносибирском городе Аян, но, когда Людмила вышла замуж, она отправила Констанс вместе с их приемным ребенком из Сибири в Ситку к Хампусу. Констанс страдала эпилепсией, заболеванием, о котором Анна знала очень мало. Она была в ужасе оттого, что ей, возможно, придется стать свидетельницей одного из странных припадков, которыми, по словам Хампуса, страдала Констанс[95]. Но больше всего она была разочарована тем, что они с Хампусом больше не будут предоставлены сами себе. У них так недолго был свой дом, а теперь Констанс будет жить с ними «вечно». Скорее всего, именно по-

---

[94] Анна Фуругельм — матери. Ситка. 9/21 сентября 1859 года.

[95] Хампус боялся, что, увидев эпилептический припадок, она так испугается, что у нее случится выкидыш.

этому ее постоянно раздражала Констанс и все ее «маленькие недостатки», например, когда она повторяла и забывала что-то, что с ней часто случалось, или когда у нее проявлялись «детские замашки». Анна не признавалась даже самой себе, что испытывала подобные чувства по отношению к Констанс, пока много позже не прониклась симпатией к своей золовке. Когда в 1861 году Констанс умерла, Анна была безутешна.

В сентябре Анна испытала свою первую настоящую неудачу в качестве жены губернатора. Это был день тезоименитства императора, и она устраивала свой первый официальный званый ужин с участием 36 приглашенных господ. Сама она на ужине не присутствовала, так как плохо себя чувствовала. Поэтому она не могла должным образом следить за ходом мероприятия. По-видимому, русский повар украл и выпил все кулинарное вино и, будучи пьян, забыл приготовить часть ужина. Когда он понял, что приготовил недостаточно супа, он подал семерым гостям «подкрашенную воду»[96]. Повар, которым Анна так была довольна в начале июля, теперь был «ужасным вором» и «олицетворением грязи и беспорядка». Анна была очень расстроена отсутствием у него моральных принципов и даже избегала заходить на кухню после этого, потому что не хотела видеть «его грех». Теперь она была рада, что они наняли повара в Германии.

Катастрофический ужин совпал с переменой погоды, и Анна поняла, что климат, возможно, не такой приятный, как ее убеждали вначале. В Ситку пришла осень, и в хорошо проветриваемом доме уже не было так уютно. «Это самый бурный, ужасный день», — писала Анна. Ей было жаль бедных рабочих — ведь дождь лил весь день, а «ветер никогда не устает». Она писала:

> Прошлой ночью, лежа в постели, я чувствовала такой сквозняк над головой. Сегодня утром я повесила свою красную шаль в угол возле окна и на изголовье кровати... Как только погода улучшится, я должна буду поставить двойные окна[97].

---

[96] Анна Фуругельм — матери. Ситка. 9/21 сентября 1859 года.

[97] Там же.

Как и многим посетителям Ситки, Анне было трудно привыкнуть к ее климату, особенно к постоянному дождю. К октябрю плохая погода начала сказываться на ее настроении. Она поняла, что оно не улучшится. Дождь все лил и лил, и «этой ужасной погоде не было конца»[98].

К этому времени она уже несколько раз посетила школу для девочек и слышала, как управляющая жалуется на учениц. Но она сомневалась в своей способности что-либо с этим сделать. Все, кого она встречала, хвалили госпожу Этолин и вспоминали, насколько лучше обстояли дела, когда она была руководительницей. Со времен Этолин школа потеряла половину своих учениц. Теперь там было 20 учениц, все молодые девушки. Анне действительно хотелось бы что-то изменить в школе, но она чувствовала себя слишком юной и неопытной. «Я бы хотела, чтобы все снова наладилось наилучшим образом, — писала она матери, — но как? Я молода, невежественна и неопытна [sic]». Она молила Бога, чтобы Он помог ей, «потому что мое самое горячее желание — быть полезной, делать что-то хорошее». Но она не могла даже сделать так, чтобы ученицы ее полюбили, хотя она надеялась, что в конце концов «научится искусству быть любимой ими»[99]. Летом она написала длинное письмо Маргарете Этолин, в котором просила ее совета. Однако ответ Маргареты, похоже, не очень помог, потому что год спустя Анна повторила Мине, что хотела бы что-то изменить в школе, но при этом писала, что она так мало знает: «Так как же этого можно добиться?»[100]

Анна чувствовала себя беспомощной перед лицом «моральной распущенности» вокруг нее, в ее желании творить добро ей мешал православный священник. Она задавалась вопросом, почему ей не разрешали раздавать Библии и заниматься религиозным об-

---

[98] Анна Фуругельм — матери. Ситка. 16 октября 1860 года. О погоде см. [Хлебников 1861: 30]. Хампус Фуругельм — отцу. Ситка. 25 мая 1852 года. Архив Музея культур, Хельсинки. См. также [Головин 1863б: 280; Golovin 1983: 81, 110–111].

[99] Анна Фуругельм — матери. Ситка, 9/21 сентября 1859 года.

[100] Анна Фуругельм — Вильгельмине. Ситка. 28 сентября/10 октября 1861 года.

разованием, когда Русская церковь потерпела полный крах?[101] «Снова и снова я спрашиваю себя, нельзя ли что-нибудь сделать, чтобы "отвратить их от неправедности", но здесь возникает великое препятствие — нетерпимость Греческой [*sic*] церкви»[102]. Хотя Анна была расстроена тем, что тлинкиты не были обращены в христианство, ее больше всего беспокоило «безнравственное поведение» креолов, и прежде всего креольских женщин, которых она считала своей особой зоной ответственности. Она была гораздо более низкого мнения об этих женщинах, чем Елизавета и Маргарета, судя по их записям. По мнению Анны, креолки ничего не знали о надлежащем женском поведении. Вместо того чтобы стремиться быть скромными, набожными и прилежными домохозяйками, что, по ее мнению, было признаком «истинной женственности», молодые креолки были ленивыми и распутными. Опять же, она чувствовала себя обязанной что-то предпринять, но не имела представления, как улучшить ситуацию. «Хотела бы я знать, как можно заставить этих людей возненавидеть грех и бояться оскорбить Всевышнего»[103].

К сожалению, Анна не чувствовала себя увереннее в роли первой леди Ситки. Напротив, она чувствовала себя юной и неопытной в компании местных дам. В письме к матери она жаловалась на приемы, которые ей приходилось для них устраивать, и на визиты вежливости, которые ей приходилось наносить. Из писем и дневника Анны становится ясно, что она была не особенно общительной. В отличие от Елизаветы Врангель, Анна считала все свои общественные обязанности обременительными и тоскливыми. В праздники, когда у нее было много общественных обязанностей, она жаждала побыть наедине со своим Хампусом. Кроме того, она не любила тратить большие суммы денег на то, что она считала бессмысленными мероприятиями. Поскольку в Ситке все было чрезвычайно дорого, расходы на

---

[101] Анна Фуругельм — матери. Ситка. 4/16 октября 1860 года; Анна Фуругельм — Вильгельмине. Ситка. 28 сентября/10 октября 1861 года.

[102] Анна Фуругельм — матери. Ситка. 4/16 октября 1860 года.

[103] Анна Фуругельм — матери. Ситка. 9/21 сентября 1859 года.

светские мероприятия, ужины и балы были очень высоки, а Анна предпочла бы сэкономить.

По мере того как падало ее настроение, Анна начала чувствовать себя брошенной своей матерью. Она не получала от нее писем месяцами. Каждый раз, когда прибывал корабль, она ожидала письма, но каждый раз ее ждало разочарование. Со временем она начала думать, что мать забыла о своей дочери, находящейся в Америке[104]. Анне уже было недостаточно показывать матери, что она счастлива. Она хотела чего-то взамен. Она хотела, чтобы мать продемонстрировала, что заботится о ней, даже несмотря на то что она вышла замуж и переехала на край света. Ей нужны были доказательства, что связь между ними не разорвана и может быть передана следующему поколению. «Я надеюсь, что у меня и моих детей всегда будет что-то из *моего Дома*. Что-то от вас», — писала она[105]. Анне нужно было, чтобы ее мать была частью ее новой жизни, потому что она была частью того, кем была Анна. Более того, тот факт, что она была беременна и скоро сама станет матерью, заставлял Анну чувствовать себя ближе к своей матери, и она хотела, чтобы мать была так же взволнована беременностью, как и она сама. Она также хотела получить ответы на все свои вопросы о беременности, родах и материнстве. Когда письмо наконец пришло, Энн не ответила на вопросы Анны должным образом. На самом деле, она, казалось, не очень интересовалась беременностью своей дочери, или, по крайней мере, так почувствовала Анна, когда читала ее письмо далеко на краю света, в доме губернатора.

Сообщение между Русской Америкой и Европой улучшилось со времен Елизаветы Врангель. Тем не менее письма и новости из Европы доходили до Ситки через много месяцев. Прибытие корабля по-прежнему было большим событием. Внезапно весь город приходил в движение, но для тех несчастных, кто не получал никаких писем, прибытие корабля становилось огромным разочарованием. Анна описывала, как с трудом сдержала слезы, когда оказалась единственной, кто не получил ни одной весточки

---

[104] Там же; Анна Фуругельм — матери. Ситка. 20/4 октября 1859 года.

[105] Анна Фуругельм — матери. Ситка. 6 августа/25 июля 1859 года.

из дома. «О! Чтоб такие мили и морские мили лежали между нами и мешали нашей переписке»[106]. Со временем это чувство изоляции усилилось, и Анна начала расстраиваться из-за того, что мать, казалось, не понимала ее потребности в письмах. Она убеждала Энн писать чаще, говоря ей: «...ты не можешь себе представить, какое горькое разочарование испытываешь здесь, будучи отрезанной от остального мира, когда прибытие судна уже приветствуется всеми жителями с восторгом и любопытством, и все с нетерпением ждут его, даже когда оно только виднеется на горизонте. Суди же, Мамочка моя родная, какое горе ты мне причиняешь»[107]. Головин описывал похожие чувства в своих письмах из Ситки, написанных всего пару месяцев спустя. Он жаловался, что не знает, что происходит в мире, и прежде всего, что не получает известий о своей семье. Плохая погода усугубляла ситуацию. Когда приблизился день его обратного путешествия, он отмечал, что желание вернуться домой было очень сильным: «...домой все-таки тянет. Здесь мы точно будто в какой-то пустыне, куда и голос образованных людей редко доходит». Тем не менее он пришел к выводу, что, если бы не изоляция и суровый климат, в Ситке действительно можно было бы жить. «Все-таки слава Богу, что я не здесь живу...» [Golovin 1983: 93, 119, 130][108].

Чувство изоляции и покинутости Анны стало невыносимым, когда она узнала, что Хампус должен был уехать в Сан-Франциско по делам и вернется только после рождения их первенца. Таким образом, она будет предоставлена самой себе во время родов,

> ...в часы опасности и боли — часы, которые в то же время могут стать моими последними, он, Возлюбленный моего сердца, будет далеко от меня, и я буду одна, в чужой и далекой Стране, среди людей, чей язык мне не родной![109]

---

[106] Анна Фуругельм — матери. Ситка. 7 декабря 1860 года.

[107] Анна Фуругельм — матери. Ситка. 6 апреля 1860 года.

[108] Письмо от 2 (14) апреля 1861 года. Ново-Архангельск [Головин 1863б: 309].

[109] Анна Фуругельм — матери. Ситка. 3 июля 1859 года.

«О, мама! Я не могу думать об этом без слез, — писала она. — Весь широкий, необъятный бурный океан разлучит меня с ним»[110]. Сначала она умоляла Хампуса позволить ей поехать с ним, но он сказал ей, что это будет грехом, что она не имеет права подвергать риску себя и ребенка. И она знала, что он прав, что было бы глупо путешествовать на таком позднем сроке беременности. Она понимала, что причины, по которым она хотела поехать с мужем, были эгоистичными, но она не знала, как обойтись без него. В то время, когда она действительно будет нуждаться в его любви, его не будет рядом. Мысль о том, что Хампус подвергнется воздействию дикой стихии в худшее время года, вызвала у нее на сердце тяжесть и тревогу. Это было действительно ее первое испытание как замужней женщины, и она чувствовала себя ужасно слабой и несчастной. Однако она старалась быть сильной ради Хампуса, чтобы не усложнять ему «исполнение своего долга» еще больше. Анну воспитывали в убеждении, что женщина должна быть дружелюбной и довольной своей судьбой, какой бы она ни была. Но тот факт, что она не имела права жаловаться, не делал ее испытание легче. Она молила Бога, чтобы ей удалось пережить ужасное расставание и последующее за ним великое одиночество[111].

Тот факт, что Хампуса не будет рядом, когда она будет рожать, сделал разлуку с семьей и особенно с матерью гораздо более тяжелой. «Если бы ты могла быть рядом и ухаживать за мной, Мамочка моя родная!» — писала она в отчаянии[112]. В семьях XIX века среднего и высшего классов матери обычно присутствовали при родах своих дочерей, давая советы и оказывая

---

[110] Анна Фуругельм — матери. Ситка. 5 июля 1859 года.

[111] Анна Фуругельм — матери. Ситка. 3 июля 1859 года.

[112] Анна Фуругельм — матери. Ситка. 6 августа/25 июля 1859 года. Молодым женщинам из среднего и высшего классов во время родов обычно помогала мать, а иногда и старшая сестра. См., напр., [Rundquist 2001]. С. ван Кирк пишет, что именно во время беременности и родов европейские женщины в Северной Америке больше всего скучали по своим родственницам и привычному окружению [Kirk 1980: 198].

поддержку, часто вместе с другими родственницами. Хотя на самом деле Анна не была одна во время родов, у нее не было поддержки родственников или друзей. Фактически с того момента, как она поняла, что беременна, она горевала, что ее мать не будет присутствовать при родах. Таким образом, с самого начала радость от предстоящего материнства смешивалась с чувством покинутости и опасениями, которые со временем только усиливались. «О! Надеюсь, все пройдет хорошо», — писала она уже в июле[113].

По мере приближения дня отъезда Хампуса Анна все больше беспокоилась. В письме своей лучшей подруге, написанном за день до его отъезда, она не могла больше сдерживать отчаяние: «О, Мина! Мой Хампус уезжает завтра! Я остаюсь одна! О, Боже мой! Как тяжело!» Позже, в тот же день, она написала матери: «Не могу поверить, что он уезжает! Боже, дай мне сил». Она молила Бога, чтобы Он сохранил ее мужа и чтобы они смогли снова увидеться. «О! Пусть Он по Своей бесконечной милости защитит моего мужа и позволит нам скоро, очень скоро встретиться снова. Я такая глупая, что не могу больше писать, у меня нет других мыслей, кроме одной»[114].

На следующий день Хампусу пора было отправляться в путь. Когда он надел пальто, Анну охватило чувство отчаяния. Хампус, который не мог оставить ее в таком состоянии, вернулся в дом, и они вместе помолились в спальне. Наконец он ушел, и Анна почувствовала, что вся жизнь и радость ушли вместе с ним. Ей предстояли долгие и печальные дни[115]. Ей было 23 года, она была вдали от своей семьи и друзей, в незнакомом месте, среди незнакомых людей, окруженная теми, кого она считала злонамеренными людьми, и бескрайней пустыней. Вдобавок ко всему она была беременна своим первенцем, а ее муж был в море во время

---

[113] Анна Фуругельм — матери. Ситка. 6 августа/25 июля 1859 года.

[114] Анна Фуругельм — матери. Дом губернатора. 20/4 октября 1859 года; Анна Фуругельм — Вильгельмине. Ситка. 20/4 октября 1859 года.

[115] Анна Фуругельм — матери. Ситка. 4 декабря 1859 года.

сезона самых сильных штормов. Неудивительно, что она была глубоко несчастна. Ей не с кем было поговорить. Единственное, что она могла делать, — это писать письма. Поэтому она писала своей матери о своем одиночестве, о том, как скучает по своей семье, о своей тревоге, что что-то случится с Хампусом, и о своем страхе перед родами.

Молодые женщины в середине XIX века мало что знали о беременности, родах и грудном вскармливании. Они часто слышали истории, но обычно те были скорее пугающими, чем информативными. Большинство молодых женщин знали, что рожать очень опасно. Практически каждая мать, которая рожала впервые, знала хотя бы одну женщину, которая умерла при родах. Анна полагалась на «Советы матерям по поддержанию здоровья во время беременности и в родильной палате с разоблачением связанных с этим популярных заблуждений и советы по уходу» (*"Hints to Mothers for the Management of Health during the Period of Pregnancy and in the Lying-in Room with an Exposure of Popular Errors in Connexion with those Subjects and Hints upon Nursing"*) врача-акушера Т. Булла. Но его советы не успокоили ее страхи. Она понятия не имела, что произойдет с ее телом во время родов, кроме того, что это будет болезненно и опасно. Она называла это «часами опасности и боли» и «грядущим испытанием». «Иногда, это правда, у меня замирает сердце при мысли о страданиях, которых я не могу избежать», — писала она матери[116]. По мере приближения родов Анну одолевали дурные предчувствия. В письме к матери она больше не могла сдерживать свои чувства и во внезапном порыве отчаяния воскликнула: «О, мой муж! Мой возлюбленный! Почему тебя нет здесь — я чувствую, как падаю духом, почему тебя нет рядом со мной, чтобы утешить и ободрить твою *Энни*? *Почему? Почему?*»[117] В этот момент она начала беспокоиться о том, что случится, если она умрет, и поэтому почувствовала необходимость наставить свою мать:

---

[116] Анна Фуругельм — матери. Ситка. Воскресенье, 3 июля 1859 года; Анна Фуругельм — матери. Дом губернатора. 20/4 октября 1859 года.

[117] Анна Фуругельм — матери. Ситка. 4 декабря/22 ноября 1859 года.

Мама! если мне не суждено жить... напиши моему драгоценному Хампусу!.. успокой его... и нашего маленького ангела! Стань ему Матерью — и научи его любить и бояться Бога... и думать о его Матери, которая будет непрестанно молиться за свое драгоценное Дитя на небесах.

Затем она попрощалась и поблагодарила свою мать за все, что та сделала. «Прощай, любимая Мама! Ты была самой лучшей и любящей из Матерей — прости мне все горе, которое я невольно причинила тебе, — это правда»[118].

---

[118] Там же.

Глава 6
Миссия и сфера деятельности женщины

12 декабря 1859 года у Анны начались роды. Это были тяжелые роды. Незнание физической процедуры, страх перед родами, беспокойство за Хампуса и чужое окружение создали огромное напряжение, которое, естественно, сказалось на родах. Анне помогали ее немецкая служанка Ида Хёрле, Евгения Клинков-стрём, жена агента РАК Мартина Клинковстрёма, и акушерка-креолка. Но это были незнакомые люди, и они не могли заменить ей комфорта присутствия рядом матери. Схватки начались незадолго до полудня, а в 4 часа дня они усилились. Анна ходила взад и вперед по комнате до 7:30 вечера, когда уже не могла этого выносить. Впоследствии она обвинила акушерку в том, что та заставила ее слишком много ходить. «Я была на ногах с 10 утра до 7:30 вечера, и поэтому роды затянулись; по крайней мере, так мне кажется»[1]. Ида, которая взяла на себя обязанность сообщить матери Анны о рождении ее внука, впоследствии писала, что «ее светлость испытывала ужасные муки и молила Бога о помощи, и Бог помог»[2]. Когда часы пробили полночь, родилась девочка. Анна слышала каждый удар, кроме последнего,

> ...никогда, никогда не смогу я выразить то чувство, которое тогда испытала, — я сложила руки в безмолвной и смиренной молитве... Я слышала и чувствовала маленькое Суще-

---

[1] Анна Фуругельм — матери. Дом губернатора. Ситка. 2 февраля 1860 года.

[2] Ида Хёрле — Энн фон Шульц. Ситка. 13 декабря 1859 года. 2 часа ночи.

ство у своих ног — это было удивительно прекрасное чувство... действительно чудесно, как вся, вся боль уходит, как только рождается Дитя[3].

Анна была вне себя от радости и почти в экстазе. Она чувствовала себя возрожденной. Это было так, как будто она впала в спячку во время беременности, готовясь к тяжелой болезни или даже смерти. Теперь она могла начать жить заново, но жизнь, к которой она возвращалась, изменилась. Став матерью, она превратилась в зрелую женщину. Этот новый статус придал ей уверенности. Как матери, ей предстояло выполнить новую задачу, которая была полностью ее личным делом и которая, прежде всего, в отличие от ее общественных обязанностей, не заставляла ее чувствовать себя неполноценной и некомпетентной. В общественной жизни она была неудачницей. Дома она чувствовала себя полезной и ценимой. Она была постоянной поддержкой и радостью Хампуса. Родив их ребенка, она преподнесла ему величайший из всех даров, и он ответил ей взаимностью, выразив благодарность, которую он чувствовал к ней, и высокое уважение, которое он испытывал к ней теперь, когда она стала матерью. Это знание повысило ее самооценку и сделало ее уверенной в своем новом качестве. Брак уже изменил ее представление о себе, но материнство довершило это изменение. Оно заставило ее почувствовать себя особенной и нужной.

Малышку назвали Энни, и в глазах своей матери она была настоящим чудом. Анна описывала Вильгельмине Грипенберг, как восхитительно иметь маленькое беспомощное создание, «которое развивается умом и телом» каждый день[4]. Ребенок, писала она, был благословением, Божьим даром. Дети были ангельскими, чистыми, невинными созданиями. Через них можно было заглянуть в Царство Божье. Следовательно, материнство приближало женщин к Богу. Для Анны родить означало одновременно обрести безусловную любовь ребенка и быть объятой

---

3   Анна Фуругельм — матери. Ситка. 2 февраля 1860 года.

4   Анна Фуругельм — Вильгельмине. Ситка. 30 мая 1860 года.

вечной любовью Бога. Неудивительно, что Анна любила детей. «Дети действительно "прекрасные цветы", — писала она, когда родился ее второй ребенок, — нет ничего на Земле слаще ребенка... даже если дети приносят печаль, много забот и беспокойства и причиняют боль при появлении на свет, вы не хотели бы быть без них ни за что на свете»[5].

Более того, как отметила Анна, ребенок укрепляет браки и создает священные узы между мужем и женой. То, что такая связь теперь существовала между ней и Хампусом, давало ей ощущение безопасности, а безопасность была тем, чего она постоянно жаждала. Ребенок привязал Хампуса к ней и их дому. Она знала, что в следующий раз, когда он уедет, он будет тосковать не только по ней, но и по их ребенку. Эта особая связь между мужем и женой проявилась в момент расставания, когда супруги молились о том, чтобы Бог дал им защиту[6]. «Мы пошли в детскую... опустившись на колени по обе стороны от колыбели, соединив над ней руки, мы молили Бога о защите»[7]. Материнство превратило Анну в зрелую и ответственную женщину, по крайней мере, таковой она себя ощущала. Теперь она хотела, чтобы ее мать оценила эту перемену, чтобы она узнала, что, став матерью, Анна не только понимала свои женские обязанности, но и дорожила ими. «Какими благословениями Всевышний осыпал меня в этом году?! Муж! Дом! Ребенок! Воистину, мое сердце не желает ничего, кроме полного, совершенного счастья»[8]. Она больше не была той легкомысленной молодой женщиной, которая любила светские балы и спала допоздна, как это было до замужества. Такая поверхностная жизнь больше ее не привлекала. На самом деле, ее больше не интересовал светский мир. Ее миром — ее сферой и миссией — были теперь ее дом, ее муж и ее дети.

---

[5] Анна Фуругельм — матери. Ситка. 6 июля 1861 года.

[6] Анна Фуругельм — матери. Ситка. 20 июля 1861 года.

[7] Дневник Анны Фуругельм. Ситка. Среда. 22 июня 1860 года.

[8] Анна Фуругельм — матери. Ситка. 2 февраля 1860 года. Венцом замужества для женщины считалось материнство, которое еще больше повышало престиж женщины [Welter 1976: 9–10, 38].

> Когда вы вступаете в брак... и чувствуете в глубине своей
> души, что вся любовь вашего сердца всегда будет принад-
> лежать вашему мужу, мир, который прежде представлялся
> вам таким ярким... действительно меняется, и вы чувствуе-
> те, что у вас есть свой *собственный Мир*, сердце вашего
> мужа! ваш Дом! ваши дети! Вот ваш новый мир: ваш *реаль-
> ный* мир![9]

Ходить на танцы, когда ты жена и мать, доставляет тебе больше хлопот, чем удовольствия, писала она матери. Теперь она
жила только ради своего мужа и своих детей: «Жить ради моего
Хампуса, того, кто для меня *все*, кто самый совершенный и благородный в моих глазах, и ради *наших* детей, разве это уже не так
непреодолимо прекрасно?..»[10] Анна раньше не осознавала
«красоту женской миссии и сферы», потому что не знала настоящей любви. Жить ради своего мужа, дома и детей было актом
любви, который делал эту жизнь прекрасной. Следовательно, для
Анны настоящая любовь подразумевала женскую покорность,
а любовь делала обязанности жены прекрасными.

Это представление о покорности жены было широко распространено среди европейских женщин среднего и высшего
класса в XIX веке. Оно было связано с идеологией раздельных
сфер, которая предписывала мужчинам и женщинам разные
роли. Эта идеология диктовала, что «естественной» мужской
сферой был публичный мир бизнеса и работы, политики, коммерции и права, в то время как «надлежащей сферой» женщин
была частная сфера домашней жизни, воспитания детей и ведения домашнего хозяйства. Поскольку мужчины были созданы,
чтобы поддерживать женщин и детей, дополнительной ролью
женщины была роль «помощницы» в сфере «домашнего очага».
На первый взгляд, эта идеология кажется несовместимой с идеей брака, предусматривающего равенство супругов и основанного на любви, которая заменила идеи XVIII века о браке, осно-
ванном на социальном статусе и богатстве. Романтический

---

[9]   Анна Фуругельм — матери. Ситка. 24/12 июля 1860 года.

[10]   Там же; 25 сентября 1861 года.

идеал, согласно которому любовь связывает пару воедино, поощрял ожидания того, что брак будет включать новый уровень личной близости, наряду с требованием соблюдения традиционных обязанностей между супругами. Историки действительно утверждали, что мечты о любви и равном партнерстве постоянно ставились под сомнение из-за растущей важности идеологий отдельных сфер и контраста между идеалом и реальностью домашней жизни[11]. Однако к 1860-м годам лишь немногие белые женщины среднего и высшего классов ожидали, что брак будет основан на равенстве. Понимание брака, предписываемое викторианскими писателями, состояло в том, что мужчины и женщины нуждаются друг в друге для полноты жизни, потому что оба пола обладали разными, но взаимодополняющими характеристиками. Мужчине нужна была женщина с более развитой интуицией, чтобы вдохновлять его и пробуждать его потенциал. Женщине нужна была сила мужчины, которым она могла бы восхищаться, чтобы дополнять и пробуждать ее материнские качества. Мужчине требовалась моральная коррекция «по-женски», так же как более эстетичная, обладающая интуицией женщина нуждалась в ментальной коррекции с помощью мужской силы и логики[12]. Анна, конечно, не видела никакого противоречия между покорностью жены и любовью. Для нее равное партнерство не имело ничего общего с гендерным равенством. Оно было связано с уважением, привязанностью, открытостью, честностью и духовным равенством. Анна усвоила предписанный идеал гендерных ролей в браке. Супружеские обязанности стали приносить ей удовлетворение и удовольствие, потому что она получала что-то взамен. Хампус давал ей любовь, благодарность, признательность и безопасность в обмен на ее выполнение домашних обязанностей[13]. Поскольку это было именно то, чего она жаждала, их брак был счастливым, несмотря на присущее ему неравенство.

---

[11] См. [Phegley 2012: 1–3, 27–28; D'Emilio, Freedman 1997: 73; Coontz 2005].

[12] См. главы 2–3 в [Fishburn 1981].

[13] Анна Фуругельм — матери. Ситка. 24/12 июля 1860 года.

Несмотря на счастливый брак, Анна постоянно нуждалась в одобрении и утешении матери. Как и многие дочери ее времени и классовой принадлежности, она видела в матери образец для подражания в том, как должна жить замужняя женщина [Rundquist 2001: 48][14]. Поэтому мнение ее матери о том, как она ведет свою новую жизнь, было для нее бесценным. Во время беременности она хотела, чтобы мать знала, что у нее все хорошо, что она чувствует себя здоровой и сильной, что она встает рано утром и усердно работает в течение дня. Она больше не проводила дни напролет на диване, как раньше. В письме от октября 1859 года она перечислила все детское белье, которое она купила, и все, что она шила, готовясь к рождению ребенка. Но закончив свой список, она почувствовала неуверенность и желание спросить: «Тебе нравятся мои вещи? Ты одобряешь их, милая Мама?»[15]

Несмотря на то что после замужества связь Анны с матерью в какой-то степени была заменена связью с мужем, Энн оставалась важной частью ее жизни. Как мы уже видели, дочери XIX века часто сохраняли прочные узы со своими матерями даже после того, как выходили замуж. Идеальная мать XIX века была моральным, духовным и практическим наставником своей дочери, а также ее ближайшей подругой. У Анны были очень близкие отношения с матерью, которая вырастила ее в одиночку. Став матерью, Анна почувствовала сильную связь со своей матерью. Она чувствовала, что они разделяют уникальный женский опыт, который помог ей лучше понять свою мать. Поэтому она была очень разочарована, когда Энн не отреагировала на новость о ее беременности. Во-первых, Энн не сразу ответила своей беременной дочери. Когда она наконец написала, она была далеко не так обрадована, как того хотела Анна. Вместо этого письмо было полно предостережений относительно ее предстоящего материнства. «Это грядущее событие, как я полагала, должно было принести тебе больше счастья, чем оно, похоже, принесло! Я ожида-

---

[14] См. также [Herman 1989].

[15] Анна Фуругельм — матери. Дом губернатора. 20/4 октября 1859 года.

ла, что ты скажешь об этом больше», — написала Анна[16]. Ее разочарование стало еще сильнее после родов, когда ее мать, казалось, не интересовалась ни счастьем своей дочери, ни своей первой внучкой. Конечно, тот факт, что материнство позволило Анне почувствовать себя ближе к матери, чем когда-либо прежде, означал, что ее чувство разочарования стало намного сильнее.

Первое письмо, которое Анна написала матери после рождения дочери, было переполнено выражениями материнской любви. Она и представить себе не могла, что ее собственная мать не будет так же сильно переживать за *свою* дочь и радоваться ее счастью. Но, увы, в своем ответе Энн очень мало написала о новорожденной или о том, как она рада стать бабушкой. Она даже не упомянула о том, что Хампус и Анна попросили ее стать крестной матерью. «Я думала, что *такое событие*, как рождение первой внучки в обеих семьях, будет более подробно освещено моей Матерью»[17]. Вместо того чтобы выразить свою радость от того, что она станет бабушкой, Энн была обеспокоена тем, что жизнь в качестве жены губернатора сделает ее дочь расточительной. Отсутствие интереса со стороны матери заставило Анну завидовать своей сестре Флоранс, которая была беременна и могла родить в присутствии матери. Возможно, теперь Флоранс получит все внимание Энн, в то время как Анна, находящаяся далеко на Аляске, будет забыта? Это опасение подтвердилось, когда Энн начала отдавать Флоранс предметы домашнего обихода. Поэтому, когда Анна написала следующее письмо матери, она подчеркнула, что Энни была ее первой внучкой, и умоляла ее не забывать об этом невидимом ребенке в пользу нового ребенка Флоранс. Из-за разочарования в матери Анне было очень трудно воспринимать ее критику. Хотя она старательно подчеркивала, что ничего из написанного ее матерью не могло ее раздражать, потому что она глубоко ее любила и была благодарна за все советы, очевидно, что ее возмущали предупреждения матери об опасности стать расточительной. Таким образом, Анна подчер-

---

[16] Там же.

[17] Анна Фуругельм — матери. 16 октября 1860 года.

кивала, что Хампус был очень доволен ею как домохозяйкой и говорил ей, насколько она благоразумна и как мало она покупает для себя[18].

ОТКАЗ ОТ ИМПЕРСКОГО ПРОЕКТА

Елизавета и Маргарета гордились своим участием в жизни колоний и образовании местных девочек, своими занятиями благотворительностью и соблюдением европейских традиций, но Анна предпочла отказаться от участия в имперском проекте. Она нашла пристанище в частной сфере — в своем доме и семье. Ее новые сфера и миссия позволили ей закрыть дверь во внешний мир, который пугал ее, где нравственные правила, которым ее учили, не применялись и где она чувствовала себя неудачницей. Ее дом дал ей идентичность и миссию, но он также стал убежищем. Это было место, куда не проникал моральный упадок колоний, место, которое было в стороне от всего дикого, странного и греховного, — иными словами, это было уединенное и безопасное место. Но, к ужасу Анны, безнравственность иногда проскальзывала через дверь, как это было видно, например, по пьянству русской кухарки или неблагочестивости ее сибирской воспитанницы, которая сопровождала Констанс в Ситку. Анна чувствовала, что девочка проявляет недостаточно уважения, и беспокоилась, что не сможет заставить ее повиноваться или проявить раскаяние. Ни доброта, ни наказание не помогали:

> Она остается прежней и смеется надо мной за моей спиной, и стала в десять раз хуже. Мне действительно было больно видеть ее бессердечность и отсутствие признательности за доброту, которую ей оказали. Я не хочу благодарности, нет! не для этого я пыталась удержать ее эти два года, а потому что она была бедной сиротой... и мне было приятно делать добро[19].

---

[18] Там же.

[19] В конце концов девочку отправили в пансион. Анна Фуругельм — матери. Ситка. 21 апреля, 3 мая 1861 года. Страстная пятница.

Даже *возможность* греха расстраивала Анну. Мысль о том, что служанка-креолка может сделать что-то неподобающее и тем самым принесет грех в ее дом, преследовала Анну[20].

Отстраняясь от внешнего мира, Анна сформировала образ своей личной жизни — своих дома и семьи — как антипода развращенной жизни на границе. Она была благочестивой женой, домохозяйкой, Хампус — благородным, заботливым мужем, Энни — чистым, невинным ребенком, их брак был добродетельным и достойным уважения; в их доме царили чистота, аккуратность и полный порядок. За пределами дома губернатора таились самые ужасные грехи. Во время своего пребывания в Ситке Анна столкнулась с грехом такого рода и масштаба, о которых она не могла и помыслить. Она увидела и узнала то, о чем раньше ничего не знала.

> Это было поистине болезненным откровением — приехать сюда прямо из счастливого невинного Дома, куда не проникало ничего порочного или нечистого, о существовании которого я даже не подозревала, в это место, где невозможно не видеть, не слышать и не знать многого, что не может не шокировать и не причинять боль[21].

Она пришла к выводу, что грех был повсюду, «но все же вы увидите стремление к тому, что правильно... и нигде не сможете так тесно соприкоснуться со Злом, как в таком маленьком местечке, как Ситка, и особенно в колонии»[22]. Анна редко говорила прямо о грехах, которые видела в Ситке, но очевидно, что она имела в виду пьянство, внебрачные сексуальные отношения, праздность и невыполнение супружеских обязанностей, предписанных колонизаторами. Она писала Вильгельмине, что «здесь так много зла, так много грустного, так мало страха перед Богом или понимания того, что правильно и неправильно, и так мало возможности помочь. Ужасно жить среди людей, у которых часто

---

[20] Анна Фуругельм — матери. Ситка. 21 сентября 1859 года; 26 апреля 1860 года.

[21] Анна Фуругельм — Вильгельмине. 28 сентября/10 октября 1861 года.

[22] Анна Фуругельм — матери. Ситка. 1 января 1861 года.

отсутствует какое-либо представление о честности и порядочности»[23]. Анна считала креолов «народом без принципов», что и высказала своей матери, когда та спросила о них в письме. «О, мама! — писала она. — Жизнь, которую ведут эти мужчины и женщины, потрясла бы тебя... она затрагивает твое сердце и душу»[24]. Безнравственное поведение креольских мужчин расстраивало ее, но по-настоящему ее потрясло то, что она считала греховностью женщин.

Своей матери Анна описывала Ситку как самое безнравственное местечко, где ни возраст, ни брак не мешали никому совершать греховные поступки[25]. Даже молодые креолки были «потерянными», и было почти невозможно сохранить их «чистыми и невинными». Анна старалась держать свою молодую служанку под строгим надзором, чтобы та не «потерялась», как большинство девушек в ее возрасте. Сначала она попросила Иду присматривать за ней. Позже она решила, что нужны более радикальные меры, и запирала девушку на ночь. Но у Анны было мало надежды. Единственное, на что можно было надеяться, писала она, это то, что сама девушка поймет, что это для ее же блага, и не сделает ничего, что «унижало бы ее честь и самоуважение»[26]. Одной из главных проблем, по мнению Анны, было то, что после школы креольские девочки радовались тому, что оказывались «на свободе». Они «ни о чем не беспокоятся, ничего не знают, у них нет ни стыда, ни чувства скромности, и они готовы на все [подразумевая сексуальные услуги], чтобы иметь возможность покупать красивую одежду. Поскольку не получают зарплаты». РАК оплачивала их обучение в школе, а затем их зарплата поступала в главный офис, чтобы они получили ее, когда выйдут замуж. Чтобы проиллюстрировать это «ужасное положение дел», Анна рассказала матери о 12-летней девочке, которую она выбрала для работы в европейской семье. Что было особенно огорчительно,

---

[23] Анна Фуругельм — Вильгельмине. Ситка. 28 сентября/10 октября 1861 года.

[24] Анна Фуругельм — матери. Ситка. 4/16 октября 1860 года.

[25] Анна Фуругельм — матери. Ситка. 9/21 сентября 1859 года.

[26] Там же; 14/26 апреля 1860 года.

так это то, что Хампус счел своим долгом сказать девочке, что если она посмеет

> ...торчать без дела у дверей или разговаривать с солдатами, то получит такую порку, которую никогда не забудет! — 12 лет, это всего лишь ребенок! По этой истории ты можешь в целом судить, какое глубокое понимание «жизни» и «мирского пути» я получила с тех пор, как вышла замуж[27].

Анна была не единственной протестанткой, которая видела в детской сексуальности крайний пример развращенности. Сексуальное поведение среди детей — представителей коренных народов, и особенно среди девочек, которые согласно викторианским сексуальным стандартам должны были быть высоконравственными существами, шокировало многих жен миссионеров [Grimshaw 2004: 263–265].

Хотя некоторые русские офицеры использовали местных девушек в сексуальных целях, они, похоже, чувствовали потребность продемонстрировать, насколько они более цивилизованны, чем первые русские торговцы пушниной и купцы из Сибири[28]. Поэтому капитан Головин критиковал креольских женщин за то, что они не заботились о целомудрии, даже если были замужем. Он утверждал, что причинами такого поведения были «отсутствие всяких занятий и дикая кровь, текущая в жилах креолок». Они любили танцевать и наряжаться, но в остальном были ленивы, что, по его мнению, объясняло, почему «очень немногие из креолок умеют читать». По словам Головина, такое поведение было свойственно не только креолкам. Он считал, что ни женщины тлинкитов, ни женщины алютииков «не отличаются целомудрием, но в этом виноваты также русские, убедившие их, что целомудрие не добродетель, а порок». Он также был под впечатлением, что их мужья «нисколько не претендуют на своих жен за

---

27 Анна Фуругельм — матери. Ситка. 14/26 апреля 1860 года.

28 О разнице между ранними колонизаторами из Сибири и европеизированными гражданами Российской империи, которые начали прибывать в Русскую Америку после кругосветных плаваний, см. [Виньковецкий 2015].

маленькие неверности... кроме того, частая голодовка в зимние месяцы [их] ослабляет» [Golovin 1983: 89, 107–108, 116, 136][29].

Распущенность и открытая сексуальность креольских девушек рассматривались колонизаторами как величайший грех, но их также обвиняли в праздности и пьянстве. Анна считала, что они просто не хотят работать, потому что всегда могут раздобыть денег другими способами (то есть посредством сексуальных услуг). Она часто жаловалась, что ее служанки-креолки не справлялись с работой. «Женщины *здесь* не работают, как в Европе. Мое собственное белье стирают раз в четыре недели. Три женщины не могут закончить раньше, чем за две недели»[30]. Анна также критиковала их как ненадежных. Поэтому она ни на минуту не решалась оставлять свою горничную-креолку наедине с маленькой Энни. «У этих креолок нет никакого чувства долга, сознательности или здравого смысла, и они готовы к любым проступкам»[31]. «Даже 100 глаз недостаточно, чтобы присматривать за ними»[32].

Однако, как утверждала Анна, нельзя было по-настоящему удивляться «греховному поведению» креолов. Чего можно было ожидать от них, утверждала она, когда их русские начальники были едва ли лучше, и даже священники вели себя неподобающим образом? Это были люди, которые должны были быть образцами для подражания, но вместо этого они пили и соблазняли креольских девушек. Анна была особенно расстроена поведением бывшего русского губернатора, который не выражал строгого запрета молодым офицерам и «горожанам» наносить ночные «постыдные визиты» в женскую школу. «Только представьте, какой вопиющий грех!» На этот раз она не считала «бедных девушек» настоящими грешницами. Они были так юны и неопыт-

---

[29] Письма от 22 декабря (3 января) 1860 года и 16 (28) января 1861 года. Ново-Архангельск, см. также письмо от 12 (24) апреля 1861 года. О-в Кадьяк, Павловская гавань [Головин 1863б: 292, 298, 314].

[30] Анна Фуругельм — матери. Полночь. Дом губернатора. Ситка. 4/16 октября 1860 года.

[31] Анна Фуругельм — матери. Ситка. 26 апреля 1860 года; 20 июня 1860 года; 16 октября 1860 года.

[32] Анна Фуругельм — Вильгельмине. 5/17 января 1863 года.

ны, но, тем не менее, именно они страдали. «Я не могу представить себе ничего более шокирующего, более печального, чем развращенное состояние этих бедных молодых девушек». Здесь Анна с гордостью представила Хампуса как противоположность прежнему губернатору. Он не сомневался в своем моральном долге и отдал строгий приказ, чтобы ни один мужчина не приближался к школе, и если что-либо подобное повторится, этот человек будет высечен[33].

Если бы Анна прочла письма Головина, она бы согласилась с его выводом о том, что русские отчасти виноваты в греховности туземных женщин. Однако она не делала никаких различий между европеизированными русскими и сибиряками, или между аристократами и купцами. По ее мнению, у всех русских было низкое чувство морали. Более того, она утверждала, что низкая нравственность русских была причиной неспособности обратить в христианство тлинкитов. «О, когда же эти бедные язычники будут обращены?» — спрашивала она. Исходя из своего невысокого мнения о русских, она дала свой собственный ответ: «Боюсь, никогда, пока они находятся под властью России! и поэтому было бы очень желательно, чтобы Англия или Америка были владельцами наших колоний»[34]. Если бы это было так, утверждала она, тлинкиты были бы обращены в христианство гораздо быстрее[35].

Общая атмосфера греховности, которую Анна чувствовала в колониях, привела к неспособности Православной церкви обратить в христианство тлинкитов. Душу Анны ранило то, что «колонии принадлежали Компании в течение 60 лет, а индейцы все еще были язычниками»[36]. Русские священники не только не сумели обратить тлинкитов, но и те, кто был обращен, были обращены только на словах. Они не понимали, что значит жить по заповедям Божьим. Но, с другой стороны, по словам Анны, «многие русские не знают, почему они молятся... почему они верят

---

[33] Анна Фуругельм — матери. Ситка. 14/26 апреля 1860 года.

[34] Там же.

[35] Анна Фуругельм — матери. Ситка. 1 января 1861 года.

[36] Анна Фуругельм — Вильгельмине. 28 сентября/10 октября 1861 года.

в то или иное»[37]. То же самое, по ее мнению, было и с креолами. Они причащались *pro forma* [формально] раз в год, а затем праздновали с обилием еды и питья[38]. Размышления Анны на самом деле совпадают с размышлениями преосвященного Иннокентия, архиепископа Камчатского (в прошлом отца Иоанна Вениаминова), который «в донесении своем Святейшему синоду» несколькими годами ранее писал, что обращение тлинкитов началось поздно и продвигалось медленно [Тихменев 1861–1863, 1: 306]. «До Пасхи 1843 года считалось между колошами 102 христианина», но, как и Анна, архиепископ сомневался, действительно ли «при обращении руководило ими твердое убеждение в проповедуемой истине». Действия тлинкитов «во время стычки их в 1855 году с русскими» заставили его усомниться в их вере. Одним из примеров было занятие тлинкитами православного храма, построенного «для отправления церковных служб частию на колошинском языке». По словам Иннокентия, это показало «отсутствие [у них] всякого благоговения к святыне» и, прежде всего, что «на их добросовестность» нельзя «было положиться». Русские священники в целом, по-видимому, относились к тлинкитам с подозрением. Иннокентий утверждал, что они требуют постоянной осторожности и внимания со стороны миссионеров[39]. Подозрительность, с которой и миссионеры, и тлинкиты относились друг к другу, вероятно, была причиной медленного прогресса миссионеров.

Однако, в то время как епископ возлагал вину за медленный прогресс обращения на тлинкитов, Анна и Хампус обвиняли Русскую церковь, ибо

> …кто может устоять своими силами? Кто может противостоять дьяволу и его искушениям? <...> …то, что мы есть, мы есть только по милости Божьей, [Господь] милостиво позволил нам узнать разницу между добром и злом[40].

---

[37] Анна Фуругельм — матери. Ситка. 13/25 сентября 1861 года.

[38] Анна Фуругельм — матери. Ситка. 16 октября 1860 года; 25 сентября 1861 года; Анна Фуругельм — Вильгельмине. 28 сентября/10 октября 1861 года.

[39] Вениаминов — Филарету. 1856–1857 годы [Тихменев 1861–1863, 2: 262–263].

[40] Анна Фуругельм — матери. Ситка. 14/26 апреля 1860 года.

Анна утверждала, что причиной неудачи Православной церкви было то, что русское духовенство не было воодушевлено своей святой миссией и, таким образом, не могло никого обратить. Хампус разделял негативное отношение своей жены к русским миссионерам и называл их «необразованными монахами, не испытывающими особой теплоты к этому делу»[41]. Он был особенно критичен по отношению к архиепископу, которого считал хитрым и властолюбивым человеком, пользовавшимся большим влиянием в колониях[42]. Анна утверждала, что в конце концов РАК, или, скорее, священники, должны будут ответить перед Богом, потому что они недостаточно сделали для просвещения коренных народов[43]. Здесь Анна выразила распространенную среди протестантских миссионеров утопическую веру в то, что несколько преданных своему делу людей могут и должны внести большие изменения в жизни язычников по всему миру. Поскольку все люди, независимо от расы, принадлежат Божьей семье, коренные народы, живущие на разных стадиях «варварства», могут быть улучшены и окультурены, даже если их по-прежнему будут считать чужаками [Hall 2004: 58–59][44].

ИДЕАЛЬНАЯ ЖЕНА И МАТЬ

Хотя Анна обычно изображала свою домашнюю жизнь в ярких красках, особенно по сравнению с окружавшей ее мрачной колониальной жизнью, та, тем не менее, не была совершенно безоблачной. Хотя Анна, безусловно, чувствовала себя более защищенной в роли домашней хозяйки, она, тем не менее, сомневалась в своей способности быть идеальной женой и матерью. Теперь, когда она знала, кем и какой она хочет быть, она поняла, что у нее есть серьезные недостатки и что она хотела бы стать другим че-

---

[41] Цит. по: [Furuhjelm 1932: 100].

[42] Хампус Фуругельм — отцу. Ситка. 1851 год. Архив Музея культур, Хельсинки.

[43] Анна Фуругельм — матери. Ситка. 13/25 сентября 1861 года.

[44] С. Луэрманн утверждает, что подобный цивилизаторский дискурс на самом деле имел признаки расистского мышления [Luehrmann 2008: 120–122].

ловеком. Она не признавалась в этих сомнениях своей матери, только своей лучшей подруге Вильгельмине, которой написала: «Боже, помоги мне никогда не быть довольной собой или думать, что мне больше нечему учиться или совершенствовать в себе»[45]. Как мы видели, Анна беспокоилась о своей способности быть лучшей женой для Хампуса с самого первого дня их брака, и эти чувства не утихли после первых месяцев. Вместо этого ее чувство несостоятельности сохранялось, хотя Хампус, по-видимому, никогда не жаловался на что-либо, что она делала. Когда она осталась одна в Кадьяке во время своего второго лета в колонии, у нее было достаточно времени, чтобы поразмыслить над своими недостатками. На самом деле, она считала разлуку с мужем испытанием и возможностью самосовершенствоваться, чтобы стать лучше. В своем дневнике она ругала себя за свой дурной нрав и за то, что не была сдержанной и довольной. «День за днем я упрекаю себя за поспешно сказанные слова и недовольство, которое я так часто проявляла. Да поможет мне Бог следить за языком и сдерживать свой нрав, — высказывала она свою мольбу. — Да поможет мне Бог исправить этот большой недостаток»[46]. Почти два года спустя, в 1862 году, когда она была замужем уже три года, ни ее любовь, ни беспокойство не утихли. Она написала Вильгельмине, что не заслуживает такого любящего и доброго человека, каким был Хампус. Что, если она не сделала его достаточно счастливым, а кто-то другой мог бы сделать его счастливее? Эта мысль была невыносима. Она все еще хотела быть для него всем, «его самой дорогой и лучшей женой на свете»[47].

Одной из главных причин, по которой она упрекала себя и хотела исправиться, было то, что ей нужна была любовь Хампуса. «О! как мне нравится слышать, когда он говорит мне, как сильно он любит меня», — писала она во время их первого лета

---

[45] Анна Фуругельм — Вильгельмине. 8/20 января 1861 года. [перевод на английский автора].

[46] Дневник Анны Фуругельм. 17 июля, 20 июля, 11 августа 1860 года.

[47] Дневник Анны Фуругельм. 24 июля 1860 года; Анна Фуругельм — Вильгельмине. 2 февраля 1862 года.

на острове Кадьяк[48]. Месяц спустя она призналась в своем дневнике, что «не может жить без его любви»[49]. Таким образом, ее счастье было связано с его счастьем, и поэтому Анна изо всех сил старалась быть идеальной женой, поддерживать и утешать своего мужа и сделать их дом святилищем, где он мог бы расслабиться. Она молила Бога, чтобы ей удалось «сделать его дом таким, какой ему по сердцу, таким счастливым и светлым, какого он заслуживает»[50]. Все, что она делала, она делала для него. Она больше не играла на рояле ради себя, а только чтобы порадовать Хампуса, который любил слушать ее игру[51]. И его любовь к ней, похоже, была взаимной. Летом 1860 года она призналась в своем дневнике, что «быть по-настоящему, нежно, горячо любимой — это такое... блаженство», но «отвечать на эту чистую, святую любовь таким же пылким образом — это полное счастье»[52]. Хотя отношения Анны и Хампуса были основаны на жестких гендерных ролях, они, по-видимому, основывались на крепких любовных узах и особой близости. Такие близкие отношения были не редкостью среди пар XIX века, живших в схожих обстоятельствах, изолированных от друзей, семьи и обычного общества [Grimshaw 1989: 50–73].

Хотя Хампус был в восторге от своего дома и семьи, бремя работы лежало на его плечах. Он был добросовестным человеком, и как губернатор Русской Америки он столкнулся со многими проблемами. Более того, это были неопределенные времена для РАК. В начале 1860-х годов возобновление устава, срок действия которого должен был истечь в 1862 году, и будущее колоний широко обсуждались в Санкт-Петербурге. Компанию критиковали на страницах популярного «Морского сборника», которым руководил великий князь Константин — активный сторонник продажи Русской Америки [Виньковецкий 2015: 291]. Как нам

---

48 Дневник Анны Фуругельм. Четверг. 23 июня 1860 года.

49 Дневник Анны Фуругельм. Воскресенье. 24 июля 1860 года.

50 Анна Фуругельм — матери. Ситка. 4 декабря 1859 года.

51 Анна Фуругельм — матери. Ситка. 2 февраля 1860 года.

52 Дневник Анны Фуругельм. Воскресенье. 24 июля 1860 года.

стало известно, правительство отправило в колонии двух инспекторов, капитана Павла Николаевича Головина и статского советника Сергея Александровича Костливцева, с поручением составить отчет о состоянии и будущем колоний. Они прибыли в Ситку 25 ноября 1860 года и были размещены на верхнем этаже в парадных комнатах дома губернатора. Их присутствие оказало крайне негативное влияние на Хампуса, который беспокоился, что они напишут неблагоприятный отчет, который приведет к концу колоний и его работы.

К счастью, инспектору понравился губернатор. Головин писал о нем: «Фуругельм прекраснейший человек, прямой и честный и не покривит душой из каких бы то ни было видов». Он всячески старался, чтобы они не скучали, «да средства для развлечения через-чур скудны»[53]. В конце отчета Головин и Костливцев рекомендовали не ликвидировать Компанию, а вместо этого провести реформы. Они подчеркнули уязвимость колоний перед британским или американским нападением и угрозу безопасности колониальной столицы со стороны тлинкитов. Они критиковали трудоемкие и нерегулярные коммуникации, а также тот факт, что жители Ситки в значительной степени зависели от тлинкитов в плане продовольствия [Головин 1862][54].

Тем не менее в результате всей этой неопределенности Хампус опасался, что каждая неудача будет замечена и приведет к негативному отношению к колониям. В довершение всего, он получил письмо от Адольфа Этолина, в котором говорилось, что Компания находится в очень трудном и шатком положении. Как следствие, он постоянно беспокоился и часто страдал от сильных головных болей, которые лечил, принимая холодные ванны и растирая голову льдом. Анна боялась, что он слишком много беспокоится и слишком пессимистичен. Она считала, что он слишком близко

---

[53] Письма от 17 (29) декабря 1860 года, 20 декабря (1 января) 1860/1861 года. Ново-Архангельск [Головин 1863б: 280, 288].

[54] Когда в 1862 году привилегии РАК закончились, они были продлены лишь на время. Аляска была продана Соединенным Штатам в 1867 году [Виньковецкий 2015: 290; Gibson 1987a: 77–104; Gibson 1987b: 271–294; Black L. 2004: 281].

к сердцу принимает свои обязанности и всегда воображает, что произойдет что-то недоброе[55]. Ей было нелегко облегчить его заботы и утолить его печали, когда он постоянно беспокоился о том, что недостаточно хорошо справляется с работой, и чувствовал себя лично ответственным за каждую неудачу. Казалось, что он несет тяжелую ношу. Губернатор, писала Анна, «действительно без преувеличения не имеет ни одного тихого или спокойного момента. Его голова всегда полна беспокойства, забот и ответственности»[56]. В одном из своих последних писем матери она сообщала, что Хампус прибегал к «неумеренному и неразумному использованию льда», чтобы облегчить свою «сильную головную боль на нервной почве». Анна была убеждена, что растирание головы льдом пять или шесть раз в день усиливает недуг, и умоляла его прекратить, что он и сделал, прибегнув к холодным ваннам утром и вечером. Причиной головных болей, по мнению Анны, «явно следует считать все неудачи и тревоги», которые он испытывал в течение последних трех лет. В дополнение к стрессу от присутствия инспекторов, два судна были потеряны, а два других серьезно повреждены. Хотя ни в чем из этого не было вины Хампуса, он был убежден, что Компания все равно обвинит его. Вдобавок ко всему в Ситку приезжал адмирал А. А. Попов, любимец великого князя Константина, который написал отрицательный отчет о колониях. Анна с нетерпением ждала того дня, когда они покинут Ситку, «главным образом по той причине, что эта обременительная ответственность будет снята с моего Хампуса»[57].

Если Анна и сомневалась в своей способности быть идеальной женой, это было пустяком по сравнению с ее беспокойством о своих способностях как матери. Как и многие ее современницы,

---

[55] Анна Фуругельм — матери. Дом губернатора. Ситка. 13/25 сентября 1861 года; 14/26 марта 1862 года.

[56] Анна Фуругельм — матери. Дом губернатора. Ситка, 28 апреля 1862 года.

[57] Анна Фуругельм — матери. Ситка. 14/26 марта 1862 года; Страстная пятница. 21 апреля/3 мая 1861 года; Дом губернатора. Ситка. 13/25 сентября 1861 года; Анна Фуругельм — Вильгельмине. 8/20 января 1861 года.

Анна была воспитана в убеждении, что роль матери — прививать ребенку религиозность и формировать его мышление [Sandford 1842: 147, 171–172; Welter 1976: 39]. Она не разделяла пуританского взгляда на детей как злейших врагов Бога. Научная революция и Просвещение способствовали росту убеждения среди западных философов в том, что дети не испорчены при рождении, на чем прежде настаивали христиане и особенно протестантское учение о первородном грехе. Дж. Локк и Ж.-Ж. Руссо отвергли как традиционный взгляд на детскую порочность, так и идею о том, что характер ребенка является продуктом определенных врожденных черт. Локк утверждал, что ребенок при рождении — это *tabula rasa*, чистый лист, открытый для обучения и по сути своей хороший, если только его не испортит внешнее влияние. Ребенка можно сформировать, создав среду, которая прививала бы ему соответствующие ценности и поведение. Эти идеи широко распространились и вдохновили западные общества сделать воспитание детей важнейшей функцией семьи среднего класса. До XIX века отцы играли важную роль в принятии решений относительно образования своих детей. Однако, когда дом стал чисто домашней сферой, матери стали играть более заметную роль в воспитании детей. В идеальной христианской семье особой обязанностью матерей было обеспечить, чтобы дети воспитывались как христиане[58].

Анна прекрасно осознавала свои материнские обязанности и хотела, чтобы ее собственная мать оценила ее готовность отнестись к ним серьезно. Материнство — это священный долг, писала она Энн, потому что дети — это дар свыше, и обязанность матери — научить их всему, что хорошо перед Богом. Матери никогда не должны забывать об этом, потому что, если они пренебрегут наставлением своих детей на путь Божий, на них падет вина и будут они покрыты позором[59]. Это была большая ответственность и тяжелая ноша для молодой неопытной матери.

---

[58] См. [Stearns 2006: 57; Marten 2010: 23, 27; Heywood 2010: 3; Bellaigue 2010: 151; Cunningham 2005: 58].

[59] Анна Фуругельм — матери. Ситка. 20 октября 1859 года.

Должно быть, Анне было особенно тяжело без матери, которая могла бы дать ей совет. Она переживала, что не сможет выполнить свою обязанность — заботиться о своих детях и воспитывать их не только «чтобы они стали... полезными членами общества в этой жизни, но и подготовить их к Вечности!» Ей *так* хотелось поговорить об этом с матерью. «О, это так много, — писала она ей, — я трепещу при одной мысли об этом»[60]. Тревога Анны была вполне естественной, ведь в случае неудачи ей пришлось бы отвечать не только перед своим ребенком и мужем, но и перед собственной матерью и, прежде всего, перед Богом. Однажды, писала она, всем женщинам придется ответить перед Богом за то, как они выполнили выпавший на них жребий[61].

Как же тогда Анна подготовилась к этой важной задаче? Во-первых, она попросила Бога помочь ей научить своих детей любить Его и воспитать их хорошо и мудро. Во-вторых, она прочитала такие важные книги по образованию, как «Прогрессивное образование, или Очерки по преподаванию жизни» (“L'Éducation progressive, ou étude du cours de la vie” в двух томах мадам Неккер де Соссюр, «Письма о фундаментальных принципах образования» (“Letters on the Elementary Principles of Education”) Элизабет Гамильтон и «Советы по образованию, в основном касающиеся культуры сердца» (“Loose Hints upon Education, Chiefly Concerning the Culture of the Heart”) Генри Хоума, лорда Кеймса[62]. Наконец, она вспомнила о собственном воспитании и о том, какое образование дала ей мать. Когда дело касалось воспитания детей, Анна считала свою мать главным образцом для подражания. Она была замечательным педагогом, и Анна очень высоко ценила ее суждения! Поэтому она хотела научить своих детей тому, чему ее научила мать. По той же причине она

---

[60] Анна Фуругельм — матери. Ситка. 24 июля 1860 года.

[61] Там же.

[62] Весьма вероятно, что именно эту последнюю книгу имела в виду Анна, когда благодарила свою мать за то, что та прислала ей «Советы по образованию», но мы не можем быть в этом полностью уверены. См.: Анна Фуругельм — матери. Ситка. 5 мая 1860 года; 24 июля 1860 года; Анна Фуругельм — Вильгельмине. Ситка. 28 сентября/10 октября 1861 года.

хотела, чтобы мать присылала ей лекции по образованию. Она также хотела, чтобы «истинная религия» стала основой образования ее детей, как это было, когда она росла, и она надеялась, что Хампус будет придерживаться того же мнения[63].

Хотя Анна была очень обеспокоена большой ответственностью за образование своих детей, она не смела предложить своей матери разделить эту ответственность. Однако в своем дневнике она утверждала, что оба родителя имеют священные обязанности по отношению к своим детям и поэтому и матери, и отцы должны нести ответственность за их образование. «Разве мы не должны оба принимать участие в образовании наших детей?» — спрашивала она. По этой причине она хотела, чтобы Хампус прочитал «Прогрессивное образование» и сказал ей, что он об этом думает. Если оба родителя ответственны за воспитание своих детей, то оба должны нести эту ответственность. В дневниковой записи, сделанной летом 1860 года, эта точка зрения выражена ясно. «Какую ответственность ребенок возлагает на своих родителей! Давайте никогда не забывать, что этот младенец — дар свыше и в то же время займ и что *нам* придется отчитаться за то, как *мы* применили таланты, вверенные нашему попечению»[64].

Анна и Хампус обсуждали воспитание детей применительно к маленькой Энни. Например, они, похоже, согласились с необходимостью наказать ее, когда она в возрасте двух лет неоднократно отказывалась пользоваться ночным горшком и снова и снова мочилась в штаны. Они чувствовали себя обязанными «наказать ее один раз как следует, чтобы она запомнила это, а не несколько раз слегка и безрезультатно». Но именно Хампус наказал ее розгой. Анна не могла заставить себя сделать это. Она плакала и надеялась, что «это, возможно, первое и последнее наказание такого рода, которое когда-либо придется к ней применить»[65]. Приучение к горшку посредством наказания было

---

[63] Дневник Анны Фуругельм. Воскресенье. 26 июня 1860 года.

[64] Там же; среда, 20 июля 1860 года; воскресенье, 26 июня 1860 года. Курсив автора.

[65] Анна Фуругельм — матери. Ситка. 14/26 марта 1862 года.

широко распространено в семьях среднего и высшего классов в то время и часто использовалось для научения детей самоконтролю [Marten 2010: 31–33]. Подвергалась ли сама Анна телесным наказаниям, неясно. Возможно, тот факт, что она росла без отца, означал, что к ней применялись более мягкие формы наказания, хотя ее мать была очень строгой.

Анна очень высоко ценила подход своей матери к воспитанию детей, за исключением одного. Она не соглашалась с Энн в том, что детей следует воспитывать в духе увлечения музыкой, искусством и литературой. Это привело бы только к несчастью. Детей следует учить хорошему вкусу. В противном случае они никогда не смогут быть счастливы в местах, где люди не ценят и не понимают таких вещей. Совершенно очевидно, что в этом случае Анна руководствовалась собственным опытом. Мы не можем всегда находиться «в обществе художников или творческих умов», писала она, утверждая, что «это и нежелательно, потому что у нас есть нечто большее, ради чего стоит жить»[66]. К этому времени Анна поняла, что одной из причин, делавших ее несчастной в Ситке, была ее страсть к музыке, так как на Аляске невозможно было найти никого, с кем она могла бы разделить эту страсть. По ее мнению, русские имели поверхностное представление о музыке, поэтому так любили оперетты. Немцы были единственными людьми, которые по-настоящему чувствовали музыку[67]. Таким образом, наличие того, что она называла «тихой симпатией и вкусом к таким вещам» взамен страсти, сделало бы жизнь легче. Кроме того, было трудно совмещать жизнь в обществе творческих людей с ролью жены и матери.

Одной из причин, по которой Анна чувствовала себя несостоятельной как мать-воспитательница, было то, что она часто чувствовала себя необразованной и несведущей в вещах, которые, как она считала, должны знать образованные люди. Но она не отчаивалась. Вместо этого она надеялась, что с небольшой помо-

---

[66] Анна Фуругельм — матери. Ситка. 16 октября 1860 года.

[67] Анна Фуругельм — матери. Судно «Камчатка». 1/13 января 1862 года. Сан-Франциско.

щью Хампуса она сможет стать лучше. Только продолжив собственное образование, она смогла бы дать образование своим детям. Поэтому она пыталась заниматься самообразованием, читая труды по истории, теологии, литературе, политике и даже геологии, а также поэзию, путевые заметки и книги по образованию, прикладной экономике и ведению домашнего хозяйства[68]. Ей нравились такие разные авторы, как Вашингтон Ирвинг и Фредрика Бремер, но она предпочитала английских авторов, таких как Уильям Теккерей и Чарльз Диккенс[69]. Хампус поощрял ее интеллектуальное развитие и любил снабжать ее «такими книгами, которые должны были развить и просветить ее ум». Анна предоставила матери список книг, которые Хампус купил для нее на аукционе, и написала Энн, что теперь она не бездельничает, лежа на диване и читая романы, и не проводит время в праздности. Вместо этого она полна желания развить свой ум, побороть свои недостатки и дать образование своим детям[70]. Согласно литературе того времени, дававшей читателям советы, женщины были в опасной зависимости от романов. Их нужно было избегать любой ценой, поскольку они мешали серьезному благочестию и считались бесполезными [Sandford 1842: 64].

Энн фон Шульц, по-видимому, воспитывала своих дочерей в духе писательниц-феминисток — предшественницы современного феминистского движения Мэри Уолстонкрафт и ее последовательницы Харриет Мартино, которая писала о важности женского образования:

> Пусть женщин учат, что их умственные способности даны им для того, чтобы их совершенствовать. Пусть [женщину] учат, что она должна быть разумной спутницей для представителей другого пола, среди которых ее судьба.

Кроме того, учитывая важную роль женщин как опекунов и наставников маленьких детей, развитие их ума было насущной

---

[68] Анна Фуругельм — матери. Ситка. 5 мая 1860 года; 1 января 1861 года.

[69] Анна Фуругельм — матери. Ситка. 1 января 1861 года; 25 сентября 1861 года.

[70] Анна Фуругельм — матери. Ситка. 5 мая 1860 года.

необходимостью. «Очевидно, — писала Мартино, — что если душа учителя узка и ограничена, то душа ученика не может быть широка» [Martineau 1823: 79–81]. Анна осознавала, что не всегда прислушивалась к советам матери по развитию своего ума. Но она изменилась, и ей хотелось, чтобы мать поняла это и порадовалась ее стремлению совершенствоваться. Она даже начала ценить свое самообразование. Летом, когда она была наедине с Энни на Кадьяке, она записала в своем дневнике: «Я рада, что так много прочла здесь. Было бы ужасно проводить дни, ни разу не открыв книгу»[71].

НЕВОЗМОЖНОСТЬ КОРМИТЬ ГРУДЬЮ

Самой большой неудачей Анны как матери была не ее неспособность дать образование своим детям, а ее неспособность кормить новорожденного ребенка. Когда ее долгие и тяжелые роды наконец закончились, она была на седьмом небе от счастья. Пережив такое испытание, она чувствовала, что с ней не может случиться ничего плохого. Она была измучена, но испытала облегчение и невероятную радость. Затем, на третий день, настал «драгоценный момент», момент, которого она ждала с нетерпением, когда ей предстояло покормить своего новорожденного ребенка. Она приложила малышку к груди, но молока не было. То же самое произошло на четвертый и пятый день. Молока не было, и ребенок плакал. Через девять дней у Анны поднялась температура и заболел живот. Теперь она регулярно прикладывала ребенка к груди, надеясь, что от сосания начнет выделяться молоко, и отчаянно молила Бога, чтобы Он позволил ей кормить ребенка, которого она произвела на свет. Но как бы усердно она ни молилась, ни надеялась, молока не было. Это было огромным разочарованием. Она не справилась с самой простой задачей — накормить своего новорожденного ребенка. Она знала, что это признак слабости, что мать, которая не может накормить своего ребенка, не является настоящей матерью [Ulvros 1996: 169–170].

---

[71] Дневник Анны Фуругельм. Четверг. 11 августа 1860 года.

Анна была в отчаянии от своей неудачи. Как такое могло случиться с ней, сильной и здоровой молодой женщиной, которая чувствовала себя так прекрасно на протяжении всей беременности? Почему у нее не было молока, хотя она приняла все меры предосторожности и следовала всем современным правилам? Ее комната всегда хорошо проветривалась, и она никогда не проводила дни, лежа в постели. И все же с ней явно было что-то не так. Почему у нее до сих пор не было молока и трижды поднималась температура? Эти вопросы долгое время не давали ей покоя и повторялись снова и снова как в ее письмах, так и в ее дневнике. Когда она узнала, что ее старшая сестра Флоранс родила, первое, что она хотела узнать, — кормит ли она своего ребенка сама[72].

Анна должна была узнать, что пошло не так. Ей нужно было найти объяснение своей неспособности быть хорошей матерью. Раньше она могла списать свою неудачу на свои неопытность и невежество, но сейчас все было по-другому. Считалось, что грудное вскармливание естественно для матери. Для этого не требовалось ни образования, ни опыта. Анна искала оправдание, которое помогло бы ей справиться с ее несостоятельностью. Возможно, это было наследственное заболевание и она ничего не могла с этим поделать. Она знала, что в младенчестве ее кормили грудью всего три месяца. Возможно, причиной этого короткого периода было отсутствие молока у ее матери. Или, возможно, этому было медицинское объяснение, которое на самом деле имелось, хотя она узнала об этом гораздо позже. Анна попросила Хампуса написать знакомому врачу и спросить его, есть ли медицинское объяснение отсутствию у нее молока. Отчасти вину можно было возложить на плохих врачей Ситки, которые всегда были «молодыми людьми прямо из колледжа, у которых никогда не было ни малейшей практики». Она особенно критиковала доктора Берента. Она писала матери, что он ничего не знает: «Довольно больно спрашивать его о чем-либо, потому что он никогда не знает, что сказать». Акушерка удостоилась более

---

[72] Анна Фуругельм — матери. Ситка. 20 июня 1860 года.

благоприятного отношения. Она была превосходна, но если с матерью случалось что-то необычное, она понятия не имела, что делать и «чем помочь»[73].

Когда Анна забеременела вторым ребенком, она, естественно, с самого начала думала о грудном вскармливании. У нее была только одна горячая молитва: о том, чтобы она смогла кормить грудью этого ребенка, и она горячо надеялась, что ее молитва будет услышана. И она была услышана. Когда Анна приложила своего второго ребенка к груди, ее заветное желание исполнилось. Хотя молока было не так много, его было достаточно, чтобы накормить сына, и она была чрезвычайно благодарна и счастлива. В письме матери она писала, что теперь Бог позволил ей выполнять «эту самую сладкую из материнских обязанностей»[74]. Грудное вскармливание поначалу давалось с трудом, потому что соски Анны были воспалены, что делало кормление чрезвычайно болезненным. Хампус, который видел, что ей больно, пытался уговорить ее вообще отказаться от грудного вскармливания, но Анна и слышать об этом не хотела и стояла на своем. На этот раз она сама принимала решения. Вероятно, впервые за все время их брака она знала, чего хочет, и была уверена, что добьется своего. Учитывая огромное удовлетворение, которое она получала от грудного вскармливания, неудивительно, что она стояла на своем. По ее собственным словам, было «необычайно приятно чувствовать, как твой ребенок получает питание от тебя, и видеть, как все слезы и неприятности прекращаются, как только он прикладывается к материнской груди»[75].

Практически все, что Анна знала о беременности, родах и уходе за детьми, она узнала из книг доктора Булла «Советы матерям по поддержанию здоровья во время беременности и в родильной палате с разоблачением связанных с этим популярных заблуждений и советы по уходу» и «Забота матери

---

[73] Там же.

[74] Анна Фуругельм — матери. Ситка. 24 июля 1860 года; 1 января 1861 года.

[75] Анна Фуругельм — матери. Ситка. 1 января 1861 года; Анна Фуругельм — Вильгельмине. Ситка. 24 марта/5 апреля 1861 года.

о ребенке в здравии и болезни» ("Maternal Management of Children in Health and Disease")[76]. В отсутствие матери, родственницы или подруги эта книга была ее постоянным спутником, и она часто ссылалась на нее в своих письмах. Многие из ее идей о грудном вскармливании и материнстве можно найти в этих работах. Ее чувство вины за то, что она не может кормить грудью своего ребенка, и опасения, что это может привести к ухудшению здоровья, исходили из утверждений доктора Булла. Грудное вскармливание естественно для женщин, утверждал он. Оно создает особую связь между матерью и ребенком и обеспечивает наилучшее питание. Ничто так не подходит для развития ребенка, как молоко его матери. Только морально неполноценные и нездоровые матери не могли или не хотели кормить своих детей грудью. Порядочная женщина никогда бы не оставила своего ребенка кормилице. Это бы противоречило ее натуре. Кормить грудью — привилегия матери, а не то, что посторонний человек мог бы сделать вместо нее. Даже самые низменные животные заботились о своем потомстве и растили его на материнском молоке. «Любовь женщины... не должна быть ниже любви животного» [Bull 1877: 220–221]. С другой стороны, утверждал Булл, некоторые женщины не подходят для грудного вскармливания, например женщины «вспыльчивого нрава». Молоко таких женщин не годится для питания, и им следует воздержаться от кормления грудью, поскольку их молоко либо недостаточно по количеству, либо низкого качества [Ibid.: 224].

Очевидно, что такое понимание грудного вскармливания накладывало вину на матерей, которые не кормили или не могли кормить своих детей грудью. Многие матери, которые по каким-либо причинам не могли кормить своих детей, чувствовали себя виноватыми. По мнению Булла, мать была виновата в том, что ее ребенок не получает достаточно молока или что ее молоко недостаточно питательно. Более того, по словам доктора Булла, мать,

---

[76] Книга «Советы матерям» была впервые опубликована в 1833 году и к середине XIX века была переиздана 14 раз. Книга «Забота матери о ребенке в здравии и болезни» была опубликована в Лондоне в 1840 году.

которая не хотела полностью посвятить себя своим материнским обязанностям и отказывается от всего, что могло бы нанести вред ее здоровью и, следовательно, ее молоку и регулярному грудному вскармливанию, была вообще не пригодна для кормления грудью. Несомненно, именно поэтому Анна подчеркивала тот факт, что на протяжении всей беременности она была необычайно здорова. Она не делала ничего, что могло бы нанести вред ее здоровью. Следовательно, она не находила рациональной причины, по которой она не могла кормить грудью. Тем не менее с ней должно было быть что-то не так. Иначе почему у нее не было молока? Утверждение доктора Булла о том, что не всегда можно определить, страдает ли ребенок от неспособности матери кормить грудью, усугубляло ситуацию. По словам доктора, если ребенок не заболел, то болезнь, скорее всего, заложена в его организме и проявится в будущем [Ibid.: 225]. Таким образом, болезнь, от которой страдают дети старшего возраста, может быть связана с неспособностью матери кормить грудью. Анна приняла это близко к сердцу и написала матери, что дети, которых не кормили грудью, слабее и отстают в развитии. Поэтому она была очень рада, когда у маленькой Энни появился третий зуб, когда ей было всего семь месяцев. «Это говорит в пользу ребенка, который с рождения находился на искусственном вскармливании», — радостно написала она[77]. Осенью 1861 года Анна написала матери, что Энни выросла и стала высокой и пухлой девочкой, но была довольно бледна, что она объясняла тем, что девочку не кормили грудью. У ее второго ребенка, Эдди, был совсем другой цвет лица[78].

ЗАВИСИМОСТЬ И НЕУВЕРЕННОСТЬ В СЕБЕ

Неуверенность Анны в себе и ее потребность в одобрении и признательности пронизывают ее письма из Ситки и ее дневник. Когда она впервые приехала в Русскую Америку, она была край-

---

[77] Анна Фуругельм — матери. Ситка. 20 июня 1860 года.

[78] Анна Фуругельм — матери. Ситка. 25 сентября 1861 года.

не неуверенной в себе и незрелой молодой женщиной, почти полностью зависевшей от мужа. Она редко проявляла какую-либо инициативу или выражала какие-либо собственные стремления. У нее были трудности с ее туземными слугами, и ей было трудно заставить их подчиняться. Она также считала «неприятным» давать указания своей немецкой служанке, «которая годится мне в матери», хотя она понимала, что это «глупо и слабо». К счастью, ей редко приходилось жаловаться на что-либо, что делала Ида[79]. Ее зависимость от Хампуса осложняла жизнь, когда он уезжал или когда ей приходилось путешествовать без него. Длительные инспекционные поездки Хампуса были особенно утомительными, и Анна чувствовала себя ужасно одинокой каждый раз, когда он ее покидал. В апреле 1862 года она написала матери, что «из всех людей в Ситке, *Gouverneurskan* [жена губернатора] самая одинокая, потому что к ней никто не приходит и у нее нет никого, с кем она могла бы общаться»[80].

Если бы Анна была более уверенной в себе и более опытной, она могла бы найти себе занятие в отсутствие Хампуса, но она такой не была и понятия не имела, что делать. Поскольку селение тлинкитов, которое она считала враждебным, находилось практически у ее порога, она даже не могла или, скорее, не осмеливалась пойти на прогулку одна[81]. В отсутствие Хампуса она впадала в спячку. Ситуация немного улучшилась, когда у них появились дети. Энни и Эдди не давали ей скучать и помогали Анне переносить длительные периоды одиночества. Но даже в обществе своих детей она чувствовала себя ужасно[82]. Те близкие отношения, которые она и Хампус завязали в Ситке, не делали их расставание более легким. Я уже писала о чувстве опустошенности, которое испытала Анна, когда он оставил ее одну в первый раз, чтобы отправиться в Сан-Франциско. Второй раз, когда Хампус уехал, был таким же ужасным, как и первый. Вся семья отправи-

---

[79] Дневник Анны Фуругельм. Воскресенье. 26 июня 1860 года.

[80] Анна Фуругельм — матери. Ситка. 28 апреля 1862 года.

[81] Анна Фуругельм — матери. Ситка. 7 декабря 1860 года.

[82] Анна Фуругельм — матери. Ситка. 20 июня 1860 года.

лась на остров Кадьяк, чтобы провести лето. Анна знала, что Хампус должен был отправиться в свою инспекционную поездку где-то в середине лета, но, когда приблизился день отъезда и она поняла, что он уедет на два месяца, она была вне себя: «Быть оторванной от самого дорогого сокровища своего сердца, особенно когда приходится оставаться без малейших средств связи», было настоящей мукой[83]. Анна описала момент прощания с глубочайшими эмоциями. Когда пришло время и Хампус уже собирался выйти за дверь, она почувствовала, что она «никогда, никогда не сможет отказаться от него! Но это было так». Она не последовала за ним на корабль, потому что такие случаи, когда мужу и жене приходилось расставаться, были священны и не были предназначены для того, чтобы их видели другие: «...последний поцелуй, последнее объятие, последние слова, не предназначенные для других ушей». Любовь была личным делом, священные чувства не выставлялись напоказ[84]. Вместо этого она подошла к окну, наблюдая, как мимо проплывала лодка с Хампусом, епископом и четырьмя гребцами в красных фланелевых рубашках. Когда лодка скрылась из виду, она надела капор и плащ и поспешила к батарее, прибыв как раз вовремя, чтобы увидеть, как величественный корабль «Константин» во всей своей красе набирает ход. Корабль шел все быстрее и быстрее, пока внезапно не скрылся за горами. «Благослови тебя Бог, мой родной Хампус! моя Радость, мое все!»[85]

Когда Хампус уехал, Анна больше не наслаждалась летом на Кадьяке. Она устроила пикник на склоне за их домом, но он был просто грустным и меланхоличным. Без мужа все было по-другому[86]. Через пару дней после отъезда Хампуса Анна совершила вечернюю прогулку по цветущим лугам и села на скале, выступающей в океан. Глядя на море, она подумала о том, где может

---

[83] Анна Фуругельм — матери. Кадьяк. 8/20 июня 1860 года.

[84] Западные семьи все больше внимания уделяли неприкосновенности своей личной и семейной жизни [Marten 2010: 21].

[85] Дневник Анны Фуругельм. Среда. 22 июня 1860 года.

[86] Дневник Анны Фуругельм. Среда. 29 июня 1860 года.

быть Хампус, и внезапно чувство одиночества охватило ее. «Если бы только я могла быть с ним, — подумала она, — но я не должна печалиться, желая его, хотя я очень, очень, очень сильно желаю его!»[87] Пять дней спустя она сделала новую запись в своем дневнике, но вскоре вынуждена была остановиться, «чувствуя себя такой подавленной и одинокой». Она боялась, что из ее дневника ничего не выйдет. Она писала в этой связи: «...потому что мне всегда одинаково грустно без моего Хампуса. Не могу передать, как я по нему скучаю, он не выходит у меня из головы ни на минуту»[88]. Она изо всех сил старалась не поддаваться унынию, потому что ее воспитали в убеждении, что поддаваться унынию «было бы неправильно и не приятно в глазах нашего Создателя, который хочет, чтобы мы были сильны в страданиях и терпеливы в любых испытаниях, которые Он сочтет нужным на нас возложить», но всего два дня спустя она написала: «Моего драгоценного мужа нет уже три с половиной недели, и с бьющимся сердцем я все еще считаю недели, которые разделяют нас»[89]. Запись от 11 августа гласит: «Мои глаза устремлены в ту сторону, откуда он должен приехать, и, пожалуйста, пожалуйста, Боже, пусть это произойдет очень скоро, и тогда, пожалуйста, Боже, пусть он больше не уходит так скоро!»[90]

Почти два года спустя она взялась за перо, чтобы написать при похожих обстоятельствах. Снова одна, на этот раз в Ситке, она была так же опустошена, как и тогда, когда Хампус оставил ее на Кадьяке. «О! Эти вечные разлуки так болезненны, так неприятны, — писала она в своем дневнике. — И нет ни малейшего шанса получить от него письмо, от чего становится еще печальнее. Иногда у меня такое плохое настроение, что я ничего не могу с собой поделать, и четыре месяца кажутся вечностью»[91].

---

[87] Дневник Анны Фуругельм. Четверг. 30 июня 1860 года.

[88] Дневник Анны Фуругельм. Вторник. 5 июля 1860 года.

[89] Дневник Анны Фуругельм. Воскресенье. 17 июля 1860 года; вторник. 5 июля 1860 года.

[90] Дневник Анны Фуругельм. Четверг. 11 августа 1860 года.

[91] Дневник Анны Фуругельм. Ситка. Понедельник. 11/23 июня 1862 года.

Нет сомнений, что для Анны было ужасным испытанием оставаться одной без Хампуса, но это не означало, что она не могла справиться с ситуацией. Неуверенность в себе и осознание своей зависимости от мужа мешали Анне осознать, что на самом деле она справляется довольно неплохо, учитывая обстоятельства. Например, когда она не могла кормить Энни грудью, а подходящей кормилицы не было, она брала коровье молоко. Но это молоко было очень низкого качества из-за скудного рациона животных. Тогда Анна жаждала, чтобы Хампус вернулся домой и «смог найти какой-нибудь способ достать чистое молоко». Вдобавок к ее страданиям начались простудные заболевания, которые унесли жизни многих детей, и маленькая Энни также начала кашлять[92].

Когда Хампус наконец вернулся, счастью Анны не было предела. Она подошла к окну, как делала это по двадцать раз на дню, и не увидела ничего, кроме густого тумана. Через десять минут она снова посмотрела и увидела быстро приближающийся пароход. В состоянии восторга она красиво одела ребенка и стала ждать. Выглянув в окно, она увидела, как ее любимый Хампус поднимается по длинной наружной лестнице, «открылись ворота, затем стеклянная дверь в коридоре, и я бросилась к нему в объятия. Какая невыразимая Радость!» Вся печаль, одиночество и пустота, которые она чувствовала так долго, ушли, и вместо них воцарились счастье и благодарность. Анна также радовалась тому факту, что Хампус был так явно рад снова быть с ней. «О, мама, — писала она, — какая радость, видеть его радость от возвращения домой и от того, что он снова видит меня — о, он такой ласковый и любящий — это наполняет меня безграничным чувством счастья, быть так любимой им»[93]. Хотя теперь у нее был ребенок, о котором нужно было заботиться, Хампус по-прежнему был в центре внимания и оставался человеком, который придавал ее жизни цель и смысл. И, как она и предсказывала, он немедленно взял на себя ответственность и все уладил, по край-

---

[92] Анна Фуругельм — матери. Ситка. 2 февраля 1860 года.

[93] Там же.

ней мере так она это представила. Как только Хампус заметил, как похудела Энни, он спросил, кормит ли она ее сама, а когда услышал всю историю, просто заявил, что нужно немедленно найти кормилицу. Посоветовавшись с няней, он послал за женщиной из племени алютиик, но у нее было очень мало молока. Затем Анна вспомнила о женщине «чистой и порядочной», у которой, как она знала, был «чрезвычайно толстый и здоровый на вид ребенок». Они послали за ней, и она согласилась стать кормилицей, у нее было много молока. Несмотря на то что Анна изобразила Хампуса ключевой фигурой в этой истории, на самом деле она сама решила проблему, не ставя это себе в заслугу. Кроме того, именно она лечила маленькую Энни, когда та кашляла, растирая ей грудь маслом и жиром, поддерживая ее кишечник открытым, а желудок разгруженным[94]. Таким образом, она была далеко не так беспомощна, как она сама думала. Среди трех губернаторских жен Анна была единственной, кто наиболее четко усвоил современный «культ домашнего очага» и добродетели «истинной женственности», согласно которым место женщины — в доме, а ее миссия в жизни — заботиться о муже и почитать его, растить детей и обустраивать уютный дом [Welter 1976]. Феминистское мышление уже начинало приобретать влияние среди женщин среднего и высшего классов того времени, но Анна, похоже, была равнодушна к этим идеям или не знала о них. Предположительно, Анна переняла свои идеи «истинной женственности» от своей матери-британки через английскую литературу, хотя сама Энн фон Шульц, похоже, была несколько более радикальной и независимой, чем ее дочь. Особенно среди британских пропагандистов зависимость была основой женственности [Davidoff, Hall 1987: 114]. Одна писательница того времени утверждала, что «зависимость от того, кого мы любим», возможно, «самая сладкая вещь в мире». Полностью отказаться от себя и с удовольствием отдаться в руки другого, перестать думать о себе и быть уверенной, что «в больших и малых делах нас будут направлять и лелеять, оберегать и помогать — на самом

---

[94] Анна Фуругельм — матери. Ситка. 2 февраля 1860 года.

деле, всесторонне "заботиться" — как все это восхитительно!» [Mulock Craik 1858: 23–24]. Другая писательница утверждала, что ничто не вызывает у мужчин такой привязанности, как чувство, что женщина от него зависима и что она ищет у него поддержки и руководства. «В независимости действительно есть что-то неженское, — утверждала она. — Оно противоречит природе, а потому оскорбительно» [Sandford 1842: 15].

Самоидентификация Анны была ослаблена как этими предписывающими идеалами «истинной женственности», так и ее трудным расставанием с матерью[95]. Как утверждала С. Хаммер, если на женщин смотрят как на жен и матерей, а на дочерей — как на потенциальных жен и матерей, то матерям и дочерям трудно видеть в себе или друг в друге отдельные личности, индивидуальности [Hammer 1976: XIII][96]. Более того, если у женщины не развито сильное чувство собственной идентичности, ей будет гораздо легче приписывать самость своему мужу (и вести себя так, как будто он ее мать). И поскольку она не отделилась от своей матери, она становится зависимой от мужчины, нуждаясь в его подтверждении собственной значимости, которого она жаждала от своей матери и, возможно, никогда не получала [Ibid.: 132][97]. Хотя проблема «отхода от матери» не считалась чем-то патологическим, пока З. Фрейд не написал о ней в 1930-х годах, для молодых женщин эта проблема была актуальной задолго до этого. Таким образом, хотя анализ Хаммер был выполнен в более позднюю эпоху и с феминистской точки зрения в нем есть несколько проблем, я считаю, что он может в некоторой степени объяснить, почему Анна чувствовала себя настолько неуверенно и постоянно искала одобрения матери и утешения мужа.

То, что Анна постоянно откладывала поездку в Сан-Франциско, чтобы посетить дантиста, является еще одним примером ее чувства зависимости. Долгое время у нее были проблемы с зуба-

---

[95] О подобных трудностях среди женщин среднего и высшего классов в Канаде XIX века см. [Fowler 1982: 195].

[96] См. также [Chodorow 1974].

[97] Эта теория была впервые высказана З. Фрейдом в 1931 году [Фрейд 2006].

ми, а ближайший дантист находился в Сан-Франциско. Но Анна не хотела ехать туда одна. Однако в декабре 1861 года она наконец решилась поехать, заявив, что никогда бы не пришла к этому решению, если бы не ее новая подруга, княгиня Максутова, которая собиралась в Сан-Франциско вместе с мужем. Рассказывая матери об этом событии, Анна не скрывала своей нерешительности. Напротив, она подчеркивала свою зависимость:

> Ты знаешь, какой робкой я всегда была и насколько зависимой от других, так что это путешествие никогда бы ни к чему не привело, если бы обстоятельства не сложились столь благоприятно. В княгине я нашла настоящую подругу, и она утешит меня в моем одиночестве[98].

Как оказалось, княгиня была не единственной ее спутницей. С ней поехала и маленькая Энни. Анна ясно заявила, что никогда не сможет уехать без кого-либо из своих дорогих членов семьи, «но о! так тяжело расставаться с моим любимым Хампусом и Малышом, милым ангелочком»[99]. Она беспокоилась о том, что без нее Хампус будет чувствовать себя одиноким и несчастным. В течение многих лет он прекрасно обходился без жены, но, с точки зрения Анны, теперь она была ответственна за его счастье, и, учитывая его сильные головные боли и меланхоличное настроение, ее беспокойство было небезосновательным. Перед отъездом она попросила преподобного Винтера навестить Хампуса. Тем не менее в первую же ночь на борту судна, отплывавшего в Сан-Франциско, она пожалела, что оставила своего дорогого Пуксти. Долгими ночами, когда шум накатывающихся волн и завывание ветра не давали ей спать, она чувствовала себя такой несчастной без него, такой грустной и одинокой.

К счастью, путешествие прошло исключительно быстро и они прибыли в Сан-Франциско всего через две недели вместо обычных трех-четырех. Анна была рада покинуть корабль, но чувство-

---

[98] Анна Фуругельм — матери. Ситка. 17/29 декабря 1861 года.

[99] Там же.

вала себя настолько подавленной и «так сильно» скучала по Хампусу, что не могла писать матери целую неделю. Однажды вечером они были приглашены к Костромитиновым. Этот визит был особенно трудным для Анны, потому что она могла думать только о том, как в последний раз видела их, когда с ней был Хампус. «Было так странно находиться *там* без моего мужа. Все заставляло меня думать о нем и о счастливом, счастливом времени, которое я провела там 3 года назад... Как он? Что он делает? О! Я *так* далеко от него»[100].

СИТКА КАК ДОМ

Первое путешествие Анны без мужа заставило ее осознать, насколько важным стал для нее ее дом в Ситке. Как уже упоминалось ранее, это было убежище от чуждого колониального мира, но оно также дало ей чувство идентичности. Это было место, где она чувствовала себя в безопасности и где ее ценили. Этот дом символизировал ее достижения как жены и матери и был центром ее супружеского счастья. Хотя домом для Анны в первую очередь были ее муж и дети, необязательно связанные с местом, теперь она впервые увидела Ситку как свой настоящий дом. В письме из Сан-Франциско Анна так называла дом губернатора: «...мой дорогой, дорогой Дом», «мой дорогой и счастливый Дом» и «мой собственный дорогой Дом»[101]. Когда она наконец вернулась в Ситку после более чем двухмесячного отсутствия, ее счастью не было предела.

Была уже середина ночи, когда «Камчатка» вошла в Ситкинский залив и бросила якорь. Анна приготовилась сойти на берег, оставив Энни на попечение госпожи Максутовой. За ней и князем Максутовым была послана лодка, чтобы доставить их на берег, и через десять минут Анна была в объятиях Хампуса. Ее сердце было переполнено, но она не могла выставить напоказ свои самые сокровенные чувства. Она писала:

---

[100] Анна Фуругельм — матери. Судно «Камчатка». 1/13 января 1862 года.

[101] Анна Фуругельм — матери. Ситка. 14/26 марта 1862 года.

Здесь, на глазах у посторонних людей не было места для приветствия; мы поспешили домой, в мой собственный, уютный благословенный дом в Ситке, где каждая комната была освещена, и каждая печь сверкала и потрескивала ярким огнем, и это было похоже на Рай. Мой дорогой Пуксти выглядел хорошо, хотя и похудел. О, мама! Я была так безмерно счастлива увидеть его снова. Теперь я полетела в детскую, и там был мой милый Мальчик... Я не хотела будить его, но целовала его лицо, его руки, его ноги снова и снова, мое сердце переполнялось Радостью. Он открыл свои большие голубые глаза, пристально посмотрел на меня и улыбнулся[102].

Хотя Анна постоянно нуждалась в одобрении и была очень робкой женщиной, есть признаки, что в Ситке она начала проявлять некоторую независимость. Она сама ходила на причастие, чего прежде не делала и боялась делать; она сама принимала решение о грудном вскармливании; и у нее появился интерес к вопросам здоровья. Анна очень серьезно относилась к своим обязанностям по уходу за больными, и поскольку врачи, которые приезжали в Ситку, как правило, были бедными, ей приходилось самой изыскивать средства лечения для членов своей семьи. Таким образом, она внимательно читала доктора Булла и следовала его советам, а также полагалась на различные домашние средства, микстуры и пилюли. Несколько раз она обращалась к матери за советом и рецептами. Она растирала Энни ревенем от болей в животе, маслом и жиром от кашля и делала ей холодные ванны, которые, как предполагалось, должны было улучшить общее самочувствие[103]. В отличие от Анны, Хампус не особенно интересовался вопросами здоровья. Он даже не принимал простых мер предосторожности, таких как ношение теплой одежды, чтобы не простудиться. Поэтому Анна часто беспокоилась о нем. Когда ее не было рядом, он совершал всякие «необдуманные поступки», например «глотал дым» во время курения. Поэтому Хампус ну-

---

[102] Анна Фуругельм — матери. Ситка. 14/26 марта 1862 года.

[103] Анна Фуругельм — матери. Ситка. 20 июня 1860 года.

ждался в ее присмотре[104]. Обычно Анна избегала врачей Ситки из-за их невежества, но когда у маленькой Энни начался сильный кашель, она наконец обратилась к врачу за советом. Однако ответ, который она получила, был не очень полезным. Врач просто спросил: «А как вы думаете? Вы лучший врач»[105].

Другим робким признаком независимости было осознание Анной того, что даже замужним женщинам нужна настоящая подруга[106]. Она нашла такую в Аделаиде Максутовой. Они начали регулярно общаться с конца 1860 года[107]. Каждые две недели они встречались в доме княгини или губернатора. Они приносили друг другу свои работы, пили чай, разговаривали и играли в четыре руки на пианино. Иногда они даже играли перед публикой. На балу, который устроили Головин и Костливцев, в зале поставили «отличный рояль, принадлежащий m-me Фуругельм», чтобы две дамы могли играть «в антрактах между танцами»[108]. Однако их дружба, похоже, выросла не из общего музыкального опыта. Анна признавала, что Аделаида могла играть сложные пьесы на пианино, но жаловалась, что она играла без всякого чувства, в то время как сама она часто горела эмоциями, когда играла. Их дружба была основана на общем опыте, воспитании и ценностях. Они обе были выходцами из западноевропейской лютеранской общины. В то время как мать Анны была британкой, а отец — скандинавом, у Аделаиды отец был британцем, а мать — немкой. У обеих были тесные связи с их британскими родителями. Кроме того, Анна, которая мало знала о своей новой родине, любила слушать рассказы Аделаиды о жизни в России. Обе женщины разделяли негативные представления об отсутствии морали среди русских.

---

[104] Анна Фуругельм — матери. Ситка. 3 июля 1859 года.

[105] Анна Фуругельм — матери. Ситка. 2 февраля 1860 года; 24 сентября 1861 года.

[106] Л. Фадерман утверждает, что замужние женщины особенно нуждались в женской дружбе [Faderman 1981].

[107] Анна Фуругельм — матери. Ситка. 25 ноября, 7 декабря 1860 года; новый, 1861 год.

[108] Письмо от 16 (28) января 1861 года [Головин 1863б: 297].

К сожалению, у княгини было слабое здоровье после того, как она родила двух детей-погодков. Во время их поездки в Сан-Франциско Анна заподозрила, что княгиня снова беременна, и начала беспокоиться о ее здоровье. Княгиня выглядела бледной и исхудавшей, и Анна была уверена, что хороший врач предписал бы ей разлучиться с мужем на год, но, как она писала матери, это было нелегко устроить в Ситке[109]. Увы, оценка Анной здоровья Аделаиды была слишком верна. Вскоре после рождения третьего ребенка княгиня умерла от чахотки[110]. Ее похоронили рядом с Констанс Фуругельм на маленьком лютеранском кладбище в Ситке [Christensen 2006: 250].

Смерть княгини Максутовой случилась всего через два месяца после того, как Анна получила известие о другой трагедии. В мае 1862 года умерла ее мать, «за сотни тысяч миль отсюда». Это был тяжелый удар. Мысль о том, что она снова увидит свою мать, которая была «такой неописуемо хорошей» и «невыразимо любящей», поддерживала Анну во время их долгой разлуки, и она радовалась при мысли о том, что сможет показать Энн своих детей. В своем последнем письме из Ситки, которое было написано через четыре месяца после смерти матери, она писала: «О, дорогая мама! как я радуюсь при мысли о том, что скоро вновь тебя увижу; наша самая нежная любовь и внимание сделают тебя счастливой; это одна из моих самых сладких и счастливых надежд, что наша Любовь все еще может искупить все горести и разочарования, которые ниспослала тебе Жизнь»[111]. В течение всего своего пребывания в Ситке она верила, что страдания ее матери будут вознаграждены, когда она увидит счастье своей дочери и будет держать на руках своих внуков. Теперь Энн никогда не увидит, как хорошо ее дочь устроилась, какую хорошую жизнь она создала с Хампусом и детьми. И Анна никогда не увидит, как ее мать благословляет своих внуков. Вскоре после того как она

---

[109] Анна Фуругельм — матери. Судно «Камчатка». 1/13 января 1862 года. Сан-Франциско.

[110] Очевидно, у Анны было больше здравого смысла, чем у ее мужа.

[111] Анна Фуругельм — матери. Ситка. 9/21 сентября 1862 года.

получила печальное известие о смерти своей матери, Анна родила еще одного мальчика. Это были ее самые легкие роды на тот момент, во многом благодаря присутствию рядом с ней Хампуса. Анна писала своей подруге Мине, что у нее прибавилось сил переносить боль, когда она почувствовала его присутствие рядом с собой. Но радость, которую она испытывала после двух предыдущих родов, несколько померкла, когда она подумала о «том, кого больше нет среди них»[112].

Когда Элис Фуругельм была всего одна неделя от роду, Анна и Хампус решили взять на себя заботу о ребенке Максутовых. Князя вызвали в Санкт-Петербург, где он был назначен следующим (и последним) губернатором Русской Америки. В начале 1864 года он женился во второй раз и вернулся в Ситку со своей новой женой Марией. Пара прибыла в Ситку 26 мая. Пять дней спустя они устроили прощальный банкет для Анны и Хампуса, который длился с 8 вечера до 5 утра. Хампусу подарили серебряную чашу, полную шампанского. Чаша была изготовлена в Санкт-Петербурге и украшена изображением дома губернатора, сухопутных и морских животных, типичных для колоний, и портретами трех вождей, представляющих самые известные племена тлинкитов. Бал закончился процессией, которая сопровождала Хампуса и Анну обратно в дом губернатора. Сначала шли музыканты, затем Анна и князь, после них шли Хампус и новая княгиня, затем парами шли все остальные гости. На следующий день, 1 июня 1864 года, супруги Фуругельм поднялись на борт корвста «Богатырь» со своими тремя американскими детьми и отправились в обратный путь домой через Сан-Франциско и Панаму [Ibid.: 250–251; Pierce 1986: 43].

В апреле 1865 года, проведя в Финляндии меньше года, Хампус был повышен в звании до контр-адмирала и назначен военным губернатором новой Приморской области в Восточной Сибири. Семье снова пришлось отправиться в долгое путешествие, на этот раз по суше через Сибирь. В конце мая они отправились поездом во Владимир, где жила сестра Анны Флоранс со своим мужем,

---

Карлом фон Шульцем, инженером путей сообщения. Проведя некоторое время с Флоранс и Карлом, они продолжили путь на лодке по Волге в Казань. Здесь Хампус купил три *тарантаса* — четырехколесных конных экипажа. Один предназначался для него и Анны, другой — для детей и их няни, а третий — для прислуги[113]. Эти транспортные средства доставили их до реки Амур, откуда они отправились на лодке в Николаевск-на-Амуре, небольшой городок, основанный в 1850 году. Они прибыли туда в сентябре 1865 года, после почти четырех месяцев путешествия. Семья Фуругельм провела пять лет в этом отдаленном городе. Срок полномочий Хампуса истек в 1870 году, но его преемник смог заменить его только в ноябре 1871 года. Затем Анна и Хампус решили, что Анна вернется домой одна с детьми, включая Мэри Констанс, которая родилась 10 октября 1869 года, а также с двумя слугами и двумя нянями. Это означало, что Анне предстоит долгое и трудное путешествие во главе большой компании. Это было то, чего она никогда не могла себе представить в первые годы своего замужества в Ситке.

Она поселилась в Дрездене, где могла наслаждаться обществом своей сестры, которая провела в этом городе год, пока ее муж искал работу в России. Весной 1872 года Хампус вернулся в Санкт-Петербург, и семья воссоединилась. Они поселились в Финляндии в большом поместье Хонгола, которое Хампус купил у родственников. Теперь Анна отвечала за большое хозяйство, а также за образование своих детей. Ей часто приходилось управляться самой, поскольку Хампус, который все еще находился на действительной службе, был вынужден проводить бо́льшую часть времени в Санкт-Петербурге. Трое старших детей получали домашнее образование — обучением Энни занималась гувернантка-немка, обучением Отто и Элиса — воспитатель. 24 марта 1874 года Анна родила еще одного сына. Его назвали Юханом Владимиром, но семья называла его Джонни. Он был ее последним ребенком.

---

[113] Ида Хёрле, которая была горничной Анны в Ситке, приехала из Дрездена, чтобы воссоединиться с семьей.

В 1874 году Хампус был произведен в вице-адмиралы и назначен губернатором Таганрога на Азовском море. Он прослужил там два года, но бо́льшую часть этого времени провел в провинции один. Анна присоединилась к нему только зимой 1874–1875 годов вместе с двумя младшими детьми [Furuhjelm 1932: 161–162]. В 1878–1880 годах Хампус был командиром Ревельского порта (ныне Таллин). Это была его последняя должность. С 1880 по 1886 год он состоял в распоряжении главного командира Санкт-Петербургского порта, не занимая никакой конкретной должности.

Анна умерла в 1894 году в возрасте 58 лет. Хампус прожил еще 15 лет. Его привычка принимать холодные ванны, по-видимому, не помешала ему достичь почтенного возраста 88 лет, хотя стоит принять во внимание, что ему не пришлось вынашивать и рожать пятерых детей. Энни была единственной из детей Анны, кто дожил до старости[114]. В отличие от своей матери, которая была наиболее счастлива дома, Энни провела бо́льшую часть своей жизни в общественной сфере. Она стала суфражисткой и несколько раз избиралась в парламент Финляндии.

---

[114] Джонни умер после операции в 1904 году. Мэри умерла в 1911 году от пневмонии. Отто и Элис были расстреляны во время Гражданской войны в Финляндии в 1918 году [Christensen 2006: 256–257].

Эпилог

Елизавета Врангель, Маргарета Этолин и Анна Фуругельм были тремя отважными молодыми женщинами, которые вышли замуж за мужчин, которых едва знали, и сопровождали их через полмира в отдаленный форпост Российской империи. Истории о своем опыте в качестве жен губернаторов Русской Америки, которые они оставили после себя, уникальны во многих отношениях. Очень немногие европейские женщины имели возможность поехать на Аляску, и еще меньше тех, кто записывал свои впечатления так подробно, как эти женщины. Их письма и дневники ясно отражают гендерные роли и идеалы женственности в единственной российской заморской колонии. Две из этих историй, написанные Маргаретой и Анной, необычайно интимны и необычайно подробно раскрывают внутреннюю жизнь и эмоции этих женщин. Несомненно, это было связано с их относительной изоляцией. В отсутствие привычного сообщества, состоящего из членов семьи и друзей, внутри которого можно было бы обсуждать интимные вопросы, эти женщины обратились к дневникам и переписке, чтобы выразить свою внутреннюю жизнь и эмоции. В этой книге я стремилась воссоздать эту откровенность, потому что чувства и эмоции Маргареты и Анны жизненно важны для нашего понимания мотивов и ожиданий этих женщин и, как следствие, мотивов и ожиданий женщин XIX века их социального и этнического происхождения. Внутренняя жизнь этих женщин, конечно, также была тесно связана с их образом жизни в колонии Русской Америки, — опыт, который во многом отличался от опыта мужчин-европейцев, проживавших в колонии в те времена.

В отличие от сочинений Маргареты и Анны, письма Елизаветы содержат очень мало фрагментов, касающихся ее внутренней жизни. Ее личные чувства скрыты за завесой иронии, которая, несомненно, была сознательно использованным стилем письма. Литературоведы утверждают, что женщины-путешественницы часто пользовались иронией, чтобы описать в путешествии действия, которые считались неженскими. Елизавета использовала иронию для создания своего образа свободолюбивой, волевой и смелой женщины и сделать свои истории увлекательными для читателя. В отличие от Маргареты и Анны, Елизавета лишь изредка проявляла свои эмоции в тексте. Было ли это связано с ее личностью, воспитанием, ее балтийско-немецким происхождением, ее менее выраженной религиозностью или тем фактом, что она росла в начале XIX века под влиянием иных норм и идеалов, чем Маргарета и Анна, сказать невозможно. Во многих отношениях ее сочинения кажутся более соответствующими XVIII веку, чем XIX.

Несмотря на то что рассказы Маргареты и Анны носят очень личный, интимный характер, они обе затрагивают общую проблему женского опыта и гендерных ролей в рамках империи. На всех трех женщин так или иначе повлияли предписывающие гендерные роли и идеалы женственности. Как мы видели, Анна была единственной, кто наиболее четко усвоил «культ домашнего очага» и добродетели «истинной женственности». Ее письма и дневники характеризуются искренним желанием воплотить эти идеалы, чтобы стать идеальной женой и матерью. Добродетели «истинной женственности» также были главными для Маргареты, и она никогда не подвергала их сомнению. Для нее они были неизбежными, но недостижимыми требованиями, которые постоянно заставляли ее страдать от чувства личной несостоятельности. В дневнике и письмах Елизаветы женские добродетели вообще не упоминаются. Но было бы неверно делать вывод, что на нее не повлияли доминирующие гендерные роли ее времени, которые ограничивали ее свободу в пределах дома.

Предписывающие гендерные роли повлияли на опыт этих женщин в их знакомстве с Русской Америкой и их ролью жены губернатора. Как и их коллеги в колониях западных империй, они чувствовали себя обязанными устанавливать и поддерживать европейские ценности и практики, включая христианскую мораль, семейные добродетели и гендерные роли. И, подобно представительницам элиты в других европейских колониях, они старались исполнять эту роль в меру своих способностей в различных качествах — как хозяйки дома, образцы для подражания, воспитательницы и приемные матери. Таким образом, Российская империя была далеко не уникальна в той роли, которую она отводила женщинам в своей цивилизаторской миссии.

Однако идеалы женщин среднего и высшего классов того времени плохо подходили для приграничного общества. Это очевидно как в Русской Америке, так и в соседних провинциях Компании Гудзонова залива. М. Фаулер пишет о существовании конфликта между мужскими и женскими качествами среди британских женщин, проживавших в дикой североамериканской глуши. Их воспитывали утонченными, зависимыми и пассивными. Тем не менее в приграничье им приходилось быть храбрыми, смелыми и находчивыми. С. ван Кирк придерживается схожего мнения, утверждая, что именно те самые качества, за которые превозносили этих женщин, сделали для них почти невозможным адаптироваться к суровой жизни общества, занимающегося торговлей пушниной. Таким образом, хотя торговцы пушниной восхищались хрупкостью Фрэнсис Симпсон, жены губернатора Джорджа Симпсона, именно ее хрупкий характер ставил под угрозу ее способность принять жизнь в колониях[1].

Анна Фуругельм была женой губернатора, чей опыт наиболее ярко выражал это напряжение, и ей было труднее всего принять жизнь в колониях. Столкновение между безнравственностью, свидетельницей которой она была в Ситке, и добродетелями

---

[1] Ван Кирк считает, что от этого «хрупкого образа», или «идеала женственности», невозможно освободиться. Если бы воспитание этих женщин не подготовило их к трудностям, они не смогли бы адаптироваться к приграничному обществу. Фаулер, напротив, утверждает, что дикая природа, с которой столкнулись эти женщины, способствовала развитию у них «мужских» качеств и позволила им освободиться от «оков гендерных стереотипов» [Kirk 1980: 7, 193, 199; Fowler 1982: 10–11].

женственности, в которые ее учили верить, было для Анны трудным и по-настоящему тревожным испытанием. Более того, «женские» добродетели, которые она усвоила (то есть покорность и зависимость), сделали ее неспособной действовать, чтобы изменить ситуацию и утвердить свое женское моральное превосходство. Адаптация к жизни в колониях была сложной и для Маргареты. Однако в ее случае это было больше связано с изоляцией и одиночеством, чем с конфликтом между приграничным обществом и предписывающими идеалами женственности. Если бы Маргарета не пережила потерю сына, она, вероятно, неплохо бы справилась в Ситке. У нее была важная роль в колонии в качестве воспитателя — роль, с которой она успешно справлялась и которая ей нравилась. Также весьма вероятно, что она бы подружилась со своими финскими соотечественниками, если бы не была такой подавленной и замкнутой. Тем не менее даже Елизавета, на которую, по-видимому, меньше всего повлияли предписывающие гендерные роли и которая была самой общительной из них троих, испытывала трудности с адаптацией к жизни в колониях. «Мужские» качества, которые она проявляла, рассказывая о своих путешествиях по Сибири, не помогли ей справиться с изоляцией колониального форпоста. По иронии судьбы из трех женщин именно Анна в конечном итоге почувствовала себя в Ситке как дома. Для этого есть несколько вероятных причин. Во-первых, есть свидетельства того, что в реальной жизни она была гораздо более сильным человеком, чем тот образ, который она создавала в своем дневнике и письмах из Ситки. Более того, сам факт того, что она решила посвятить себя дому и семье, сделал ее жизнь в колонии менее мучительной. Женщинам было гораздо легче справляться с одиночеством жизни губернаторской жены в Русской Америке, если им нравилось сидеть дома — а Анне, безусловно, это нравилось. Дж. Джеффри пришла к аналогичным выводам, изучая женщин на Американском Западе. Она обнаружила, что западные женщины были привержены семейным добродетелям и что предписанные идеалы женственности помогали им сохранять чувство собственного достоинства и давали надежду на постоянное улучшение жизни [Jeffrey 1979: 6].

Когда Анна Фуругельм вернулась в Россию в 1864 году, ее сменила жена последнего губернатора Русской Америки, 18-летняя Мария Владимировна Максутова, дочь бывшего генерал-губернатора Иркутска. Она вышла замуж за князя Дмитрия Петровича Максутова, бывшего помощника Хампуса Фуругельма, который в декабре 1863 года был назначен главным правителем российско-американских колоний. Она прибыла в Ситку со своим мужем, его двумя дочерьми от предыдущего брака, Анной и Еленой, и няней 26 мая 1864 года. Анна Фуругельм устроила ей торжественный прием и представила ей ее пасынка Александра, за которым Анна присматривала во время отсутствия князя. По словам родственников князя, «к детям от первого брака мужа мачеха... относи[лась] недостаточно заботливо», но она, похоже, была достойной первой леди — исключительно умной, элегантной и образованной, «говорящей по-английски с легкостью и исключительной точностью» [Рокот 2007: 216][2]. Один из современников отмечал, что «общество здесь очень приятное» и, к его большому удивлению, «поистине космополитичное». Княгиню Максутову «любили все, кто имел удовольствие ее знать, бедные люди почитали [ее] как ангела милосердия», писал другой современник [Федорова Т. С. 1999: 265; Pierce 1986: 49; Pierce 1990: 335]. Однако ее пребывание в Ситке в качестве «души светского общества» было недолгим. Уступка Аляски Северо-Американским Соединенным Штатам, которая была отложена из-за Гражданской войны, теперь была осуществлена. 18 (30) марта 1867 года государственный секретарь Уильям Х. Сьюард согласился купить Аляску у России за 7,2 млн долларов (11 млн рублей серебром. — *Примеч. ред.*), и 6 (18) октября 1867 года территория была официально передана Соединенным Штатам. Будущее России на Тихом океане теперь лежало в плодородной долине реки Амур.

Решение России продать свой отдаленный форпост в Америке было продиктовано сочетанием географических, экономических,

---

[2] Мария Максутова родила двух детей, Александру и Владимира, прежде чем колония была продана Северо-Американским Соединенным Штатам в октябре 1867 года.

политических и военных факторов. Одной из важных причин стало приобретение Россией Амурской области на Дальнем Востоке. Как правительство Российской империи, так и РАК были заинтересованы в приобретении влияния на Дальнем Востоке и «получении торгового доступа в Китай и Японию». После присоединения Приамурья (левый берег реки Амур) в 1858 году и Приморья (правый берег реки Уссури) в 1860 году колония в Америке «выглядела еще более периферийной и маргинальной, чем прежде». Новый регион обеспечивал лучший доступ к Тихому океану и рынкам Восточной Азии. Влиятельные государственные чиновники считали, что России необходимо сосредоточить силы на стратегически более важном азиатском Дальнем Востоке и, таким образом, отпустить Русскую Америку [Виньковецкий 2015: 293–294]. В этом контексте интересно отметить, что всего через год после своего возвращения в Россию Хампус Фуругельм, один из самых компетентных правителей РАК, был назначен военным губернатором Приморской области в Восточной Сибири с размещением в Николаевске в устье реки Амур.

Мария Максутова наблюдала за церемонией передачи суверенитета над Аляской вместе с Мариеттой Дэвис, женой генерала Джефферсона К. Дэвиса, которая должна была сменить ее в качестве первой леди Ситки. Двести пятьдесят американских и восемьдесят русских солдат ждали на плацу перед домом губернатора. Когда спускали российский флаг, он был подхвачен ветром и запутался вокруг флагштока. После нескольких попыток освободить его, одному из русских солдат было приказано подняться наверх и распутать его. Понадобились три попытки, прежде чем флаг был наконец распутан, и, когда это произошло, он упал на штыки солдат. Это мероприятие действовало на нервы присутствующим русским, а княгиня Мария Максутова «смахивала слезы» [Рокот 2007: 236]. После краткого заявления капитана А. Пещурова, согласно которому территория Русской Америки была передана Соединенным Штатам, был дан двойной салют с русских батарей и американских военных кораблей. Генерал Лоуелл X. Руссо принял передачу территории от имени правительства Соединенных Штатов. Был поднят американский флаг, после чего был дан второй салют.

Американская армия под командованием генерала Дэвиса теперь взяла на себя управление Аляской. Вся собственность русской колонии, за исключением собственности, принадлежавшей Православной церкви, была передана американскому правительству. Американские войска заняли казармы, а генерал Дэвис и его жена переехали в дом губернатора. В январе 1868 года Мария Максутова покинула Ситку с детьми, в то время как ее муж Дмитрий остался, чтобы помочь с переселением российских подданных. Мариетта Дэвис, новая первая леди Ситки, была очень впечатлена величием и великолепием резиденции. «Это было великолепно, — писала она своей сестре. — Все стены были отделаны кедровыми панелями и [украшены] зеркалами из России, которые удваивали сотни свечей в медных люстрах». Ее также поразили «шелковые красные драпировки, тяжелая резная мебель, которая была привезена аж из Санкт-Петербурга» [Hughes, Whitney 2002: 373][3]. Дом губернатора продолжал служить центром общественной жизни Ситки. В альбоме, который хранила Мариетта Дэвис, есть несколько бальных карточек[4] и приглашений на танцы и приемы, которые проводились в ее новом доме. Каждую неделю она устраивала вечеринку-сюрприз, а также празднование Четвертого июля[5] и охоту за яйцами для детей на Пасху[6], которые, по сообщениям *Alaska Times*, оказались популярными мероприятиями[7].

---

[3] См. также [Haycox 1985/86].

[4] Карне де баль (*фр.* Carnet de Bal) называли по-разному: бальная книжка, бальная карточка, бальный блокнот — дамский бальный аксессуар, миниатюрная книжечка, в которую дама записывала названия, номера танцев и имена кавалеров. Чем больше заполнена *Carnet de Bal*, тем большей популярностью пользовалась дама. — *Примеч. ред.*

[5] День независимости США (*англ.* Independence Day), который отмечается ежегодно 4 июля. Большинство американцев называют этот праздник просто по его дате — Четвертое июля (*англ.* Fourth of July). — *Примеч. ред.*

[6] Американская игра под названием Easter Egg Hunt (*англ.* охота за пасхальными яйцами), во время которой дети должны собрать в свои корзинки наибольшее количество яиц, спрятанных в разных местах пасхальным кроликом. — *Примеч. ред.*

[7] См.: The Alaska Times. June 25, 1869; см. также [Hughes, Whitney 2002: 373].

Хотя роль Мариетты на Аляске, по-видимому, была аналогична роли жен русских губернаторов, жизнь в Ситке после 1867 года изменилась. Возможностей для трудоустройства было мало, земля стоила дорого, а товары были дорогими и дефицитными. В городе не было гражданского правительства, и он был населен буйными солдатами и вооруженными пионерами. Русским и креолам было трудно найти свое место среди белых американцев [Kan S. 1999][8]. У российских граждан, включая финнов и прибалтов, был выбор: остаться на Аляске и стать американскими гражданами или согласиться на свободный въезд в Россию в течение трех лет. Некоторые российские подданные решили остаться на Аляске после ее уступки Соединенным Штатам, но вскоре большинство из них уехали. Некоторые вернулись в Россию, другие мигрировали в Калифорнию или Британскую Колумбию [Bancroft 1886: 602–603; Ahllund 2006]. Через три года после уступки в Ситке осталось всего около 15 русских. Сильно страдая от нищеты, члены русской общины получали армейские пайки из отдела снабжения в зимние месяцы, чтобы не умереть с голоду [Tidball 2002: 392–393]. Вопреки ожиданиям некоторых американцев, на смену русским не пришел поток американских поселенцев. На момент уступки в Ситке проживало 968 человек, но в течение года численность населения начала сокращаться. Многие приезжали только для того, чтобы вскоре уехать. В 1870 году в Ситке было не более десяти офицеров, все они были холостяками. Майор Джон С. Тидболл, командующий департаментом Аляска в 1870–1871 годах, сообщал, что единственной женской компанией были «четыре или пять русских дам, принадлежащих к семьям священников, и жена бывшего начальника счетной конторы пушной компании». Общение было затруднено, поскольку «они не говорят по-английски, а мы не говорим по-русски» [Ibid.: 385]. Помимо этих офицеров, в течение пяти лет после уступки осталось лишь несколько американских солдат и гражданских лиц, а также несколько креолов, алеутов и тлинкитов [Hughes, Whitney 2002: 385; Bancroft 1886: 602–603][9].

---

[8] О народе алютиик под властью США см. [Luehrmann 2008].

[9] См. также: Alaska Herald. May 18, 1871.

В то время как РАК и Российское государство покинули Аляску, чтобы сосредоточить свои ресурсы на своей недавно приобретенной территории на азиатском Дальнем Востоке, Русская православная церковь осталась и продолжала активно участвовать в управлении департаментом Аляска. Все священнослужители вернулись в Россию после уступки Аляски США. Однако прибыла новая группа миссионеров, которые считали Аляску и ее население, по сути, русскими и имели культурные амбиции, а также религиозную миссию [Murray 2013: 105]. Подавляющее число прихожан православной церкви составляли аборигены и креолы. Разочарование в местной пресвитерианской церкви и американской администрации привело к тому, что подавляющее большинство тлинкитов приняло православие в 1880–1890-х годах [Виньковецкий 2015: 240–241; Kan S. 1999: 245–277][10]. Таким образом, вопреки тому, что ожидала Анна Фуругельм, не Протестантская, а Русская православная церковь в конечном итоге «обратила» тлинкитов в христианство.

Хотя три жены губернаторов, о которых рассказывается в этой книге, возможно, и не сыграли значительной роли в колонизации Русской Америки, колония, безусловно, произвела на них неизгладимое впечатление. Их пребывание в колонии преобразило и развило их как личностей и превратило в сильных женщин. Ни одна из них никогда не забывала свой первый дом — дом губернатора на высокой скале над Тихим океаном.

---

[10] См. также [Znamenski 1999: 95–137].

Библиография

Неопубликованные источники

Врангель Елизавета фон. Письма из Ситки. Эстонский исторический архив (ранее Эстонский государственный центральный архив). Eesti NSV Riiklik Ajaloo Kesk Archiv. F. 2057. Nim I S.–ü. 494.

Документы Российско-Американской компании, 1802, 1817–1867. Микрофильмы документов. Национальный архив США. Вашингтон, округ Колумбия; Библиотека Бэнкрофта. Калифорнийский университет в Беркли.

Юхан Бартрам — Уно Сигнеусу. Лехтиниеми. 29 ноября 1856 года. Национальный архив Финляндии. Коллекция Сигнеуса. Полученные письма.

Сигнеус Уно. Письма. Национальный архив Финляндии. Коллекция Сигнеуса 1839–1845. Исходящая почта.

Франкенхойзер Александр. Письма из Ситки 1841–1843. Приложение к книге Ярля Энкеля "Finländare i Sitka". N 1840-talet. Неопубликованная рукопись. Библиотека Академии Або. Коллекция рукописей.

Фуругельм Анна. Письма из Ситки. Библиотека Академии Або. Коллекция рукописей.

Хампус Фуругельм — отцу, Отто Вильгельму Фуругельму (1850–1853). Письма из Ситки. Архив Музея культур, Хельсинки.

Этолин Маргарета. Дневник. Библиотека Академии Або. Коллекция рукописей. Документы семьи Этолин. Частная коллекция.

Опубликованные источники

Алексеев 1977 — Алексеев А. И. Илья Гаврилович Вознесенский (1816–1871). М.: Наука, 1977.

Андреев 1948 — Андреев А. И. Русские открытия в Тихом океане и Северной Америке в XVIII веке. М.: Географгиз, 1948.

Болховитинов 1997–1999 — Болховитинов Н. Н. История Русской Америки 1732–1867: в 3 т. М.: Международные отношения, 1997–1999.

Бремер 1842 — Семейство, или Домашние радости и огорчения. Роман швед. писательницы Фредерики Бремер / пер. с подлинника Р. К. Грот // Современник. 1842. Т. 28. С. 1–62 (третьей нумерации); 1843: Т. 29. С. 42–76, 211–237, 273–339. Т. 30. С. 44–92, 131–172, 299–330. Т. 31. С. 34–95, 143–193, 241–329. Т. 32. С. 5–70, 129–192, 233–296.

Виньковецкий 2015 — Виньковецкий И. Русская Америка: заокеанская колония континентальной империи, 1804–1867 / пер. с англ. С. Константинова; науч. ред. перевода А. Миллер. М.: Новое литературное обозрение, 2015.

Врангель 1835 — Врангель Ф. П. Краткие статистические замечания о Российских колониях в Америке // Телескоп. 1835. Ч. 28. С. 104–228.

Врангель 1836 — Врангель Ф. П. Замечания об обитателях российских колоний в Америке // Журнал Министерства внутренних дел. 1836. Ч. 19. № 1. С. 95–104.

Врангель 1884 — Врангель Ф. П. Путевые записки адмирала барона Ф. П. Врангеля // Исторический вестник. Год пятый. 1884. Октябрь. Т. 18. С. 162–180.

Врангель 1971 — Врангель Ф. П. Дневник путешествия из Ситхи в Санкт-Петербург через Мексику. 13 октября 1835 г. — 22 мая 1836 г. // Шур Л. А. К берегам Нового Света. Из неопубликованных записок русских путешественников начала XIX века. М.: Наука, 1971. С. 190–269.

Головин 1862 — Головин П. Н. Обзор русских колоний в Северной Америке // Морской сборник. 1862. Январь. Т. 57. № 1. Ч. 3. С. 19–192.

Головин 1863а — Из путевых заметок П. Н. Головина с предисл. В. Римского-Корсакова // Морской сборник. 1863. Май. Т. 66. № 5. Часть III. С. 101–182.

Головин 1863б — Из путевых заметок П. Н. Головина с предисл. В. Римского-Корсакова // Морской сборник. 1863. Июнь. Т. 66. № 6. Часть III. С. 275–340.

Гринев 1991 — Гринев А. В. Индейцы тлинкиты в период Русской Америки (1741–1867 гг.). Новосибирск: Наука. Сиб. отд-ние, 1991.

Гринев 2002 — Гринев А. В. Немцы в истории Русской Америки // Американский ежегодник 2002 / отв. ред. Н. Н. Болховитинов. М.: Наука, 2002. С. 180–198.

Гринев 2009а — Гринев А. В. Краткий обзор отечественной историографии Русской Америки последних лет // Клио. 2009. № 2 (45). С. 23–26.

Гринев 2009б — Гринев А. В. Кто есть кто в истории Русской Америки: [энциклопедический словарь-справочник] / под ред. Н. Н. Болховитинова. М.: Academia, 2009.

Давыдов 1810–1812 — Давыдов Г. И. Двукратное путешествие в Америку морских офицеров Хвостова и Давыдова, писанное сим последним: в 2 т. СПб.: Морская типография, 1810–1812.

Дружинин 1985 — Дружинин Н. М. Избр. труды. Революционное движение в России в XIX в. М.: Наука, 1985.

Загоскин 1956 — Загоскин Л. А. Путешествия и исследования лейтенанта Лаврентия Загоскина в Русской Америке в 1842–1844 гг. М.: Географгиз, 1956.

Иванова, Баженова 2004 — Иванова Н. И., Баженова Н. М. Немцы в государственности России. СПб., 2004.

Каппелер 1997 — Каппелер А. Россия — многонациональная империя / пер. с нем. С. М. Червонной. М.: Прогресс-Традиция, 1997.

Киянская и др. 2008 — Киянская О. И., Одесский М. П., Фельдман Д. М. Декабристы: актуальные проблемы и новые подходы. М.: Российский гос. гуманитарный ун-т, 2008.

Копелев 2010 — Копелев Д. Н. На службе империи. Немцы и Российский флот в первой половине XIX века. СПб.: Изд-во Европейского ун-та в Санкт-Петербурге, 2010.

Лемпияйнен 2003 — Лемпияйнен Л. Е. Финляндцы на берегах Русской Америки // Клио. 2003. № 4 (23). С. 126–128.

Ливен 2007 — Ливен Д. Российская империя и ее враги с XVI века до наших дней / пер. с англ. А. Козлика, А. Платонова. М.: Европа, 2007.

Лисянский 1812 — Лисянский Ю. Ф. Путешествие вокруг света в 1803, 1804, 1805 и 1806 годах, по повелению его Императорского Величества Александра Первого, на корабле «Неве», под начальством флота капитан-лейтенанта, ныне капитана I ранга и кавалера Юрия Лисянского. Санкт-Петербург: Тип. Ф. Дрехслера, 1812.

Литке 1835 — Литке Ф. П. Путешествие вокруг света, совершенное по повелению императора Николая I на военном шлюпе «Сенявине» в 1826, 1827, 1828 и 1829 годах, флота капитаном Федором Литке: отделение мореходное с атласом. Санкт-Петербург: Тип. Х. Гинце, 1835.

Ляпунова 1994 — Ляпунова Р. Г. Записки иеромонаха Гедеона о Первом русском кругосветном путешествии и Русской Америке, 1803–1808 гг. // Русская Америка: По личным впечатлениям миссионеров, землепроходцев, моряков, исследователей и других очевидцев / отв. ред. А. В. Дридзо, Р. В. Кинжалов; предисл. Р. Г. Ляпуновой. М.: Мысль, 1994. С. 27–122.

Нечкина 1955 — Нечкина М. В. Движение декабристов: в 2 т. М.: Изд-во АН СССР, 1955.

Остин 2022 — Остин Дж. Разум и чувства. М.: ЭКСМО, 2022.

Пасецкий 1975 — Пасецкий В. М. Фердинанд Петрович Врангель. М.: Наука, 1975.

Петров 2000 — Петров А. Ю. Образование Российско-Американской компании. М.: Наука, 2000.

Покровский 1925–2001 — Покровский М. Н. Восстание декабристов. Материалы и документы: в 22 т. 1925–2001.

Распе 2022 — Распе Р. Э. Приключения барона Мюнхгаузена. М.: Эксмодетство, 2022.

Рихардсон 1787 — Рихардсон С. Памела, или Награжденная добродетель. Аглинская нравоучительная повесть / пер. с фр. СПб., 1787.

Рокот 2007 — Рокот В. Князь Русской Америки. Д. П. Максутов. М.: ЗАО Центрполиграф, 2007.

Слезкин 2005 — Слезкин Ю. Естествоиспытатели и нации: русские ученые XVIII века и проблема этнического многообразия // Российская империя в зарубежной историографии. Работы последних лет: Антология. М.: Новое издательство, 2005. С. 120–154.

Слёзкин 2008 — Слёзкин Ю. Л. Арктические зеркала: Россия и малые народы Севера / пер. с англ. О. Леонтьевой. М.: Новое литературное обозрение, 2008.

Схиммельпэннинк ван дер Ойе 2019 — Схиммельпэннинк ван дер Ойе Д. Русский ориентализм. Азия в российском сознании от эпохи Петра Великого до Белой эмиграции / пер. с англ. П. С. Бавина. М.: Политическая энциклопедия, 2019.

Тихменев 1861–1863 — Тихменев П. А. Историческое обозрение образования Российско-Американской компании и действий ее до настоящего времени: в 2 ч. СПб.: Тип. Эдуарда Веймара, 1861–1863.

Федорова С. Г. 1971 — Федорова С. Г. Русское население Аляски и Калифорнии: конец XVIII века — 1867 г. М., 1971.

Федорова С. Г. 1985 — Федорова С. Г. Русская Америка в «записках» К. Т. Хлебникова. Ново-Архангельск: Памяти К. Т. Хлебникова. К 200-летию со дня рождения (1784–1984) / АН СССР. Ин-т этнографии им. Н. Н. Миклухо-Маклая. М.: Наука, 1985.

Федорова Т. С. 1999 — Федорова Т. С. Роль женщин в развитии культуры в Русской Америке // Русская Америка, 1799–1867: материалы междунар. конф. «К 200-летию образования Российско-Американской компании 1799–1999». Москва, 6–10 сент. 1999 г. М., 1999. С. 253–267.

Федорова Т. С. 2001 — Федорова Т. С. Женщины в Русской Америке // Русская Америка и Дальний Восток (конец XVIII в. — 1867 г.): К 200-летию образования Российско-Американской компании: материалы междунар. науч. конф. (Владивосток, 11–13 окт. 1999 г.) / Рос. акад. наук, Дальневост. отд-ние, Ин-т истории, археологии и этнографии народов Дал. Востока; отв. ред. А. Р. Артемьев. Владивосток, 2001.

Фрейд 2006 — Фрейд З. О женской сексуальности (1931) // Собр. соч. Т. 5: Сексуальная жизнь / пер. с нем. А. М. Боковикова. М.: Фирма СТД, 2006. С. 273–292.

Хлебников 1838 — Хлебников А. (Хлебников К. Т.) Е. П. Е. В. В., в день рождения, 6 января // Сын отечества и Северный архив. 1838. Март — апрель. Т. 2. Ч. 6. С. 2–5.

Хлебников 1861 — Хлебников К. Т. Материалы для истории русских заселений по берегам Восточного океана. Вып. 3: Записки К. Т. Хлебникова, о Америке // Приложение к Морскому сборнику. 1861. № 3.

Хлебников 1979 — Хлебников К. Т. Русская Америка в неопубликованных записках К. Т. Хлебникова / сост., введ. и коммент. Р. Г. Ляпуновой, С. Г. Федоровой. Л.: Наука. Ленингр. отд-ние, 1979.

Хлебников 1985 — Хлебников К. Т. Русская Америка в «записках» К. Т. Хлебникова: Ново-Архангельск / сост., предисл., коммент. и указ. С. Г. Федоровой. М.: Наука, 1985.

Ходарковский 2019 — Ходарковский М. Степные рубежи России. Как создавалась колониальная империя, 1500–1800. М.: НЛО, 2019.

Эванс 1993 — Эванс С. М. Рожденная для свободы. История американских женщин / пер. с англ. М.: Прогресс, Литера, 1993.

Эйдельман 2001 — Эйдельман Н. Я. Удивительное поколение. Декабристы: лица и судьбы. СПб.: Изд-во Пушк. фонда, 2001.

Экштут 1994 — Экштут С. А. В поиске исторической альтернативы. Александр I. Его сподвижники. Декабристы. М.: Изд. центр «Россия молодая», 1994.

Ahllund 2006 — Ahllund T. From the Memoirs of a Finnish Workman / transl. by P. Hallamaa; ed. by R. Pierce // Alaska History. Fall 2006. Vol. 21. № 2. P. 1–25.

Alekseev 1987 — Alekseev A. I. The Odyssey of a Russian Scientist: I. G. Voznosenskii in Alaska, California and Siberia 1839–1849 / transl. by W. C. Follette; ed. by R. A. Pierce. Kingston, 1987.

Amburger 1966 — Amburger E. Geschichte der Behördenorganisation Russlands von Peter dem Grossen bis 1917. Leiden, 1966.

Armstrong 1978 — Armstrong J. A. Mobilized Diaspora in Tsarist Russia: The Case of the Baltic Germans // Soviet Nationality Policies and Practices / ed. by J. R. Azrael. New York, 1978. P. 63–104.

Austen 2008 — Austen J. Sense and Sensibility. Oxford, 2008.

Bancroft 1886 — Bancroft H. H. History of Alaska 1730–1885. San Francisco, 1886.

Barratt 1981 — Barratt G. Russia in Pacific Waters, 1715–1825: A Survey of the Origins of Russia's Naval Presence in the North and South Pacific. Vancouver and London: University of British Columbia Press, 1981.

Bassin 1991 — Bassin M. Inventing Siberia: Visions of the Russian East in the Early Nineteenth Century // The American Historical Review. June 1991. Vol. 96. № 3. P. 763–794.

Belcher 1979 — Belcher Ed. H. M. S. Sulphur on the Northwest and California Coasts, 1837 and 1839. The Accounts of Captain Edward Belcher and Midshipman Francis Guillemard Simpkinson / ed. by R. Pierce and J. Winslow. Kingston, ON, 1979.

Bellaigue 2010 — Bellaigue Ch. de. Faith and Religion // A Cultural History of Childhood and Family in the Age of Empire. Vol. 5 / ed. by C. Heywood. Oxford, 2010.

Berkhofer 1978 — Berkhofer R. F. Jr. The White Man's Indian: Images of the American Indian from Columbus to the Present. New York, 1978.

Bjurman 1933 — Bjurman E. L. Uppfostran till äktenskap. Om borgerliga flickors fostran på 1830-talet. Lund, 1933. [Воспитание для брака. О воспитании буржуазных девушек в 1830-е годы] (на шведском языке).

Black D., Petrov 2010 — Black D. L., Petrov A. Yu. Natalia Shelikhova: Russian Oligarch of Alaska Commerce. Fairbanks, Alaska: University of Alaska Press, 2010.

Black L. 1990 — Black L. T. The Creole Class in Russian America // Pacifica. 1990. Vol. 2, № 2. P. 142–155.

Black L. 2004 — Black L. T. Russians in Alaska, 1732–1867. Fairbanks, AK, 2004.

Black L., Liapunova 1988 — Black L. T., Liapunova R. G. Aleut: Islanders of the North Pacific // Crossroads of Continents: Cultures of Siberia and Alaska / ed. by W. W. Fitzhugh and A. Crowell. Washington, D.C., 1988. P. 52–57.

Blake 1992 — Blake S. L. A Woman's Trek. What Difference Does Gender Make // Western Women and Imperialism. Complicity and Resistance / ed. by N. Chaudhuri and M. Strobel. Bloomington and Indianapolis, 1992.

Bowie et al. 1993 — Bowie F., Kirkwood D., Ardener Sh. Women and Missions: Past and Present: Anthropological and Historical Perceptions. Oxford, 1993.

Briggs 1847 — Briggs C. C. Reminiscences and Letters. Boston, 1847.

Brower, Lazzerini 1997 — Brower D. R., Lazzerini E. J. Russia's Orient: Imperial Borderlands and Peoples, 1700–1917. Bloomington, IN, 1997.

Brown 1980 — Brown J. S. H. Strangers in Blood: Fur Trade Company Families in Indian Country. Vancouver, 1980.

Brownfoot 1984 — Brownfoot J. N. Memsahibs in Colonial Malaya: A Study of European Wives in A British Colony and Protectorate 1900–1940 // The Incorporated Wife / ed. by H. Callan and S. Ardener. London, 1984. P. 186–210.

Bull 1877 — Bull Th. Hints to Mothers for the Management of Health during the Period of Pregnancy and in the Lying-in Room: With an Exposure of Popular Errors in Connexion with Those Subjects and Hints upon Nursing, 19th edition. London, 1877.

Callan, Ardener 1984 — Callan H., Ardener S. The Incorporated Wife. London, 1984.

Callaway 1987 — Callaway H. Gender, Culture and Empire: European Women in Colonial Nigeria. Urbana, IL, 1987.

Chaudhuri, Strobel 1992 — Chaudhuri N., Strobel M. Western Women and Imperialism: Complicity and Resistance. Bloomington and Indianapolis, 1992.

Chodorow 1974 — Chodorow N. Family Structure and Feminine Personality // Women, Culture, and Society / ed. by M. Zimbalist Rosaldo and L. Lamphere. Stanford, CA, 1974.

Chodorow 1978 — Chodorow N. The Reproduction of Mothering: Psychoanalysis and the Sociology of Gender. Berkeley, CA, 1978.

Christensen 2006 — Christensen A. C. Letters from the Governor's Wife: A View of Russian Alaska 1859–1862. Aarhus University Press, 2006.

Clancy-Smith, Gouda 1998 — Clancy-Smith J., Gouda Fr. Domesticating the Empire: Race, Gender, and Family Life in French and Dutch Colonialism. Charlottesville, VA, 1998.

Coontz 2005 — Coontz St. Marriage, a History: From Obedience to Intimacy or How Love Conquered Marriage. New York, 2005.

Crowell et al. 2001 — Crowell A., Steffian A. F., Pullar Gordon L. Looking Both Ways: Heritage and Identity of the Alutiiq People. Fairbanks, AK, 2001.

Cunningham 2005 — Cunningham H. Children and Childhood in Western Society since 1500. New York and London, 2005.

Curtis 2010 — Curtis S. A. Civilizing Habits: Women Missionaries and the Revival of French Empire. New York, 2010.

Cygnaeus 1841–1842 — Cygnaeus Uno. Excerpts of letter from Sitka // Borgå tidning 20 January. 30 October 1841, 21 September 1842.

Davidoff, Hall 1987 — Davidoff L., Hall C. Family Fortunes: Men and women of the English middle class, 1780–1850. London, 1987.

Davydov 1977 — Davydov G. L. Two Voyages to Russian America, 1802–1807 / ed. by R. Pierce. Kingston, ON, 1977.

D'Emilio, Freedman 1997 — D'Emilio J., Freedman E. B. Intimate Matters: A History of Sexuality in America. Chicago, 1997.

Diment, Slezkine 1993 — Diment G., Slezkine Yu. Between Heaven and Hell: The Myth of Siberia in Russian Culture. New York, 1993.

Dmytryshyn et al. 1985–1989 — Dmytryshyn B., Crownhart-Vaughan E. A. P., Vaughan Th. To Siberia and Russian America: Three Centuries of Russian Eastward Expansion. 3 vols. Portland, OR, 1985–1989.

Dobell 1830 — Dobell P. Travels in Kamchatka and Siberia; With a Narrative of a Residence in China. In 2 vol. London, 1830.

Easley 2008 — Easley R. Demographic Borderlands: People of Mixed Heritage in the Russian American Company and the Hudson's Bay Company, 1670–1870 // The Pacific Northwest Quarterly. Spring, 2008. Vol. 99. № 2. P. 73–91.

Ellingson 2001 — Ellingson T. The Myth of the Noble Savage. Berkeley, CA, 2001.

Enckell 1996 — Enckell M. J. Documenting the Legacy of the Alaska Finns from the Russian Period, Pioneer Series. Vol. 23. № 1. Finnish-American Historical Society of the West. Portland, OR, 1996.

Enckell 2001 — Enckell M. J. Scandinavian Immigration to Russian Alaska, 1800–1867 // FEEFHS Journal. 2001. Vol. 9. P. 106–114.

Enckell 2002a — Enckell M. J. A Finnish Sawmill Book Keepers Daughter's Journey to Alaska: Reconstructing Anna Margareta Sunberg's Life Story // FEEFHS Journal. 2002. Vol. 10. P. 99–114.

Enckell 2002b — Enckell M. J. The Finnish Migration to and from Russian Alaska and the Pacific Siberian Rim 1800–1900 // Migration. 2002. № 4. P. 16–22.

Enckell 2003 — Enckell M. J. Four North European Female Educators' Toil in Russian Alaska, 1805–1849: The Story of Nathalia Banner, Elisabeth, Baroness von Rossillon, Margaretha Hedwig Johanna Sundwall and Maria Fri // FEEFHS Journal. 2003. Vol. 11. P. 88–103.

Enckell 2004 — Enckell M. J. Commonly Known Finnish and Baltic Names Found in the Index to Baptisms, Marriages and Deaths in the Archives of the Russian Orthodox Greek Catholic Church in Alaska 1816–1866 // The Genealogical Society of Finland. URL: https://www.genealogia.fi/en/genealogy/sources-for-genealogists/emigration/ (дата обращения: 17.07.2025).

Enckell 2012 — Enckell M. J. Those NOT Russian Russians: Finlanders & Russian-American Company's Multiethnic Evangelical Lutheran Community in the North Pacific Region 1800–1871, with a Postscript Covering 1872–1930. Mariehamn, 2012.

Enckell, Hanka 2004 — Enckell M. J., Hanka H. Transfigurations: Finns in Russian America. Jyväskylä, 2004.

Engman 2007 — Engman M. Till ryska Alaska och jorden runt med Reinhold Ferdinand Sahlberg // R. F. Sahlberg. En resa kring jorden 1839–1843. Anteckningar Pan Sydamerika, Alaska och Sibirien. Helsingfors, 2007. [На русскую Аляску и вокруг света с Рейнхольдом Фердинандом Зальбергом // Р. Ф. Зальберг. Путешествие вокруг света, 1839–1843. Записки из Южной Америки, Аляски и Сибири] (на шведском языке).

Evans 1989 — Evans S. M. Born for Liberty. A History of Women in America. New York, 1989.

Evans Clements 2012 — Evans Clements B. A History of Women in Russia: From Earliest Times to the Present. Bloomington, IN, 2012.

Faderman 1981 — Faderman L. Surpassing the Love of Men: Romantic Friendship and Love Between Women from the Renaissance to the Present. New York, 1981.

Feagin J. R., Feagin C. B. 2003 — Feagin J. R., Feagin C. B. Racial and Ethnic Relations. Prentice Hall, 2003.

Fishburn 1981 — Fishburn J. F. The Fatherhood of God and the Victorian Family. Philadelphia, 1981.

Foster 1990 — Foster Sh. Across New Worlds: Nineteenth-Century Women Travellers and Their Writings. London, 1990.

Fowler 1982 — Fowler M. The Embroidered Tent. Five Gentlewomen in Early Canada. Toronto, 1982.

Freud 1950 — Freud S. Female Sexuality // Collected Papers. Vol. 5. London, 1950.

Furuhjelm 1932 — Furuhjelm A. Människor och öden. Helsingfors, 1932. [Люди и судьбы] (на шведском языке).

Gibson 1969 — Gibson J. R. Feeding the Russian Fur Trade: Provisionment of the Okhotsk Seaboard and the Kamchatka Peninsula 1639–1856. Madison, WI, 1969.

Gibson 1976 — Gibson J. R. Imperial Russia in Frontier America: The Changing Geography of Supply of Russian America, 1784–1867. New York, 1976.

Gibson 1987a — Gibson J. R. Russian Dependence upon the Natives of Alaska // Russia's American Colony / ed. by F. Starr. Durham, NC: Duke University Press, 1987. P. 77–104.

Gibson 1987b — Gibson J. R. The Sale of Russian America to the United States // Russia's American Colony / ed. by F. Starr. Durham, NC: Duke University Press, 1987.

Gibson 2002 — Gibson J. R. Russian imperial expansion in context and by contrast // Journal of Historical Geography. 2002. Vol. 28. № 2. P. 181–202.

Golovin 1979 — Golovin P. N. The End of Russian America: Captain P. N. Golovin's Last Report, 1862 / transl. by B. Dymtryshyn and E. A. P. Crownhart-Vaughan. Portland, OR, 1979.

Golovin 1983 — Golovin P. N. Civil and Savage Encounters. The Worldly Travel Letters of an Imperial Russian Navy Officer 1860–1861. Portland, OR, 1983.

Gordon 1960 — Gordon M. The Ideal Husband as Depicted in the Nineteenth Century Marriage Manual // The Family Coordinator. July, 1960. Vol. 18. № 3. P. 226–231.

Gorham 1982 — Gorham D. The Victorian Girl and the Feminine Ideal. London, 1982.

Grimshaw 1989 — Grimshaw P. Paths of Duty: American Missionary Wives in Nineteenth-Century Hawaii. Honolulu, 1989.

Grimshaw 2004 — Grimshaw P. Faith, Missionary Life, and the Family // Gender and Empire / ed. by Ph. Levine. Oxford, 2004. P. 260–280.

Grinev 2005 — Grinev A. V. The Tlingit Indians in Russian America 1741–1867. Lincoln, NE, 2005.

Grinev 2010 — Grinev A. V. A Brief Survey of the Russian Historiography of Russian America of Recent Years / trans. by R. L. Bland // Pacific Historical Review. May 2010. Vol. 79. № 2. P. 265–278.

Gulin 1943 — Gulin H. Louise af Forselles och hennes värld. Helsingfors, 1943.

Hall 1979 — Hall C. The Early Formation of Victorian Domestic Ideology // Fit Work for Women / ed. by S. B. Burman. New York: St Martin's Press, 1979. P. 15–32.

Hall 2004 — Hall C. Of Gender and Empire: Reflections on the Nineteenth Century // Gender and Empire / ed. by Ph. Levine. Oxford, 2004. P. 46–76.

Hammer 1976 — Hammer S. Daughters and Mothers. Mothers and Daughters. London, 1976.

Harjunpää 1968 — Harjunpää T. The Lutherans in Russian Alaska // The Pacific Historical Review. May, 1968. Vol. 37. № 2. P. 123–146.

Harris 1993 — Harris J. Private Lives, Public Spirit: A Social History of Britain, 1870–1914. Oxford, 1993.

Hawkins 1793 — Hawkins L. Letters on the Female Mind, Its Powers and Pursuits. Addressed to Miss H. M. Williams, With particular reference to Her Letters from France. London: Printed for Hookam and Carpenter, 1793.

Haxthausen 1856 — Haxthausen A. von. The Russian Empire, Its People, Institutions, and Resources. London: Chapman and Hall, 1856.

Haycox 1985/86 — Haycox St. W. The Frontier Letters of a Post Commander's Wife: Marietta Davis at Sitka, 1867 // Alaska History. Fall/Winter 1985/1986. Vol. 1. № 2. P. 73–79.

Hellerstein et al. 1981 — Hellerstein E. O., Hume L. P., Offen K. M. Victorian Women: A Documentary Account of Women's Lives in Nineteenth-Century England, France, and the United States. Stanford, CA, 1981.

Herman 1989 — Herman N. Too Long a Child. The Mother-Daughter Dyad. London, 1989.

Herrin 2013 — Herrin J. Unrivalled Influence: Women and Empire in Byzantium. Princeton, NJ, 2013.

Heywood 2010 — Heywood C. Introduction // A Cultural History of Childhood and Family in the Age of Empire. Vol. 5 / ed. by C. Heywood. Oxford, 2010.

Hodder et al. 1998 — Hodder D., Lloyd S. J., McLachlan K. Landlocked States of Africa and Asia. London, 1998.

Holmberg 1985 — Holmberg H. J. Holmberg's Ethnographic Sketches / ed. by M. W. Falk. Fairbanks, AK, 1985. (Первоначально опубликовано в 1855–1863 годах под названием "Ethnographische Skizzen über die Völker des Russischen Amerika").

Hughes, Whitney 2002 — Hughes N. Ch., Jr., Whitney G. D. Jefferson Davis in Blue: The Life of Sherman's Relentless Warrior. Baton Rouge, LA, 2002.

Jalland 2000 — Jalland P. Death in the Victorian Family. Oxford, 2000.

Jalland 2002 — Jalland P. Australian Ways of Death: A Social and Cultural History 1840–1918. Oxford, 2002.

Jameson 1943 — Jameson A. B. Winter Studies and Summer Rambles in Canada. Toronto, 1943.

Jeffrey 1979 — Jeffrey J. R. Frontier Women: The Trans-Mississippi West 1840–1880. New York, 1979.

Jeffrey 1998 — Jeffrey J. R. Frontier Women: "Civilizing" the West? 1840–1880. New York, 1998.

Kan A. 2008 — Kan A. Storfurstendömet Finland 1809–1917 — dess autonomi enligt den nutida finska historieskrivningen // Historisk Tidskrift. 2008. № 1. P. 3–27. [Великое княжество Финляндское в 1809–1917 годах:

его автономия в современной финской историографии] (на шведском языке).

Kan S. 1999 — Kan S. Memory Eternal: Tlingit Culture and Russian Orthodox Christianity Through Two Centuries. Seattle and London: University of Washington Press, 1999.

Kan S. 2013 — Kan S. Sergei Ionovich Kostromitinov (1854–1915), or "Colonel George Kostrometinoff": From a Creole Teenager to the Number-One Russian-American Citizen of Sitka // Ethnohistory. Summer 2013. Vol. 60. № 3. P. 385–402.

Kappeler 2001 — Kappeler A. The Russian Empire: A Multiethnic History / Trans. by A. Clayton. Harlow, Eng., 2001.

Keister 2011 — Keister L. A. Inequality: A Contemporary Approach to Race, Class, and Gender. Cambridge, 2011.

Kelly 2001 — Kelly C. Refining Russia: Advice Literature, Polite Culture, and Gender from Catherine to Yeltsin. Oxford, 2001.

Khlebnikov 1976 — Colonial Russian America. Kyrill T. Khlebnikov's Reports, 1817–1832 / Transl. with introduction and notes by B. Dmytryshyn and E. A. P. Crownhart-Vaughan. Portland, OR, 1976.

Khodarkovsky 2002 — Khodarkovsky M. Russia's Steppe Frontier. The Making of a Colonial Empire, 1500–1800. Bloomington, IN, 2002.

Kirk 1980 — Kirk S. van. "Many Tender Ties": Women in Fur-Trade Society in Western Canada, 1670–1870. Winnipeg, 1980.

Knapman 1986 — Knapman C. White Women in Fiji, 1835–1930. The Ruin of Empire? Sydney, 1986.

Krauthammer 2008 — Krauthammer A. The Representation of the Savage in James Fenimore Cooper and Herman Melville. New York, 2008.

Krusenstern 1810–1812 — Krusenstern A. J. von. Reise um die Welt in den Jahren 1803, 1804, 1805 und 1806 auf Befehl seiner kaiserlichen Majestät Alexander des Ersten auf den Schiffen Nadeshda und Newa. Saint Petersburg, 1810–1812.

Kurs 1994 — Kurs O. Ingria: The Broken Landbridge between Estonia and Finland // Geojournal. May 1994. Vol. 33. № 1. P. 107–113.

Kügelgen 1936 — Kügelgen S. von. Stilles Tagebuch eines baltischen Fräuleins 1855/1856. Berlin, 1936.

Langmore 1989 — Langmore D. The Object Lesson of a Civilised Christian Home // Family and Gender in the Pacific. Domestic Contradictions and the Colonial Impact. Cambridge, 1989.

Langsdorff 1813 — Langsdorff G. H. Voyages and Travels in Various Parts of the World, During the Years 1803, 1804, 1805, 1806, and 1807. 2 vols. London, 1813.

Levine 2004 — Levine Ph. Gender and Empire. Oxford, 2004.

Lewis 1996 — Lewis R. Gendering Orientalism: Race, Femininity and Representation. London, 1996.

Lieven 2000 — Lieven D. The Russian Empire and Its Rivals. London, 2000.

Lincoln 1994 — Lincoln W. B. The Conquest of a Continent: Siberia and the Russians. New York, 1994.

Luehrmann 2008 — Luehrmann S. Alutiiq Villages under Russian and U.S. Rule. Fairbanks, AK, 2008.

Litke 1987 — Litke F. A Voyage Around the World 1826–1829. Vol. 1: To Russian America and Siberia. Kingston, ON, 1987.

Lystra 1989 — Lystra K. Searching the Heart: Women, Men, and Romantic Love in Ninteenth-Century America. New York and Oxford, 1989.

Macleod 1947 — Macleod M. A. The Letters of Letitia Hargrave. Toronto, 1947.

Marryat 2009 — Marryat F. Mountains and Molehills or Recollections of a Burnt Journal. New York, 1855. Reprinted by Santa Clara University, Santa Clara, CA, and Heyday Books. Berkeley, CA, 2009.

Marten 2010 — Marten J. Family Relationships // A Cultural History of Childhood and Family in the Age of Empire / ed. by C. Heywood. Oxford, 2010.

Martineau 1823 — Martineau H. On Female Education // The Monthly Repository. February, 1823. Vol. 18. № 206. P. 77–81.

Mazour 1961 — Mazour A. G. The First Russian Revolution, 1825. The Decembrist Movement. Its Origins, Development, and Significance. Stanford, CA, 1961.

McLeod 1947 — McLeod M. A. The Letters of Letitia Hargrave. Toronto, 1947.

Melman 1992 — Melman B. Women's Orients: English Women and the Middle East 1718–1918. Ann Arbor, MI, 1992.

Michael 1967 — Michael H. N. Lieutenant Zagoskin's Travels in Russian America 1842–1844. Toronto, 1967.

Midgley 1998 — Midgley C. Gender and Imperialism. Manchester, 1998.

Miller G. 2006 — Miller G. A. "The Perfect Mistress of Russian Economy": Sighting the Intimate on a Colonial Alaskan Terrain, 1784–1821 // Haunted by Empire: Geographies of Intimacy in North American History / ed. by A. L. Stoler. Durham and London, 2006. P. 297–322.

Miller G. 2010 — Miller G. A. Kodiak Kreol: Communities of Empire in Early Russian America. Ithaca, NY, 2010.

Miller S. 1808 — Miller S. The Appropriate Duty and Ornament of the Female Sex // The Columbian Preacher; Or, A Collection of Original Sermons:

From Preachers of Eminence in the United States, Embracing the Distinguishing Doctrines of Grace / ed. by N. Elliot. Catskill, 1808. P. 249–264.

Mills 1991 — Mills S. Discourses of Difference: An Analysis of Women's Travel Writing and Colonialism. London, 1991.

Moodie 1989 — Moodie S. Roughing It in the Bush, or Life in Canada. Toronto, 1989.

Mulock Craik 1858 — Mulock Craik D. M. En qvinnas tankar rörande qvinnan / translated and adapted to Swedish conditions in Tidskrifi för Hemmet, 1860: 2 // A Woman's Thoughts about Women. London, 1858.

Murray 2013 — Murray J. D. Together and Apart: The Russian Orthodox Church, the Russian Empire and Orthodox Missionaries in Alaska, 1794–1917 // Russian History. 2013. Vol. 40. № 1. P. 91–110.

Newsome 1961 — Newsome D. Godliness and Good Learning: Four Studies on a Victorian Ideal. London, 1961.

Offen 2000 — Offen K. M. European Feminisms 1700–1950: A Political History. Stanford, CA, 2000.

O'Grady 2001 — O'Grady A. From the Baltic to Russian America 1829–1836: The Journey of Elisabeth Von Wrangell. Fairbanks, AK, 2001.

O'Grady-Raeder 1994 — O'Grady-Raeder A. The Baltic Connection in Russian America // Jahrbücher für Geschichte Osteuropas. Neue Folge. 1994. Bd. 42. H. 3. S. 321–339.

Okladnikova 1987 — Okladnikova E. A. Science and Education in Russian America // Russia's American Colony / ed. by S. F. Starr. Durham, NC, 1987. P. 218–248.

Olin 1995 — Olin K.-G. Alaska. Del 1. Ryska tiden. Den okända historien på jordklotets baksida. Jakobstad, 1995. [Аляска: Ч. 1. Русские времена. Неизвестная история обратной стороны глобуса] (на шведском языке).

Olson 1997 — Olson W. M. The Tlingit: An Introduction to Their Culture and History. Auke Bay, Alaska, 1997.

O'Meara 2003 — O'Meara P. The Decembrist Pavel Pestel. Russia's First Republican. Basingstoke; New York, 2003.

Om själens frid 1833 — Om själens frid, jemte en samling af tankar i andeliga ämnen. För bildade fruntimmer, af ett Puntimmer / transl. from the German original, 3rd ed. by Johan Albert Butsch. Stockholm, 1833. [О мире души, с собранием мыслей на духовные темы. Для образованных женщин, от женщины] (на шведском языке).

Patton 2000 — Patton V. K. The Cult of True Womanhood and Its Revisions // Women in Chains: The Legacy of Slavery in Black Women's Fiction. Albany, NY, 2000. P. 29–52.

Perry 2001 — Perry A. On the Edge of Empire: Gender, Race, and the Making of British Columbia, 1849–1871. Toronto: University of Toronto Press, 2001.

Peukert 2010 — Peukert A. Off the Beaten Track? Divergent Discourses in Victorian Women's Travelogues. Munich, 2010.

Phegley 2012 — Phegley J. Courtship and Marriage in Victorian England. Santa Barbara, CA, 2012.

Pierce 1978 — Pierce R. A. The Russian Orthodox Religious Mission in America, 1794–1837 with Materials Concerning the Life and Works of the Monk German, and Ethnographic Notes by the Hieromonk Gedeon / trans. by C. Bearne. Kingston, ON, 1978.

Pierce 1986 — Pierce R. A. Builders of Alaska: The Russian Governors 1818–1867. Kingston, ON, 1986.

Pierce 1989 — Pierce R. A. The Round the World Voyage of Hieromonk Gideon 1803–1809 / trans. by L. T. Black. Kingston, Ontario; Fairbanks, Alaska, 1989.

Pierce 1990 — Pierce R. A. Russian America: A Biographical Dictionary. Kingston: Limestone Press, 1990.

Pierce, Winslow 1979 — Pierce R. A., Winslow J. H. H.M.S. Sulphur on the Northwest and California Coasts, 1837 and 1839: The Accounts of Captain Edward Belcher and Midshipman Francis Guillemard Simpkinson. Fairbanks, AK, 1979.

Pipping 1967 — Pipping E. En orons legionär. Nils Gustaf von Schoultz 1807–1838. Helsingfors, 1967. [Почетный легионер. Нильс Густав фон Шульц 1807–1838] (на шведском языке).

Polvinen 1995 — Polvinen T. Imperial Borderland: Bobrikov and the Attempted Russification of Finland 1898–1904. London, 1995.

Pratt 1992 — Pratt M. L. Imperial Eyes. Travel Writing and Transculturation. London, 1992.

Procida 2002 — Procida M. A. Married to the empire: gender, politics and imperialism in India, 1883–1947. Manchester, 2002.

Rabow-Edling 2007 — Rabow-Edling S. The Decembrists and the Concept of a Civic Nation // Nationalities Papers. 2007. Vol. 35. № 2. P. 369–391.

Raeff 1966 — Raeff M. The Decembrist Movement. Englewood Cliffs, NJ, 1966.

Raspe 1785 — Raspe R. E. The Surprising Adventures of Baron Munchausen. London, 1785.

Raspe 1786 — Raspe R. E. Wunderbare Reisen zu Wasser und Lande, Feldzüge und lustige Abentheuer des Freyherrn von Münchhausen, wie er dieselben bey der Flasche im Cirkel seiner Freunde selbst zu erzählen pflegt / Übersetzer Gottfried August Bürger. Göttingen, 1786.

Richardson 1741 — Richardson S. Pamela or, Virtue Rewarded. London, 1741.

Romanovskii, Frankenhauser 1974 — Dr. Romanovskii and Dr. Frankenhauser. Five Years of Medical Observations in the Colonies of the Russian-American Company 1843–1848. Kingston, ON, 1974.

Rowand n. d. — Rowand A. Notes of a Journey in Russian America and Siberia during the years 1841 and 1842. Edinburgh, n. d.

Rundquist 2001 — Rundquist A. Blått blod och liljevita händer. En etnologisk studie av aristokratiska kvinnor 1850–1900. Stockholm, 2001. [Голубая кровь и лилейно-белые руки. Этнологическое исследование аристократических женщин 1850–1900 гг.] (на шведском языке).

Rupp 2002 — Rupp L. J. Women's History in the New Millennium: A Retrospective Analysis of Barbara Welter's "The Cult of True Womanhood, 1820–1860" // Journal of Women's History. Spring, 2002. Vol. 14. № 1. P. 149–173.

Sahlberg 2007 — Sahlberg R. F. En resa kring jorden 1839–1843. Anteckningar fran Sydamerika, Alaska och Sibirien. Helsingfors, 2007. [Путешествие вокруг света 1839–1843 годов, записки из Южной Америки, Аляски и Сибири] (на шведском языке).

Sandford 1842 — Sandford J. Mrs. Woman, in Her Social and Domestic Character. 6th American edition. Boston, 1842.

Schimmelpenninck van der Oye 2010 — Schimmelpenninck van der Oye D. Russian Orientalism: Asia in the Russian Mind from Peter the Great to the Emigration. New Haven, 2010.

Seton 2013 — Seton R. E. Western Daughters in Eastern Lands: British Missionary Women in Asia. Santa Barbara, CA, 2013.

Sigourney 1839 — Sigourney L. Letters to Mothers. New York, 1839.

Sigourney 1867 — Sigourney L. Letters of Life. New York, 1867.

Simcoe 2007 — Simcoe E. P. Mrs. Simcoe's Diary / ed. by M. Q. Innis. Toronto, 2007.

Simpson F. 1953–1954 — Simpson F. Journey for Frances. Extracts from diary published in «The Beaver» / intr. and ed. by G. L. Nute. December 1953. Outfit 284. P. 50–54; March 1954. Outfit 284. P. 12–17; Summer 1954. Outfit 285. P. 12–18.

Simpson G. 1847a — Simpson G. Narrative of a Journey Round the World, During the Years 1841 and 1842. Vol. I, II. London, 1847.

Simpson G. 1847b — Simpson G. An Overland Journey Round the World, During the Years 1841 and 1842. Parts I and II. Philadelphia, 1847.

Sjöström 1996 — Sjöström A. Letters // Maria Enckell. Documenting the Legacy of the Alaska Finns. Pioneer Series. Vol. 23. № 1. Finnish-American Historical Society of the West. Portland, OR, 1996. Оригиналы хранятся в Городском музее Борго.

Slezkine 1996 — Slezkine Yu. Arctic Mirrors: Russia and the Small Peoples of the North. Ithaca, NY, 1996.

Slezkine 1997 — Slezkine Yu. Naturalists versus Nations: Eighteenth-Century Russian Scholars Confront Ethnic Diversity // Russia's Orient. Imperial Borderlands and Peoples, 1700–1917 / ed. by D. R. Brower, E. J. Lazzerini. Bloomington, IN, 1997. P. 27–57.

Smith-Peter 2010 — Smith-Peter S. Creating a Creole Estate in early nineteenth-century Russian America // Cahiers du Monde Russe. 2010. Vol. 51. № 2–3. P. 441–459.

Smith-Peter 2013a — Smith-Peter S. "A Class of People Admitted to the Better Ranks": The First Generation of Creoles in Russian America, 1810s–1820s // Ethnohistory. Summer 2013. Vol. 60. № 3. P. 363–384.

Smith-Peter 2013b — Smith-Peter S. Russian America in Russian and American Historiography // Kritika. Winter 2013. Vol. 14. № 1. P. 93–100.

Smith-Rosenberg 1975 — Smith-Rosenberg C. The Female World of Love and Ritual: Relations between Women in Nineteenth-Century America // Signs. Autumn, 1975. Vol. 1. № 1. P. 1–29.

Stearns 2006 — Stearns P. N. Childhood in World History. London and New York, 2006.

Steinrud 2008 — Steinrud M. Den dolda offentligheten. Kvinnlighetens sfärer i 1800-talets svenska högreståndskultur. Stockholm, 2008. [Скрытая публичная сфера. Сферы женственности в шведском высшем обществе XIX века] (на шведском языке).

Stevenson 1982 — Stevenson C. B. Victorian Women Travel Writers in Africa. Boston, 1982.

Stolberg 2005 — Stolberg E.-M. The Siberian Saga: A History of Russia's Wild East. Frankfurt am Main, 2005.

Stoler 2002 — Stoler A. L. Carnal Knowledge and Imperial Power: Race and the Intimate in Colonial Rule. Berkeley: University of California Press, 2002.

Stone 1979 — Stone L. The Family, Sex and Marriage in England 1500–1800. Harmondsworth, 1979.

Stowe n. d. — Stowe S. Making Sense of Letters and Diaries // History Matters: The U.S. Survey Course on the Web. URL: http://historymatters.gmu.edu (дата обращения: 09.06.2025).

Strobel 1991 — Strobel M. European Women and the Second British Empire. Bloomington, IN, 1991.

Sunderland 2004 — Sunderland W. Taming the Wild Field: Colonization and Empire on the Russian Steppe. Ithaca, NY, 2004.

Sutherland 1985 — Sutherland Ch. Princess of Siberia. The Story of Maria Volkonsky and the Decembrist Exiles. London, 1985.

Taylor Huber, Lutkehaus 1999 — Taylor Huber M., Lutkehaus N. C. Gendered Missions: Women and Men in Missionary Discourse and Practice. Ann Arbor, MI, 1999.

Thaden 1981 — Thaden E. C. Russification in the Baltic Provinces and Finland, 1855–1914. Princeton, NJ, 1981.

Thaden 1984 — Thaden E. C. Russia's Western Borderlands, 1710–1870. Princeton, NJ, 1984.

Theriot 1996 — Theriot N. M. Mothers and Daughters in Nineteenth-Century America. Lexington, 1996.

Tidball 2002 — Tidball Eu. C. "No Disgrace to My Country": The Life of John C. Tidball. Kent & London: The Kent State University Press, 2002.

Tikhmenev 1978–1979 — Tikhmenev P. A. A History of the Russian-American Company / trans. and ed. by R. A. Pierce and A. S. Donnelly. 2 vols. Seattle, 1978–1979.

Till Uno Cygnaeus 1910 — Till Uno Cygnaeus minne: festpublikation utgiven av Finlands allmänna svenska folkskollärare- och lärarinneförening. Helsingfors, 1910. [В память об Уно Сигнеусе: памятное издание, выпущенное Ассоциацией учителей и преподавателей общеобразовательных шведских народных школ Финляндии] (на шведском языке).

Ulvros 1996 — Ulvros E. H. Fruar och mamseller. Kvinnor inom sydsvensk borgerlighet 1790–1870. Lund, 1996. [Жены и матери. Женщины буржуазии южной Швеции в 1790–1870 годах] (на шведском языке).

Valiulis 1995 — Valiulis M. Neither Feminist nor Flapper: the Ecclesiastical Construction of the Ideal Irish Woman // Chattel, Servant or Citizen. Women's Status in Church, State and Society / ed. by M. O'Dowd and S. Wichert. Belfast, 1995. P. 168–178.

van der Krogt 1998 — van der Krogt Ch. Imitating the Holy Family: Catholic Ideals and the Cult of Domesticity in Interwar New Zealand // History Today. May 1998. Vol. 4. № 1.

Varjola 1990 — Varjola P. The Etholén Collection: The Ethnographic Alaskan Collection of Adolph Etholén and His Contemporaries in the National Museum of Finland. Helsinki, 1990.

Vinkovetsky 2001 — Vinkovetsky I. Circumnavigation, Empire, Modernity, Race: The Impact of Round-the-World Voyages on Russia's Imperial Consciousness // Ab Imperio. 2001. № 1–2. P. 191–210.

Vinkovetsky 2011a — Vinkovetsky I. Russian America. An Overseas Colony of a Continental Empire 1804–1867. New York: Oxford University Press, 2011.

Vinkovetsky 2011b — Vinkovetsky I. Review of Gwenn A. Miller, Kodiak Kreol: Communities of Empire in Early Russian America // The American Historical Review. June 2011. Vol. 116. № 3. P. 794.

Welter 1966 — Welter B. The Cult of True Womanhood: 1820–1860 // American Quarterly. Summer, 1966. Part 1.Vol. 18. № 2. P. 151–174.

Welter 1976 — Welter B. Dimity Convictions. The American Woman in the Nineteenth Century. Athens, OH, 1976.

Whelan 1999 — Whelan H. W. Adapting to Modernity: Family, Caste and Capitalism among the Baltic German Nobility. Köln, 1999.

Wildenthal 2001 — Wildenthal L. German Women for Empire, 1884–1945. Durham, NC, 2001.

Wilson 2004 — Wilson K. Empire, Gender, and Modernity in the Eighteenth Century // Gender and Empire / ed. by Ph. Levine. Oxford, 2004. P. 14–45.

Winter 1858 — Winter G. Underrättelser fran Sitka af en luthersk prest om finnars arbete i kolgrufvorna // Åbo Underrättelser. № 91. 19.11.1858. [Информация из Ситки от лютеранского священника о финнах, работающих в угольных шахтах] (на шведском языке).

Women's History 2002 — Women's History in the New Millennium: A Retrospective Analysis of Barbara Welter's "The Cult of True Womanhood, 1820–1860" // Journal of Women's History. Spring, 2002. Vol. 14. № 1. P. 149–173.

Woollacott 2006 — Woollacott A. Gender and Empire. Houndmills, Basingstoke, 2006.

Wrangell E. 1833–1834 — Wrangell E. von. Briefe aus Sibirien und den Russischen Niederlassungen in Amerika // Dorpater Jahrbücher für Litteratur, Statistik und Kunst besonders Russlands. Vol. I–II. Riga und Dorpat, 1833–1834.

Wrangell E. 1940 — Wrangell E. von. Undated letter to her parents, Sitka, fall 1831 // F. P. von Wrangell, Ein Kampf um Wahrheit. Leben und Wirken des Admirals Baron Ferdinand von Wrangell. Stuttgart. 1940. P. 78.

Wrangell E. 1968 — Wrangell E. von. Letter to her parents, Sitka, May 1831 // Acta Wrangeliana. 1968. № 30. P. 64–68.

Wrangell E. 2001 — Wrangell E. von. Letter to her parents, Sitka, May 1831 / transl. by A. O'Grady // From the Baltic to Russian America 1829–1836. The Journey of Elisabeth Von Wrangell. Fairbanks, AK, 2001. P. 161–168.

Wrangell F. 1839 — Wrangell F. von. Statistische und ethnographische Nachrichten über die russischen Besitzungen an der Nordwestküste von Amerika. Saint Petersburg, 1839.

Wrangell F. 1840 — Wrangell F. von. Letter to Friedrich von Lütke, Irkutsk, 23 September 1829 // Ein Kampf um Wahrheit. Leben und Wirken des Admirals Baron Ferdinand von Wrangell / Hrsg. von W. von Wrangell. Stuttgart, 1940. P. 71–72.

Wrangell F. 1841 — Wrangell F. von. Narrative of an Expedition to the Polar Sea in the Years 1820, 1821, 1822, & 1823. New York, 1841.

Wrangell F. 1980 — Wrangell F. von. Russian America. Statistical and Etnographic Information / transl. from the German edition of 1839 by M. Sadouski; ed. by R. A. Pierce. Kingston, ON, 1980.

Wrangell M. 1934 — Wrangell M. Acta Wrangeliana. 1934. № 1.

Wrangell Wilhelm 1940 — Wrangell Wilhelm von. Ein Kampf um Wahrheit / Leben und Wirken des Admirals Baron Ferdinand von Wrangell. Stuttgart, 1940.

Wrangell Wolf 1968 — Wrangell Wolf von. Brief des A. Chlebnikow an Elisabeth von Wrangell geb. Baronesse Rossillon 1836 // Acta Wrangeliana. 1968. № 30.

Yee 1992 — Yee Sh. J. Black Women and the Cult of True Womanhood // Black Women Abolitionists: A Study in Activitism, 1828–1860. Knoxville, TN, 1992.

Znamenski 1999 — Znamenski A. Shamanism and Christianity: Native Encounters with Russian Orthodox Missions in Siberia and Alaska, 1820–1917. Westport, CT, 1999.

Оглавление

Научное издание

Сюзанна Рабоу-Эдлинг
ЗАМУЖЕМ ЗА ИМПЕРИЕЙ
Три жены губернаторов Русской Америки, 1829–1864

Директор издательства *И. В. Немировский*
Ответственный редактор *И. Белецкий*
Куратор серии *Р. Борисова*
Заведующая редакцией *И. Емельянова*

Дизайн *И. Граве*
Редактор *М. Маркушина*
Корректор *А. Филимонова*
Верстка *Е. Падалки*

Подписано в печать 27.10.2025.
Формат издания 60 × 90 $^1/_{16}$. Усл. печ. л. 22,4.
Тираж 200 экз.

Academic Studies Press
1577 Beacon Street, Brookline, MA 02446 USA
https://www.academicstudiespress.com

ООО «Библиороссика».
198207, г. Санкт-Петербург, а/я № 8

Книги издательства можно купить
в интернет-магазине: www.bibliorossicapress.com
e-mail: sales@bibliorossicapress.ru